U0572939

BLUE BOOK

智库成果出版与传播平台

青年发展蓝皮书
BLUE BOOK OF YOUTH DEVELOPMENT

中国青年发展报告 *No.6*
REPORT ON DEVELOPMENT OF YOUTH IN CHINA No.6

依托互联网平台的新职业青年发展状况

主　编／陈光金
副主编／赵联飞　陈　云

社会科学文献出版社
SOCIAL SCIENCES ACADEMIC PRESS (CHINA)

图书在版编目（CIP）数据

中国青年发展报告. No. 6，依托互联网平台的新职业
青年发展状况 / 陈光金主编；赵联飞，陈云副主编. --
北京：社会科学文献出版社，2022.10
（青年发展蓝皮书）
ISBN 978-7-5228-0750-8

Ⅰ.①中… Ⅱ.①陈… ②赵… ③陈… Ⅲ.①青年-
研究报告-中国 Ⅳ.①D669.5

中国版本图书馆 CIP 数据核字（2022）第 170221 号

青年发展蓝皮书
中国青年发展报告 No. 6
——依托互联网平台的新职业青年发展状况

主　　编 / 陈光金
副 主 编 / 赵联飞　陈　云

出 版 人 / 王利民
组稿编辑 / 邓泳红
责任编辑 / 桂　芳
责任印制 / 王京美

出　　版 / 社会科学文献出版社·皮书出版分社（010）59367127
　　　　　　地址：北京市北三环中路甲 29 号院华龙大厦　邮编：100029
　　　　　　网址：www. ssap. com. cn
发　　行 / 社会科学文献出版社（010）59367028
印　　装 / 天津千鹤文化传播有限公司

规　　格 / 开　本：787mm×1092mm　1/16
　　　　　　印　张：24　字　数：358 千字
版　　次 / 2022 年 10 月第 1 版　2022 年 10 月第 1 次印刷
书　　号 / ISBN 978-7-5228-0750-8
定　　价 / 158.00 元

读者服务电话：4008918866

青年发展蓝皮书编委会

主要编撰者简介

陈光金　湖南醴陵人，博士，研究员，中国社会学会会长，中国社会科学院社会学研究所所长，中国社会科学院大学社会与民族学院院长，《社会学研究》主编。主要研究领域：农村社会学，社会分层与流动私营企业主阶层。主要研究成果包括《中国乡村现代化的回顾与前瞻》（专著）、《新经济学领域的拓疆者——贝克尔评传》（专著）、《当代中国社会阶层研究报告》（合著）、《当代英国瑞典社会保障》（合著）、《内发的村庄》（合著）、《中国小康社会》（合著）、《当代中国社会流动》（合著）、《多维视角下的农民问题》、《当代中国社会结构》（合著）等。

赵联飞　重庆云阳人，博士，研究员，中国社会科学院社会学研究所社会调查与方法研究室主任，中国社会科学院社会学研究所社会调查与数据处理研究中心主任，中国社会科学院大学社会与民族学院教授。主要研究领域：社会研究方法、互联网与社会、青年研究、港澳研究。主要研究成果包括《现代性与虚拟社区》（专著）、《网络参与的代际差异——70后、80后、90后群体的比较》（专著）、《中国大学生中的三道互联网鸿沟——基于全国12所高校调查数据的分析》等。

陈　云　湖南娄底人，博士，中国劳动和社会保障科学研究院就业创业研究室主任、副研究员。主要从事就业创业与社会政策科研工作。长期负责就业形势分析，开展企业用工和劳动者就业状况调查。近年先后完成"金融危机中的中国就业策略""第六次人口普查数据专题分析""我国人口老龄化与人口政策""就业结构性问题及对策研究""我国积极就业政策评估""完善创业带动就业政策体系研究""'十三五'时期就业与经济增长""加强新就业形态扶持问题研究""中美贸易摩擦对就业影响及对策研究""中国就业40年改革发展研究""深度贫困地区人社部门脱贫攻坚工作对策研究""完善就业制度积极应对老龄化挑战研究""中国特色就业理论发展与实践""就业优先政策及实施路径研究""建立就业扶贫长效机制研究""我国新就业形态协同发展与治理研究"等各级各类课题数十项。发表论文百余篇。合著编写《当前就业热点问题研究》、就业蓝皮书、社会蓝皮书、《中国人民大学中国社会发展研究报告》、《国外就业理论、实践与借鉴》等著作20余部。

摘 要

　　互联网的出现带来了经济形态、产业格局、业务流程的深刻变革,以互联网营销师、网约车司机、快递员、电竞选手为代表的各类新职业随着新经济的发展、新业态的产生而出现,且群体规模逐渐扩大。

　　青年在新职业群体中占有较大比例。总体来看,在从事生活服务业的新职业人群中,92.13%的新职业人群的年龄在40岁以下,新职业从业者中"80后"达到90%。由于职业特性和职业需求的差异,依托互联网的新职业还具有一定的性别聚集性,在几类较为主流的新职业中,网约配送员、网约车司机和电竞从业者以男性为主体,而在网络上从事住房租赁的房东则以女性为主。同时,从事各类新职业的青年群体的教育程度呈现一定分层。有数据表明,大专及以上从业者的比例为68%,高中、中专/技校从业者的比例为25%,初中及以下从业者的比例仅为7%。约有66.57%的新职业青年基本属于中等收入群体,月收入在2000~10000元;还有24.59%的新职业青年属于高收入群体,平均月收入超过10000元。

　　新职业伴随着新就业出现。就业市场培育问题与劳动保障问题是新就业形态发展中同等重要的两个问题,也是目前亟待找到发展方向的政策问题。新就业形态的出现,不仅改变了劳动力市场的运行格局,其本身也创制了新的劳动力市场,即劳动者和服务消费者之间的交易可以依托这一全新"场所"。在该市场中,传统劳动力市场的竞争特性与制度发挥作用的方式发生了改变。由于新职业就业形式灵活,用工关系复杂多元,部分难以纳入现行劳动保障法律法规调整范围,劳动权益保障问题凸显。此外,新经济、新就

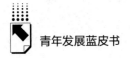

业的出现对政府监管和法律政策框架都提出新的挑战。中国政府明确提出降低企业合规成本，鼓励发展平台经济新业态，优化、完善市场准入条件，强化平台经济发展法治保障，为新经济未来发展提供政策条件。在省市和县级层面，如本书中提到的广东深圳、浙江金华、重庆奉节，均出台了相关政策来促进新就业的发展。

不同类型新职业群体的自我社会地位评价存在明显差异，新职业的不稳定性、职业保障的不完善性、职业发展的不确定性是主要影响因子。在新职业群体内部，对文化资本和技能资本占有情况是不同类型新职业群体自我社会地位评价有差异的主要原因，拥有较少文化资本和技能资本的新职业群体对自身的社会地位评价较低。新兴职业已经融入并显著影响着人们的日常生活，新职业群体也应该获得与职业角色相匹配的社会尊重和社会认可。研究者建议政府加强对新群体职业成长的指导和保障，探索建立新型的社会保障机制，做好知识产权、法律、心理等方面的服务，同时畅通利益表达渠道，扩大新职业群体的社会参与，以此来提升新职业群体的职业声望。

新职业群体的发展除了与产业有关，同时还与高校、行业协会等社会组织之间有着紧密的联系。在当前，行业协会应该超越个别市场主体的特殊利益，关注行业的社会效益和长远发展，并就此展开市场主体、政府监管部门、新闻媒体、社会大众之间的协调活动。高校，尤其是高职院校，应全方位对接新职业市场，充分发挥高职办学特色，提升学生培养的质量和效率，提升学生的就业竞争力。

依托于互联网平台形成的新职业启示了未来就业市场发展的方向。当前，这一新职业群体的发展还处于初级阶段，要进一步加快专门立法，结合对互联网平台的监管机制建设，提升新职业群体的劳动权益保护水平，建立健全新兴职业监督管理机制，加大新职业群体的职业培训力度，促进新职业群体的健康发展。由于青年是新职业群体的主力军，保护青年权益、促进青年全面发展是其中不可或缺的主题。

关键词： 青年　互联网平台　新职业群体

目 录 ⌫

Ⅰ 总报告

Ⅱ 分报告

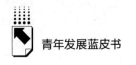
Ⅲ 调研篇

Ⅳ 专题篇

Ⅴ 地方实践篇

皮书数据库阅读**使用指南**

总 报 告

General Report

B.1

青年新职业群体发展现状报告*

赵联飞 黄永亮 崔岩**

摘　要： 随着信息技术的发展，社会治理模式、产业格局、业务流程发生
深刻变革，新职业随着新经济的发展、新业态的产生而出现，且
群体规模逐渐扩大。青年在新职业群体中占有较大比例，"80
后""90后"成为新职业群体主流人群，密集分布于生活服务
业。不同新职业类型性别差异明显，学历分布广泛。在政府支持
鼓励创业、支持灵活就业的政策引导下，新职业群体具有较好的

---

* 本文重点讨论互联网平台与就业的关系，所称互联网平台沿用国务院反垄断委员会的定义，是
指通过网络信息技术，使相互依赖的双边或者多边主体在特定载体提供的规则下交互，以此共
同创造价值的商业组织形态。参见 http://gkml. samr. gov. cn/nsjg/fldj/202102/t20210207_
325967. html，2021年2月15日访问。

** 赵联飞，中国社会科学院大学社会与民族学院教授，中国社会科学院社会学研究所研究员，
中国社会科学院社会学研究所社会调查与数据处理研究中心主任，主要研究方向为互联网与
社会、社会研究方法、青年研究以及港澳研究；黄永亮，江苏省社会科学院社会政策研究所
助理研究员，江苏区域现代化研究院特约研究员，主要研究方向为社会质量与社会发展、青
年研究；崔岩，中国社会科学院社会学研究所副研究员，发展社会学研究室副主任，主要研
究方向为社会统计理论、发展社会学。

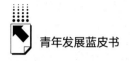

发展前景，未来要进一步加快专门立法，结合对互联网平台的监管机制建设，提升新职业群体的劳动权益保护水平，建立健全新兴职业监督管理机制，加大新职业群体的职业培训力度，促进新职业群体的健康发展。

关键词： 青年　互联网平台　新职业

20 世纪 90 年代中期以来，互联网在中国得到了快速普及。在上网人群中，使用手机上网的比例达到了 99.7%，使用网络购物的人数达到 7.82 亿，使用网络支付的人数达到 8.54 亿，使用网络视频的人数达到 9.27 亿，使用在线政务服务的人数达到 8.43 亿。[1]

在中国互联网快速发展演进的过程中，互联网平台值得关注。一方面，互联网平台解决了大量的就业问题，促进了经济的蓬勃发展，以"双十一"不断刷新销售额度为代表的现象级新闻始终引人瞩目。[2] 而在另一方面，以网约车恶性事件、[3] "996"工作制、[4] 快递小哥猝死、[5] 大数据杀熟[6]等为代表的负面新闻也不断刺激着人们的神经。

青年是新职业群体的主要构成群体。在信息技术不断进步、新经济日益

---

[1] 中国互联网络信息中心：第 47 次《中国互联网络发展状况统计报告》，http://www.cnnic.net.cn/hlwfzyj/hlwxzbg/hlwtjbg/202102/P020210203334633480104.pdf，2021 年 2 月 16 日访问。

[2] 《2020 天猫双 11 再创新纪录：总成交额 4982 亿元》，http://finance.china.com.cn/consume/20201112/5430147.shtml，2021 年 2 月 16 日访问。

[3] 伍洲奇：《网约车 2019 舆情报告：滴滴舆情事件 1089 条排名第一》，参见 https://finance.sina.cn/2019-04-16/detail-ihvhiewr6328136.d.html，2021 年 2 月 16 日访问。

[4] 《84 家互联网公司实行 996 工作制?! 专家：涉嫌违法》，http://capital.people.com.cn/n1/2019/0417/c405954-31034730.html，2021 年 2 月 16 日访问。

[5] 《谁把外卖骑手困在系统里? 复旦教授：算法没有错，错的是效率评价机制》，https://baijiahao.baidu.com/s? id=1677825471223089388&wfr=spider&for=pc，2021 年 2 月 9 日访问。

[6] 《"大数据杀熟"侵害消费者哪些权益》，http://www.xinhuanet.com/legal/2021-01/15/c_1126984602.htm，2021 年 2 月 16 日访问。

发展、新业态不断出现的背景下，考察基于新经济、新业态而生的新职业群体的现状，分析新职业群体状况及其政策需求，对促进青年灵活就业和全面发展具有积极的意义。

一 互联网平台与新就业

（一）互联网平台的出现

随着信息技术的飞速发展，互联网平台应运而生，其常见的类型包括各类电子商务平台、政务平台、工业互联网平台以及各类社会组织的业务平台。其中，电子商务平台在日常生活中最容易被感知，如以阿里巴巴为代表的 B2B 网站，以京东为代表的 B2C 网站，以微信为代表的社交平台，以美团、大众点评网为代表的生活服务平台，以百度知乎、豆瓣网等为代表的在线知识分享平台，以新浪微博为代表的自媒体平台，等等。政务平台也较为常见，通常是由政府原来的门户网站发展而来，各类政府部门的网上办事大厅是其中的典型代表，此外还包括各类政府部门公众号（主要用于发表信息和收集反馈意见）以及一些政府机构的项目管理平台。另外，各类社会组织的业务平台承担了各类组织的业务运营，将其部分或全部业务从线下移到线上，从而在线实现信息的发布、交换以及各类意见收集等活动。①

除了上述这些平台外，还有像工业互联网这样的与大众日常生活并没有直接关联但深刻影响社会经济发展的互联网平台。2018 年 11 月，在第五届世界互联网大会"工业互联网的创新与突破"论坛上，工信部副部长陈肇雄指出，中国政府高度重视工业互联网发展，工业互联网平台数量快速增长，目前有一定行业区域影响力的区域平台超过 50 家，工业设备连接数量超过 10 万台套，工业大数据、工业 App 开发、边缘采集、智能网关等平台

---

① 这一类平台在日常生活中十分常见，如中国志愿者服务网、共产党员网（www. 12371. cn）等。

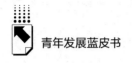

关键软硬件产业成为发展热点。[①]

到目前为止，依托于信息技术形成的各类平台已经全方位地渗透于人们日常生活的方方面面，并正在深刻地形塑未来的经济和社会发展。在分析互联网平台发展时，有必要注意到中国互联网在短短20余年间经过了从信息化到全面商业化的过程。[②] 在互联网发展的早期以信息化建设为主，其表现是国家对信息化基础设施建设的大量投入以及以"金桥""金路""金税""金盾"等为代表的国家级信息化工程项目的设立，这些基础设施建设和项目活动极大地推动了整个国家信息化水平的提升，为各类互联网平台的发展提供了良好的基础设施条件和技术生态环境。同时，从信息化到全面商业化的实现是以互联网的快速普及为前提的。互联网渗透率的提高带来了网民数量的极速上升。2006年以来，互联网用户数量进入了高速增长阶段，平均每年新增用户在5000万个以上。同时，移动通信技术的进步在丰富互联网使用场景的同时，也降低了对互联网用户的教育程度限制，这在无形中带来了网民的高龄化和低龄化，进一步助推了用户规模的扩大。庞大的互联网用户群体为互联网商业平台奠定了坚实的市场基础，中国互联网商业平台进入了高速发展时代。

（二）新经济、新业态与新就业

新经济是指在经济全球化背景下，信息技术（Information Technology，IT）革命以及由信息技术革命带动的、以高新科技产业为龙头的经济。这一概念来自人们对美国在20世纪90年代出现的经济发展现象的概括和指代。从1991年之后大约10余年间，美国经济经历了一轮高速发展，其主要表现是经济持续增长、失业率降低、物价稳定、财政赤字减少、对外贸易增加。既有研究已经指出，所谓的新经济实际上是经济全球化与世界经济产业结构

---

① 《工信部：中国有一定影响力的工业互联网平台超50家》，https：//www. chinanews.com/
cj/2018/11-08/8671408. shtml，2021年2月15日访问。

② 赵联飞：《从信息化到全面商业化——中国互联网应用渗透率分析（1997-2018）》，《新视野》2019年第6期。

的新一轮调整，其根本特征是以信息技术为基础的服务业大发展。发达国家为控制 21 世纪世界经济这一制高点，在大力发展信息技术产业的同时，把一些传统的制造业转移到发展中国家。① 美国在 20 世纪 90 年代的这一波发展正是这一轮经济发展格局调整的结果。当然，其中还有苏联解体带来的国际政治格局变化的影响。

在上述的新经济发展中，以工业互联网、电子商务平台为代表的各类互联网平台成为数字社会的重要基础设施，对经济和社会的发展产生深刻影响。互联网平台的萌生和发展是"互联网+"思维的最好说明。早期互联网应用的代表是电子邮件、新闻服务、即时通信，这些应用出现在所谓的 Web1.0 阶段，信息往往以静态呈现，信息加工由互联网网站完成，用户之间联系较少，此时互联网平台更多的是信息存储和发布意义上的平台。而随着 UGC（User Generated Content）模式的出现，互联网进入 Web2.0 时代，互联网内容的创作多由用户完成，由此促进了用户的联结，催生了知识分享平台、视频分享平台、社交网络平台这样典型的 Web2.0 网站。同时，平台也开始为更多的机构和个人提供业务拓展空间。这一进程说明了"互联网+"并不是将传统业务搬到互联网上，而是要在互联网环境下重新开发、定义业务。由此，新业务形态开始出现。

新业态是在信息技术带动下出现的业务新模式。不同的行业在互联网环境下，通过充分利用信息技术，使自身发展出现了迥异于先前的样态。以最常见的电子商务平台来说，最传统的商贸奉行的是"一手钱，一手货"，这也是我们在集市上看到的交易模式。随着商业范围的扩大，银行作为支付支持者介入交易，同时，物流作为服务商配合提供商品的交割。到了电子商务平台时代，除了传统意义上的消费者和商家外，还有各类增值服务商、电子支付供应商等角色也加入了业务过程。又如，对于近年来新兴的网约车和直播行业平台来说，网约车司机、直播从业者与平台之间的劳动关系也与传统雇佣关系截然不同，其收入的确定方式也有了较大改变。再

---

① 张宝珍：《经济全球化需要研究的十大问题》，《世界经济》1998 年第 9 期。

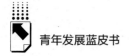

如，对于旅游行业来说，旅游信息化带来了新的旅游资源观、新的旅游产品生产方式、新的旅游产品营销方式，从而引发了旅游发展战略、经营理念和产业格局的创新，从产业链上根本改变了旅游产业的发展方式，成为一种新的业态。

新业态催生了新职业。由于社会治理模式、产业格局、业务流程的变革，一些新的岗位应运而生。例如，进入21世纪以来，城市社会建设和社会治理工作的重要性日益凸显。在这一过程中，出现了网格化管理和网格员。党的十八届三中全会通过的《中共中央关于全面深化改革若干重大问题的决定》提出要改进社会治理方式，创新社会治理体制，以网格化管理、社会化服务为方向，健全基层综合服务管理平台。在这一指导思想下，网格员逐渐成为一个固定的职业，这一职业区别于一般的社区居委会干部。又如，随着传感技术和互联网技术的发展，物联网开始兴起。在这一过程中，出现了专门从事物联网技术的工程师。随着大数据的兴起，出现了专门处理大数据的工程师。再如，随着电子竞技产业的兴起，电竞领域涌现出"电子竞技运营师"和"电子竞技员"两大类新职业。在电子竞技员这一职业中，除了职业选手外，还涌现出了游戏陪练师、代练师等新职业。上述示例表明，新业态催生了新职业。如果将视野向历史延伸，其实可以发现，在人类社会发展的历史长河中，新的职业总是随着新的经济和社会发展需求而出现。与此同时，一些职业也会随着社会变迁逐渐退出历史舞台，至多停留在非物质文化遗产的层面，如补碗匠等。

（三）新就业的蓬勃发展

由于新职业分布范围广泛，当前并没有专门针对新职业群体的大规模抽样调查，因此，估计新职业群体中的青年群体规模较为困难。不过，从一些局部的统计数据依然可以了解新职业的发展情况。人力资源和社会保障部以及国家统计局的数据显示，2012年我国的就业人员为76704万人，其中快递从业人员约90万人，占比约为0.1%；2015年全国快递从业人员人数激增至150万，占同期全国就业人数的0.2%；到2019年11月底，快递员群体达到了 300 多万，是 2012 年同期数量的约 4 倍。[①] 虽然这一数据仅涉及快递员这一个群体，但从其增长的速度可以感受到新职业群体规模的快速扩大。

一些生活服务业平台发布的相关调查统计报告同样也可以作为参考数据来帮我们了解新职业群体的发展状况。微信公布的数据显示，2019 年微信带动就业 2963 万个，其中直接就业机会达 2601 万个，同比增长 16%，2014 年以来年均增长 22%。微信小程序带动就业 536 万个，比 2018 年增长 195%。此外，2019 年微信生态新职业同比增长 156.6%，这些新职业主要包括新媒体运营、社群运营、小游戏开发工程师、微信公众号运营、小程序运营等职业岗位。[②] 同样，2019 年支付宝新职业报告数据也显示，支付宝成立 15 年来，总共在其平台上诞生了 40 种新职业，为近 700 万人提供了就业机会。其中，从事"数字微客"职业的人数达 170 万，在就业人员规模上位于新生职业就业人数第一位。随后分别是收钱码系统软件开发师、小程序开发者以及小众兼职，从业人数均在 100 万以上。[③] 2020 年美团公布的上半年骑手就业报告数据显示，2020 年上半年美团骑手总数达到了 295.2 万人，同比增长了 16.4%。[④]

（四）新职业进入职业大典

第一部《中华人民共和国职业分类大典》颁布于 1999 年，共收录了 1838 个职业。由于经济社会的不断发展，我国社会职业构成发生了很大变化。为适应发展需要，2015 年 7 月，新修订的《中华人民共和国职业分类大典》（2015 版）正式颁布实施。与 1999 年的第一版相比，这次新增加了

---

① 《快递从业群体的职业认同和权益维护》编委会编著《快递从业群体的职业认同和权益维护》，北京邮电大学出版社，2020。
② 中国信通院：《2019~2020 微信就业影响力报告》，http://www.caict.ac.cn/kxyj/qwfb/ztbg/202005/P020200514604388340272.pdf，2021 年 2 月 27 日访问。
③ 支付宝：《2019 年支付宝新职业报告》。
④ 美团：《2020 年上半年骑手就业报告》。

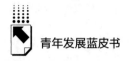

347 个职业，同时取消了 894 个职业。①

2019 年 4 月，自 2015 年修订《中华人民共和国职业分类大典》以来首次发布新职业，共发布了人工智能工程技术人员、物联网工程技术人员、大数据工程技术人员、云计算工程技术人员、数字化管理师、建筑信息模型技术员、电子竞技运营师、电子竞技员、无人机驾驶员、农业经理人、物联网安装调试员、工业机器人系统操作员、工业机器人系统运维员等 13 个新职业。2020 年 2 月，发布了智能制造工程技术人员、工业互联网工程技术人员、虚拟现实工程技术人员、连锁经营管理师等 16 个新职业。2020 年 7 月，发布了区块链工程技术人员、城市管理网格员、互联网营销师等 9 个新职业，其中在互联网营销师职业下增设"直播销售员"。截至目前，我国已经发布了 5 批共 74 个新职业。

二 依托于互联网平台的新职业青年发展现状

（一）青年是新职业群体的主力

新职业出现在新经济环境之下，整体上对从业者的信息技术技能有着相对较高的要求。从中国近 30 年来的发展历程看，无论是互联网的快速普及还是高等教育的快速扩张，均与当前青年的成长经历高度重合。2019 年对北京市新业态相关的新职业从业者的一项研究结果表明，新职业群体具有五大特征：一是密集分布于生活服务业，二是"80 后""90 后"成为新职业群体主流人群，三是不同新职业类型性别差异明显，四是新职业群体学历分布广泛，五是新职业从业者主要来自工厂工人和自由职业者。②

---

① 《新〈职业大典〉出炉：894 个传统职业消失 347 个新职业出现》，http://china.cnr.cn/xwwgf/20150808/t20150808_ 519480046. shtml，2021 年 2 月 27 日访问。
② 详见本书分报告《新职业群体的劳动权益保障问题》。

　　针对不同职业的细分调查报告则更加清楚地表明青年在新职业群体中的构成。人力资源和社会保障部发布的《新职业——网约配送员就业景气现状分析报告》指出，在网约配送员（骑手）中首先是 20~30 岁占比最高，达到 45%；其次是 30~40 岁，比例为 39%；仅有 13%年龄超过 40 岁；还有 3%年龄不到 20 岁。[①]

　　美团研究院发布的《2019 年生活服务业新职业人群报告》中的数据显示，在从事生活服务业的新职业人群中，40 岁以上的比重仅为 7.87%，其余 92.13%的年龄都在 40 岁及以下。如果从代际来看，新职业从业者中，"80 后"达到 90%。艾媒咨询发布的《2020H1 中国直播电商行业主播职业发展现状及趋势研究报告》显示，年龄在 40 岁及以上的主播比例为 12%，20~30 岁和 30~40 岁的比重相对较高，分别为 46%和 35%，还有 7%年龄不足 20 岁。腾讯电竞发布的《2019 年度中国电竞人才发展报告》显示，35 岁及以下的电竞从业者的比例高达 93%，其中 20~25 岁是电竞行业的主体，所占比例为 43%，其次是 26~30 岁，比例为 39%。中国爱彼迎网的数据显示，民宿房东的平均年龄为 33 岁，"80 后"与"90 后"占比近七成，即 40 岁以下比例约 70%。上述数据表明，"80 后"和"90 后"青年是依托互联网的新职业的主体力量。[②]

（二）新职业青年工作和生活状况

　　调查数据显示，超六成新职业青年的平均月收入在 2000~6000 元。具体而言（见表 1），月收入在 4000~5999 元的占比最高，占比为 34.6%；其次是 2000~3999 元，占比为 26.5%；月收入在 6000~7999 元的占比为 15.4%；月收入在 2000 元以下的占比为 9.5%；月收入在 8000~9999 元的占

---

① 《新职业——网约配送员就业景气现状分析报告》，http：//www.mohrss.gov.cn/SYrlzyhshbzb/dongtaixinwen/buneiyaowen/202008/t20200825_383722.html，2020 年 11 月 24 日访问。

② 以上数据的详细分析见分报告《依托互联网新职业青年的人口和社会经济特征》。

比为 5.4%；此外，月收入在 10000 元及以上的占比则不到一成。① 按照组中值法②计算，平均月收入约 5656 元。

表 1 新职业青年平均月收入

月收入	频次（人）	百分比（%）
2000 元以下	1090	9.5
2000~3999 元	3043	26.5
4000~5999 元	3983	34.6
6000~7999 元	1766	15.4
8000~9999 元	619	5.4
1 万至 1.5 万元(不包括 1.5 万元)	479	4.2
1.5 万至 2 万元(不包括 2 万元)	153	1.3
2 万元及以上	364	3.2
合计	11497	100.0

从新职业青年的工作时长来看，超七成新职业青年每周工作超过 6 天。具体而言（见表 2），一周工作时长为 5 天的人数占比仅有 15.8%；为 1~4 天的人数占比为 10.5%；为 6 天的人数占比为 27.8%；为 7 天的人数占比则高达 46.0%。根据组中值法计算，新职业青年的平均每周工作时间约为 5.93 天。

---

① 本部分的数据来源于 2020 年中国社会科学院社会学所和共青团中央维护青少年权益部联合开展的全国性大型调查项目："新职业青年调查"。调查围绕工作基本情况、工作满意度、生活、家庭、子女与健康、社会态度及未来规划等几个方面开展，以全面反映当前我国新职业青年的情况。该项调查涉及的新职业包括网约配送员（外卖骑手）、网络主播、公众号/微博等全媒体运营人员、网络文学写手、电子竞技员、新兴互联网科技从业人员（如人工智能、大数据等领域）、短视频内容创作者、新型职业农民/农业经理人以及音频创作者（音频主播或播客）等。调查方式以网络调查为主，抽样方法为配额抽样，样本总量为 11497 个。

② 组中值法是根据分组数据计算平均值的一种方法。

表 2　新职业青年每周工作天数

工作天数	频次（人）	百分比（%）
1 天	374	3.3
2 天	216	1.9
3 天	319	2.8
4 天	289	2.5
5 天	1815	15.8
6 天	3196	27.8
7 天	5288	46.0
合计	11497	100.0

从新职业青年每日的工作时长来看，超过一半的新职业青年每日工作时长在 9 小时以上。具体而言（见表 3），9~12 小时的人数占比最高，占比为 42.2%；7 小时及以下的人数占比为 24.0%；8 小时的人数占比为 24.8%；此外，还有 9.0% 的人每日工作时间在 13 小时及以上。

表 3　新职业青年每日工作时长

工作时长	频次（人）	百分比（%）
7 小时及以下	2757	24.0
8 小时	2854	24.8
9~12 小时	4853	42.2
13 小时及以上	1033	9.0
合计	11497	100.0

此外，数据结果显示（见表 4），新职业青年中，有医疗保险的人数占比最高，比例为 52.5%；其次是工伤保险，占比为 40.8%；有养老保险或退休金的占比为 37.9%；有失业保险和生育保险的占比分别为 28.4% 和 21.5%；而有住房公积金的占比相对较低，仅为 14.0%；此外，还有 24.3% 的新职业青年没有任何社会保障。

表4 新职业青年的社会保障情况

社会保障情况	频次（人）	百分比（%）
医疗保险	6031	52.5
工伤保险	4691	40.8
养老保险或退休金	4360	37.9
失业保险	3260	28.4
生育保险	2471	21.5
住房公积金	1612	14.0
城乡最低生活保障（低保）	577	5.0
其他	1166	10.1
以上保障都没有	2790	24.3

综合上述调查数据分析结果，可以发现，网络平台给青年人群的就业选择提供了更多可能，也为促进就业发挥了重要作用。但同时也需要注意的是，网络平台可能在规范新职业青年的工作时长以及提供完善的社会保障等方面存在不足，需要社会给予更多关注。

（三）典型新职业群体

1.快递员

伴随着网络电商等新业态的出现，快递员应运而生，他们成为我们日常生活中必不可少的服务力量。在2019年的新年贺词中，习近平总书记称赞快递小哥是"美好生活的创造者、守护者"。就快递从业人员的定义而言，有广义和狭义之分。广义的快递从业人员包括快递员、物流投诉处理员、封发员、转运员、投送员等；狭义的快递从业人员等同于我们常说的快递员，就是通过收送方式解决快递"最后一公里"问题的群体，他们直接与广大群众打交道。据调查，我国快递员大多数来自农村，并且多数是年龄在20~30岁的男性，所以快递员通常也被亲切地称为"快递小哥"。[1]

---

[1] 《快递从业群体的职业认同和权益维护》编委会编著《快递从业群体的职业认同和权益维护》，北京邮电大学出版社，2020。

2018 年，全国快递服务业务量累计完成 507.1 亿件，同比增长 26.6%；业务收入累计完成 6038.4 亿元，同比增长 21.8%。2019 年，全国快递日均处理量达 1.7 亿件，同比增长 28.5%；全国快递业务量突破 600 亿件，累计完成 635.2 亿件，同比增长 25.3%；快递业务收入累计完成 7497.8 亿元，同比增长 24.2%。2019 年快递业支撑实物商品网络零售额超过 8.5 万亿元，帮助销售农产品 3.67 亿元，支撑跨境网购零售额 4400 亿元。① 快递产业成为新经济的代表和经济发展新动能的重要力量。在快递行业飞速发展的同时，快递员的从业人数和规模也在不断扩大。2019 年，新增快递就业 20 万人以上，对稳就业做出了积极贡献。

另一个与快递员工作性质相类似的新职业是网约配送员。网约配送员是新兴技术快速变革和巨大市场需求相融合的时代产物。他们是"城市的摆渡人"，是大众便利生活的缔造者。从网约配送员的职业定义来看，是指通过移动互联网平台等，从事接收、验视客户订单，根据订单需求，按照平台智能规划路线，在一定时间内将订单物品递送至指定地点的服务人员。其工作的主要任务包括：（1）通过移动智能终端接收、验视、核对客户订单，包括但不限于数量、尺寸、规格、颜色、保质期、价格、地址；（2）分类整理订单物品，编排递送顺序；（3）按照客户要求及网络平台智能规划的配送路线，在一定时间内将订单物品递送至指定地点；（4）处理无人接收、拒收、破损等递送异常情况；（5）处理客户投诉及其他递送诉求。②

《2019 年及 2020 年疫情期间美团骑手就业报告》和《2020 年上半年骑手就业报告》调查结果显示，2019 年，通过美团平台获得收入的网约配送员总数达到 398.7 万人，比 2018 年增长了 23.3%。从骑手的从业状态来看，有近七成从业者表示骑手是唯一的一份工作，有 25.9% 的骑手有其他正式工作。从收入来看，2020 年上半年，有将近五成的骑手每个月收入在

---

① 《2019 年中国快递发展指数报告》，http：//www.spb.gov.cn/xw/dtxx_ 15079/202003/t20200327_ 2068989. html，2020 年 11 月 24 日访问。

② 《新职业——网约配送员就业景气现状分析报告》，http：//www.mohrss.gov.cn/SYrlzyhshbzb/dongtaixinwen/buneiyaowen/202008/t20200825_ 383722. html，2020 年 11 月 24 日访问。

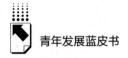

4000～8000 元，占比为 45.7%；此外，还有 7.7% 的骑手月收入超过 1 万元。[①]

2. 互联网营销师

相关统计数据显示，互联网营销从业人员超过 1000 万人，并以每月 8.8% 的速度快速增长。[②] 就互联网营销师的定义而言，是指在数字化信息平台上，运用网络的交互性与传播公信力，对企业产品进行多平台营销推广的人员。其主要工作任务包括：（1）研究数字化平台的用户定位和运营方式；（2）接受企业委托，对企业资质和产品质量等信息进行审核；（3）选定相关产品，设计策划营销方案，制定佣金结算方式；（4）搭建数字化营销场景，通过直播或短视频等形式对产品进行多平台营销推广；（5）提升自身传播影响力，提升用户群体活跃度，提升产品从关注到购买的转化率；（6）签订销售订单，结算销售货款；（7）负责协调产品的售后服务；（8）采集分析销售数据，对企业或产品提出优化性建议。[③]

直播电商不仅打破了传统产业的营销思路，破除了以往线下营销的空间限制，打造了一个前所未有的不受时空约束的巨大的消费场景，同时也催生了如以互联网营销师为典型的新就业形态，为社会提供了更多就业机会。相关数据显示，2020 年上半年直播带货主要岗位的人才需求是 2019 年同期的 3.6 倍，求职者规模是 2019 年同期的 2.4 倍。带货主播的平均月薪为 11220 元，从业者以年轻人为主，年龄在 25 岁以下的占比 48.1%。[④] 中国人民大学发布的《淘宝直播就业测算》数据显示，淘宝直播共带来直接和间接就业机会 173.1 万个，其中交易型就业机会 102.2 万个，新型岗位就业机会共

① 美团研究院：《2020 年上半年骑手就业报告》。
② 《职业标准加紧编制 互联网营销将规范》，http：//www.gov.cn/xinwen/2020－09/25/content_ 5546952.htm，2020 年 11 月 24 日访问。
③ 《关于对拟发布新职业信息进行公示的公告》，http：//www.mohrss.gov.cn/SYrlzyhshbzb/zwgk/ggs/tg/202005/t20200511_ 368176.html？from = timeline&isappinstalled = 0，2020 年 11 月 24 日访问。
④ Boss 直聘：《2020 上半年直播带货人才报告》。

70.9 万个。[1]

另外，对抖音平台 2019 年 8 月至 2020 年 8 月的数据测算结果显示，共有 2097 万人通过抖音平台从事创作、直播、电商等工作，且多数从业者为互联网营销师。围绕互联网营销师而形成的创业团队，衍生出运营管理、直播服务、视频服务、直播电商、辅助后勤等大类 20 多种职业，其中包括了策划、助播、场控、品控、客服等多种就业形态。此外，抖音还间接带动了其他关联产业的就业。通过相关数据测算，抖音平台共创造和带动的就业机会达 3617 万个。从抖音就业人员的年龄结构来看，中青年人群是抖音平台直接就业的主力军，其中 24 ~ 30 岁的占比为 35%，31 ~ 40 岁的占比为 32%。[2]

3. 电子竞技员

电子竞技员，从传统不被主流社会所接受的"网瘾少年"形象成为如今被国家认可的正式职业。从国家给出的定义来看，电子竞技员是指从事不同类型电子竞技项目比赛、陪练、体验及活动表演的人员。其主要工作任务包括：（1）参加电子竞技项目比赛；（2）进行专业化的电子竞技项目陪练及代打活动；（3）收集和研究电竞战队动态、电竞游戏内容，提供专业的电竞数据分析；（4）参与电竞游戏的设计和策划，体验电竞游戏并提出建议；（5）参与电竞活动表演。[3]

近年来，随着主流媒体以及官方的正面宣传和评价越来越多，电子竞技在全球社会获得的认可度也越来越高。从中国电竞行业发展情况来看，2017年，英雄联盟职业联赛 LPL 赛区，全年赛事直播观赛人次超过 100 亿。2018 年上半年 LPL 赛区职业赛事直播观赛人次超过 70.9 亿。S8 总决赛吸

---

[1] 中国人民大学劳动人事学院：《淘宝直播就业测算》，2020 年 7 月 17 日。

[2] 中国人民大学国家发展与战略研究院课题组：《零工时代：抖音平台促进就业研究报告》，http://nads.ruc.edu.cn/docs/2020-09/e45e512c133f40aca56c0cf3d4573b90.pdf，2020 年 11 月 26 日访问。

[3] 《人社部、市场监管总局、统计局联合发布新职业》，http://www.mohrss.gov.cn/SYrlzyhshbzb/dongtaixinwen/buneiyaowen/201904/t20190403_313788.html，2020 年 11 月 24 日访问。

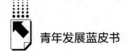

引了全球 2.05 亿以上的玩家观看。① 而从全世界来看，2019 年电子竞技总观看人数增长到 4.54 亿，同比增长 15.0%；核心电竞爱好者的人数将达到 2.01 亿，同比增长 16.3%，其中，中国核心电竞爱好者预计达到 7500 万。② 从电子竞技员的薪资水平来看，相关数据显示 86% 的电子竞技员从业者的薪资是当地平均工资的 1~3 倍，电子竞技员薪资普遍高于当地平均薪资。③

从传统被视为"不务正业"的代名词到如今成为被国家认可的正式工作，电子竞技作为一个新兴职业也将吸引更多的年轻人加入其中。总体而言，各类游戏直播平台为青年人群提供了一种新的就业选择，也为缓解社会就业压力做出了贡献。

4. 主播

根据统计数据，2004 年，直播的渗透率为 2.4%。④ 2013~2016 年，直播行业快速发展，大量资本进入网络直播领域，游戏主播和秀场主播从业者开始增多，网络视频在人们的互联网使用中占有越来越重要的位置，2020 年底，其渗透率已经达到了 93.7%。⑤ 伴随着中国直播行业高速发展，越来越多的人开始将网络主播作为一种职业选择。有调查数据表明，2019 年主播人员中 33.4% 为职业主播，而 2018 年这一比例为 31.0%，2017 年为 27.6%。"95 后"主播中 49.0% 为职业主播，"90 后"主播中 38.3% 为职业主播。⑥

本研究通过对 18~45 岁青年网络主播的调查，发现：（1）职业特征

---

① 《新职业——网约配送员就业景气现状分析报告》，http：//www.mohrss.gov.cn/SYrlzyhshbzb/dongtaixinwen/buneiyaowen/202008/t20200825_ 383722. html，2020 年 11 月 24 日访问。

② Newzoo：《2019 全球电子竞技市场报告》。

③ Newzoo：《2019 全球电子竞技市场报告》。

④ 中国互联网络信息中心：第 34 次《中国互联网络发展状况统计报告》，参见 http：//www.cnnic.cn/hlwfzyj/hlwxzbg/hlwtjbg/201407/P020140721507223212132.pdf，2021 年 2 月 28 日访问。

⑤ 中国互联网络信息中心：第 49 次《中国互联网络发展状况统计报告》，http：//www.cnnic.cn/hlwfzyj/hlwxzbg/hlwtjbg/202102/P020210203334633480104.pdf，2021 年 2 月 28 日访问。

⑥ 《2019 主播职业报告》，https：//www.chinanews.com/business/2020/01-08/9053918.shtml，2021 年 2 月 9 日访问。

方面，青年网络主播的工作具有一定强度，收入中等，社会保障有待完善。（2）职业心理方面，青年网络主播的工作满意度较高，对自己的职业比较认同，大多认为自己处于社会中层或偏下位置，对未来阶层提升比较乐观。其生活压力主要源于住房、收入和健康问题。主要的职业诉求是希望主播职业规范化，能获得更多技能培训。（3）职业发展规划方面，青年网络主播对整体的主播职业发展前景看好，但对自身的职业发展前景缺乏信心，担心自己随年龄增长而被取代、收入提升空间小。但大部分人短期内还是打算继续从事网络主播的工作，长期规划时，转行的人会有所增加。[①]

本研究调查发现，青年网络主播虽然有签约机构，但社会保障并不完善。同时，对政府和雇佣方的诉求中，支持和提供技能培训都是重要诉求之一。对网络主播的职业培训可以推动直播行业良性发展。有必要推广主播职业培训，提升其自身能力，建立信心，产出更优质的内容，同时有必要从直播行业发展入手，鼓励多元发展和创新，进一步拓宽直播领域，定位不同受众，让不同年龄层次、不同兴趣爱好的主播都能有充足的发展空间。

（四）新职业群体的社会地位自我评价

社会地位自我评价是人们对职业社会地位的主观评价。新职业群体的社会地位自我评价既涉及从业人员的主观幸福感和成就感，同时也是影响新职业长期健康发展的重要因素。本项研究发现，新职业群体的社会地位自我评价相对较低，多数新职业群体的社会地位自我评价为中等及以下水平。不同年龄层的新职业群体在社会地位评价上存在较明显差异，年龄越大的新职业群体对社会地位满意度越低。

相较于社会地位自我评价，新职业群体对职业前景的态度比较乐观，

[①] 本次专项调查由共青团中央维护青少年权益部和中国社会科学院社会学研究所共同组织实施，在全国范围内对45岁以下的青年网络主播进行了问卷调查，最后共获得有效问卷1103份。详情参见本书《青年网络主播职业发展调查报告》。

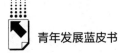

仅有 5.3% 的新职业群体对职业前景表示"非常不满意"，10.4% 的新职业群体对职业前景表示"不满意"，对职业前景的评价高于对社会地位的评价。

新职业的不稳定性、职业保障的不完善性、职业发展的不确定性是新职业群体社会地位自我评价偏低的主要原因。在新职业群体内部，文化资本和技能资本占有情况是不同类型新职业群体社会声望差异的主要原因，网约车司机、网约配送员的社会地位自我评价较低。

新兴职业已经融入并显著影响着人们的日常生活，新职业群体也应该获得与职业角色相匹配的社会尊重和社会认可。针对新职业群体社会地位自我评价偏低的状况，有必要加大对新兴青年群体职业成长的指导和保障，帮助其解决职业发展的困境。

三　关于新职业群体的政策供给和需求现状

由于新职业出现时间还相对较短，从政策制定的角度来说，新职业群体仍然是一个新生的政策对象。当前大部分政策的重点仍然在于规范市场秩序和业务，对具体从业人员的相关管理政策和服务措施处于相对滞后状态。此处主要从宏观经济政策、就业促进政策以及劳动权益保护等三个方面进行报告。

（一）宏观经济政策

新就业依托于新经济。国家关于新经济的政策与新职业的发展有着密切关系。2016 年的政府工作报告中首度明确提出"加快发展新经济"，"十三五"规划建议则提出"发展分享经济，促进互联网和经济社会融合发展"。2017 年国家发展改革委等八部门联合印发的《关于促进分享经济发展的指导性意见》中指出"分享经济在现阶段主要表现为利用网络信息技术，通过互联网平台将分散资源进行优化配置，提高利用效率的新型经济形态"。在《中共中央关于制定国民经济和社会发展第十四个五年规划和二〇三五年远景目标的建议》中则明确指出，"培育新技术、新产品、新业态、新模式。促进平台经济、共享经济健康发展"。上述信息清晰地表明，我国对新经济、新业态的发展是积极支持的。

新经济的出现和发展对政府监管和法律政策框架都提出新的挑战。国家对新经济发展的指导思路总的来说是审慎监管。2019 年 3 月的《政府工作报告》中提出"坚持包容审慎监管，支持新业态新模式发展，促进平台经济、共享经济健康成长。加快在各行业各领域推进'互联网+'"。2019 年 8 月，国务院办公厅印发《关于促进平台经济规范健康发展的指导意见》，进一步指出"持续深化'放管服'改革，聚焦平台经济发展面临的突出问题，加大政策引导、支持和保障力度，落实和完善包容审慎监管要求，推动建立健全适应平台经济发展特点的新型监管机制，着力营造公平竞争市场环境"。为预防和制止平台经济领域垄断行为，引导平台经济领域经营者依法合规经营，促进线上经济持续健康发展，2020 年 11 月国家市场监管总局起草了《关于平台经济领域的反垄断指南（征求意见稿）》，以通过反垄断监管维护平台经济领域公平有序竞争，推动资源配置优化、技术进步、效率提升，支持和促进实体经济发展。①

（二）就业促进政策

在就业政策方面，《国务院关于进一步做好稳就业工作的意见》提出"支持劳动者通过临时性、非全日制、季节性、弹性工作等灵活多样形式实现就业。研究完善支持灵活就业的政策措施，明确灵活就业、新就业形态人员劳动用工、就业服务、权益保障办法，启动新就业形态人员职业伤害保障试点，抓紧清理取消不合理限制灵活就业的规定"。2020 年 7 月，国务院办公厅发布《关于支持多渠道灵活就业的意见》，首次在新就业形态发展背景下提出专门针对灵活就业发展的政策文件，提出"拓宽灵活就业发展渠道"、鼓励个体经营发展、增加非全日制就

---

① 关于相关经济政策的分析，详见本书《促进新就业形态发展的政策进展》。

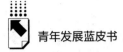

业机会、支持发展新就业形态等措施，同时提出要"加大对灵活就业保障支持"。

在上述政策出台之后，各地方也出台了相应政策促进新就业的发展。以浙江省为例，浙江省人社厅在 2019 年 8 月制定了《浙江省职业技能提升行动实施方案（2019-2021）》。该方案要求"大规模开展职业培训"，经费可以从就业补助资金、地方人才经费、行业产业发展经费和失业保险基金结余中列支。2019 年 11 月，浙江省人社厅要求各级人力社保部门加大新业态领域（含电子商务）职业技能培训力度，"积极争取将新业态的职业（工种）纳入职业技能培训补贴目录清单"。另外，浙江省各地市也纷纷结合当地社会发展实际出台了相应的政策。金华市在 2020 年制定了《金华市职业技能提升行动实施方案》，计划培训 1 万名直播营销人才，重点培育 1000 名"带货网红"，把直播销售员的培训纳入"以获取职业资格证书为主要补贴依据的职业资格培训"，在失业保险基金结余中设立专项补贴。义乌市政府下发了《关于印发义乌市加快直播电商发展行动方案的通知》，在相关政策激励下，义乌市在 2020 年 1~9 月直播销售的营业额达 141 亿元，占义乌市网络销售额的 10%。① 而地处三峡库区的贫困县奉节则自 2014 年开始与阿里巴巴对接，推进农村淘宝千县万村工程，大力发展电商、微商、直播，并于 2018 年入选阿里巴巴集团评比的十大电商脱贫样板县。②

在落实国家支持灵活就业的有关政策方面，一些省份和地区先后推出了多项有利于新职业群体就业的政策，其主要的政策要点是使从事新职业的群体可以得到社会保障。例如，重庆市推出有关灵活就业人员从事网约车运营在缴纳社保时可以得到补贴的政策。③ 深圳市则早在 2006 年就印发《关于对灵活就业失业人员发放社会保险费补贴有关问题的通知》，规定

---

① 详见本书《直播销售员的成长激励、从业规范与劳动权益保护——以浙江省为例》。
② 详见本书《奉节县农村依托互联网平台的新职业青年发展研究》。
③ 《重庆网约车司机，列为社会保险补贴对象》，参见 https://www.sohu.com/a/285395809_442726，2021 年 2 月 15 日访问。

灵活就业的困难人员，包括从事个体经营的雇主及其雇用人员，可以享受灵活就业社会保险费补贴，通过失业保险基金为符合标准的失业人员提供社会保险。

（三）劳动权益保护

基于互联网平台形成的新职业群体的劳动权益保护问题是新职业群体发展中的一个最为突出的问题。平台服务提供者与平台是否建立劳动关系，这一群体是否受劳动法保护，传统的"劳动者"概念或"劳动关系"判断标准是否已经过时等问题，是与基于互联网平台形成的新职业群体密切相关的关键议题。在实践中，劳动关系认定是与互联网有关的劳动争议案件的焦点问题。例如，2015年至2018年第一季度，北京市朝阳区人民法院共受理互联网平台用工劳动争议案件188件，其中61.2%的案件中，从业者要求确认劳动关系；在审结的171件案件中，超过84%的案件双方对是否建立劳动关系存在争议。[①]

在关于互联网平台用工过程中的劳动关系认定问题上，学术界当前有四种比较有代表性的意见。第一种意见认为，虽然平台中用工关系具有不同于传统劳动关系的特征，仍应当被认定为劳动关系，这样才能保护劳动者这一弱势群体。第二种意见则认为，基于互联网平台形成的用工关系不具备标准劳动关系要件，应当认定为合作关系、承揽关系等其他民事法律关系。第三种意见认为，基于互联网平台建立的劳动关系是介于劳动关系与普通民事关系之间的特殊的劳动关系，对于这种特殊的劳动关系，我国可以借鉴其他一些国家的做法，增设经济依赖型的劳务提供者主体，并予以专门立法，在最低工资、工伤保险等方面等同于标准劳动关系，而在其他方面的规定则应当宽松。[②] 第四种意见则提出，应当根据劳动者和互联网平台之间的具体情况，或者认定为劳动关系，或者认定为非劳动关系。既有的研究认为，当

---

① 谢增毅：《互联网平台用工劳动关系认定》，《中外法学》2018年第6期。
② 班小辉：《论"分享经济"下我国劳动法保护对象的扩张——以互联网专车为视角》，《四川大学学报》（哲学社会科学版）2017年第2期。

前，在互联网平台用工立法问题上仍然面临困境，在我国现有的劳动关系认定体系下，对劳动关系调整总体上实行"单一调整，严格认定"模式，对所有用工类型实行"要么完全保护，要么完全不保护"的处理方式，劳动保护难以适用，不利于劳动者的权益保护，也加大了司法实践的难度，阻碍司法实践统一化和平台经济发展。[①]

由于关于新就业群体的劳动法律缺位，目前的相关保障大多不是由劳动法律政策所提供的，而更多是来自平台企业从平台管理或社会责任出发所采取的措施，或者是其他社会组织为新职业群体提供的帮助和服务。以网约车司机为例，部分平台根据自身的运营方式、平台企业与司机的关系定位，尝试以不同方式为网约车司机群体提供相关劳动保障。例如有的平台为网约车司机缴纳商业保险，通过与保险公司合作来保障司机和乘客的安全，在极端伤残情况下有20万元的拼车险和10万元的意外伤害医疗报销额度；有的平台认定司机与公司存在劳动关系，为其缴纳医疗、养老和工伤保险。[②] 此外，有的银行在疫情期间为网约车司机提供了中转贷款。[③] 这些情况表明，未来需要不断出台并完善支持新就业形态等灵活就业发展的各项法律法规，为新就业的发展提供完善的法治环境。

四　政策建议

伴随着互联网的飞速发展，各类网络平台创造了大量高价值的创业和就业机会，吸纳了大批青年人员从事各类新兴职业。各类网络平台为吸纳青年就业、恢复社会经济、维护社会稳定和有序发展做出了贡献。为促进网络平台更好地助力新职业青年就业、推动我国新兴行业健康有序发展，本报告提

[①] 翁玉玲：《互联网平台就业保护的困境与对策——以劳动关系认定的司法实践为切入点》，《网络法律评论》2017年第1期。

[②] 赵倩、邓永辉：《网约车司机劳动保障方式比较研究》，《经济研究导刊》2019年第32期。

[③] 《微众银行推出"网约车司机专项贷款"纾困产品》，参见 https://baijiahao.baidu.com/s?id=1659590319790664382&wfr=spider&for=pc，访问日期：2021年2月15日。

出以下几点对策建议。

一是尽快建立健全新兴职业监督管理机制，加强对新兴就业特别是基于网络平台的就业监管。《国务院办公厅关于支持多渠道灵活就业的意见》以及《关于支持新业态新模式健康发展激活消费市场带动扩大就业的意见》中都提出要加强对新业态新模式就业的监督管理。由于各类新职业种类繁多且不断涌现，职业标准和职业规范没有完全建立，对政府部门而言，监管具有一定的挑战性。因此，需要以政府为主导，各研究机构广泛参与，建立动态跟踪系统，对网络平台上的各类新兴职业及时开展调研分析，从而更加科学有效地制定相应的监管政策。

二是完善就业、劳动权益保护机制，加强对新职业青年的社会保障和劳动权益保障。基于网络平台的新职业不同于传统职业，缺乏标准和职业参照，在国家层面其相应的政策保障还不完善。要尽快出台相应的法律法规，规范网络平台的用工制度，同时需要创新对新职业青年的劳动保障方式，加强对新职业青年的社会保障和劳动权益保障。[①]

三是加大对新职业青年的培养和新技能培训，建立健全新职业人才评价机制。未来我国新职业人才需求规模庞大，需要加强对各类新职业人才的培养，如在高校设立相应的专业等。同时，还需要通过相应的职业技能培训，赋能青年群体，扩大其职业发展空间。另外，建议政府引导和鼓励相关企业自主制定新职业人才相关技能评价规范，以市场为导向，以职业等级为评价方式，制定新职业人才技能评价机制，开展新职业技能评价，给予新职业青年个人发展和职业晋升空间。

四是积极引导青年人员树立正确的择业观和就业观。网络平台给年轻人的就业提供了更多的选择机会。对于当下的青年人群而言，应转变就业思

---

① 在本文定稿之后，人力资源和社会保障部、国家发展改革委、交通运输部、应急部、国家市场监管总局、国家医保局、最高人民法院、全国总工会等八家部委级单位于 2021 年 7 月 16 日联合发布了《关于维护新就业形态劳动者劳动保障权益的指导意见》（人社部发〔2021〕56 号），其中明确提出"规范用工，明确劳动者权益保障责任""健全制度，补齐劳动者权益保障短板""提升效能，优化劳动者权益保障服务"等要求。

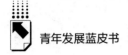

维，做好职业和个人发展规划，充分利用互联网平台，拥抱新职业，抓住新机遇，在新的社会发展时期乘风破浪，做有所作为的新时代青年。

参考文献

班小辉：《论"分享经济"下我国劳动法保护对象的扩张——以互联网专车为视角》，《四川大学学报》（哲学社会科学版）2017 年第 2 期。

翁工玲：《互联网平台就业保护的困境与对策——以劳动关系认定的司法实践为切入点》，《网络法律评论》2019 年第 1 期。

谢增毅：《互联网平台用工劳动关系认定》，《中外法学》2018 年第 6 期。

张宝珍：《经济全球化需要研究的十大问题》，《世界经济》1998 年第 9 期。

赵联飞：《从信息化到全面商业化——中国互联网应用渗透率分析（1997 - 2018）》，《新视野》2019 年第 6 期。

分 报 告
Sub-reports

B.2

我国新就业形态的发展与现状

陈 云[*]

摘 要： 本文从新的就业资源与机会配置机制、新的社会关系和新的表现
形式等三个层面分析了新就业形态的特点和概念内涵。从产业升
级、技术进步、新发展理念、"互联网+"战略、数字经济发展、
劳动力代际更迭等方面对新就业形态产生、发展的经济社会条件
进行系统分析。当前新就业形态存在自主创业、自由职业、多重
兼职、灵活用工等多种类型，从业群体呈现多元化，但以青年群
体及部分传统灵活就业转型的"40后""50后"等人员为主，行
业分布则以服务业为主，逐步向其他行业扩散融合。新就业形态发
展目前存在一些突出问题，如平台企业成长性不足、产业成熟度和
规范性不高，从业人员职业发展不稳定，人力资本支撑不足，素质

---

[*] 陈云，中国劳动和社会保障科学研究院就业创业研究室主任、副研究员，主要研究方向为就
业创业和社会政策。本文为人社部部级课题"促进我国新就业形态发展研究"（项目编号：
RS2020-05）、社科基金重大项目"我国新就业形态的发展趋势、影响与协同治理研究"（项
目编号：19ZDA150）的阶段性成果。

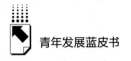

技能结构矛盾突出，法律关系中责权利不清晰，从业者劳动权益保障不足，部分人员就业质量不高，面临现有体制和利益格局障碍等。为促进新就业形态规范健康发展，需要加强协同治理，进一步深化市场化改革，开发就业资源和机会；加强对新经济新业态发展的引导规范，实现业态和市场主体的健康可持续发展；持续推进创业创新，为新就业形态的产生和发展提供动力；加大相关法制制度和政策供给，明晰各方主体的责权利关系，加强劳动者权益保障；强化公共就业创业服务，加强新就业形态从业者就业能力建设。

关键词： 新就业形态　灵活就业　平台就业　数字经济

2015年10月召开的党的十八届五中全会，在报告中首次提出"加强对灵活就业、新就业形态的支持"。① 2016年3月的政府工作报告对此再次明确②，表明"新就业形态"作为政策概念进入了就业研究和政策决策的视野。近年来，新就业形态规模与涉及领域发展迅速。2020年"两会"期间，习近平总书记明确指出，新冠肺炎疫情突如其来，新就业形态也是脱颖而出，要顺势而为。同时指出新就业形态发展也存在法律法规一时跟不上的问题，要及时跟上研究，把法律短板及时补齐，在变化中不断完善。③

一　新就业形态的内涵本质

（一）新就业形态的含义

就业形态是对劳动者在就业活动中获得就业资源和机会的方式、工作内

① 《中国共产党第十八届中央委员会第五次全体会议公报》，http://www.xinhuanet.com/politics/2015-10/29/c_1116983078.htm。
② 李克强：《政府工作报告》，人民出版社，2016。
③ 《习近平谈"新就业形态"：顺势而为、补齐短板》，http://www.xinhuanet.com/2020-05/23/c_1126023919.htm。

容和过程、工作条件、收入报酬，以及形成的各类工作关系等要素的综合概括，反映劳动者工作的总体状态，同时也在一定程度上反映了就业结构、就业形势以及经济社会发展的状况。"新就业形态"是在信息化经济社会条件下形成的以移动互联网技术为基础，以信息平台为依托，具有开放、共享、随机、协同的就业资源与机会配置机制，弱雇佣化的生产关系，更加自主、更具灵活性的工作方式等为特征的一种新的就业形态。

要理解新就业形态的含义，可以从三个层面对其进行分析。

首先，新就业形态表现出新的就业形式。新就业形态的显性表现维度是最容易从外部被辨识的特征。在新就业形态模式下，劳动者的工作任务、工作时间、工作地点、工作方式以及劳动报酬获取等，更多呈现灵活性、碎片化、便捷化的特征。这些特点将有助于从形式上对其进行识别：一是信息与机会配置的平台化、网络化。互联网技术改变了劳动力市场供需对接机制和资源机会的配置方式，各种类型的网络平台成为劳动者获得工作和收入机会的重要来源。二是工作任务项目化。社会需求多元化、社会分工精细化、社会生产网络化使得组织管理中的任务项目化、模块化更加突出，工作任务常被细分为多个子任务或独立的项目，由互联网平台或众创空间联结不同劳动者共同完成，使得分包、众包、共享、兼职等工作模式迅速扩散。三是工作方式弹性化。由于工作任务和工作机会的零散化、灵活化，劳动者的工作形式不再受限于特定的固定时空的现场工作条件，工作-生活的时空边界被打破，呈现工作-生活一体化、时间灵活化、空间任意化、工作供给便捷化等特点。四是主体身份自然人化。许多个人不再作为传统意义上的员工，受雇于某一固定组织，而是以独立个体身份工作或以"一人公司"存在。此外，劳动者将在互联网上留下与就业机会的信息对接、搜索查询、工作实绩、职业经历等数字化痕迹，形成自己的网络形象和口碑，这也成为劳动者就业信用的重要基础。在新就业形态下，工作的主体大多以自然人的形式承担任务，并实现权利和义务关系。

其次，新就业形态反映出新的社会关系。新就业形态表现出与传统雇佣劳动和传统灵活就业不一样的劳动关系。新就业形态中出现了就业资源与机会配置的平台,这导致传统劳动关系出现了新的变化,在雇主和被雇佣者之间出现了第三方,劳动者与雇主之间不再进行直接联系。同时他与作为第三方的平台间的关系,也不同于传统的依附关系,劳动者自己对生产工具、生产资料、生产方式和生产过程具有较大程度的自主性和控制权,而平台作为劳动者和劳动对象之间的信息枢纽,通过技术手段对其进行某种程度的占有和控制,并从中获利。从这种意义上看,新就业形态具有明显的社会网络中的"弱关系化"特征。劳动过程(就业活动)中多个利益相关方或利益主体出现,在相应的权责利和分配上形成新的关系,需要法律制度和公共政策进行新的确定和规范。

最后,新就业形态具有新的就业资源与机会配置机制。就业资源和机会配置机制从根本上回答了新就业形态何以发生,也是其区别于其他就业形态的最本质特征。在农耕和工业化生产条件下,就业资源和机会的分配通常是在有限的时空范围内通过组织层级或线性的方式配置到特定群体或个体手中,具有集中、封闭、固定和单向控制等特征。而新就业形态的产生是基于移动互联网等现代新技术条件所形成的生产、社会条件,其就业资源和机会配置机制具有开放、共享、流动和协同等特征。这种机制改变了社会生产的方式和关系,为新就业形态的出现提供了内在动力和基础。移动技术的发展大大拓展了人类活动所能达到的自然时空和社会关系空间的界限,人类行为的能力和方式发生巨大改变。移动互联信息和便捷交通"唤醒"了许多一直以来被沉淀(或处于沉睡状态)的资源。各种平台则为资源的重新分配和利用提供机会。一方面,互联网平台打破原有的被集中和垄断的资源圈,再将其分散,以方便更多的人有机会获得这些资源进行生产或服务。另一方面,互联网平台对原有的处于分散状态的资源进行新的整合和集中,将原子化的需求和供给集中到一个平台或管道,以扩大规模、提高效率和利润,使原来难以形成有效社会性需求和供给的一些资源与机会,从自然状态转入社会状态,创造社会性的就业岗位,比如农村电商和跨境电商的发展,将很多原来的自产自用的农副产品变成了可流通的商品,提供了一系列的岗位,将散落在世界各个角落的人员、产品等聚集在超级平台上。

在上述三个方面中，关于就业资源与机会配置的新机制是最具根本性的，其他两个方面由这一条衍生出来。具体到某项工作是否属于新就业形态，有着更加复杂的实际情况。有的同时具有三个方面的明显特征，而有的则可能只在一个或两个方面表现明显。从狭义的角度来看，一项具体工作只有同时具备了这三个方面的特性，才可以被看作一种新的就业形态；但从实际的工作需求看，或者说从有利于推动其发展来看，可以从更加广泛的含义来理解，一项具体工作只要具有其中的一个或者两个方面的特性，也可以看作新就业形态。

（二）新就业形态与传统灵活就业的比较

从历史实践过程看，新就业形态是在传统灵活就业的基础上，适应新的经济社会条件变化而发展起来的。但这种发展不是简单的线性发展，而是经过了"蝶变"之后的新的形态。如同昆虫发育中存在的"完全变态"和"不完全变态"两种方式，两者之间既有内在关联和共同特征，又有显著区别和明显差异。

一是产生的经济社会条件差异。与传统灵活就业不同，新就业形态的产生是建立在信息社会发展的基础上。新就业形态可以说是基于技术和物质条件的流动性社会的产物，包括以移动互联技术为依托的信息流，以快速交通网络为基础的物质流，以OTO支付方式为基础的资金流，以及基于自主就业制度的人员流。这种由于各种技术条件发展而形成的流动性社会，对原有的经济和社会结构产生了重大的冲击，出现了新的技术、新的资源、新的组织，也出现了新的社会劳动分工，诞生了新的职业，产生了新的价值观念和经济社会关系。随着市场分工细化，信息技术发展和大数据、移动互联网的广泛运用，市场机制的不断成熟完善和简政放权的深入推进，大众创业、万众创新的推动，新一代劳动者就业观念和方式的转变，新的生产关系、组织形态和新的经济业态、新的商务模式等快速兴起，迅猛发展。电子商务、分享经济、小微创业和社群经济等新业态的出现，推动了劳动力市场的雇佣和组织模式的变化，形成了基于"互联网+"的劳动力资源配置方式，一些新

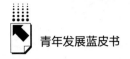

的以前未见的行业和职业如雨后春笋般涌现，推动了新就业形态的形成和发展。

二是资源要素及其配置机制不同。传统灵活就业通常被看作人力资源市场的弱势者在资本、技术和政策等要素作用下，被排挤或淘汰出正规劳动力市场，而被迫进入更低层次和边缘化的市场。而新就业形态反映了不同生产要素之间关系的新变化，是在工业化与信息化融合条件下，劳动者在生产过程中依托数字化、信息化、智能化、网络化的生产资料获得工作任务。其中信息和数据作为新的资源在实现就业中成为重要的要素条件，人力资源在其中扮演更加重要的角色，知识和技能大大增加了在实现就业中的作用。与此同时，资源和机会的配置也通过开放的网络平台，以共享和随机分配的方式进行。

三是表现形式与体现的生产关系与价值理念不同。与传统灵活就业相比，在表现形式上，新就业形态显得更加灵活、多元。从工作的时空条件看，传统灵活就业的灵活更多体现在工作的时间安排上，但新就业形态在移动互联网络的支持下，打破了传统灵活就业所受到的时空限制，具备了全时全域全天候开展工作的特征，从业人员只要运用一部移动手机和可关联的通信网络，就能在任何时间和地点方便地完成任务；再从工作内容上看，传统灵活就业多是以一个主业为主，新就业形态中部分劳动者的工作内容更加丰富，通常一个劳动者可以从事多份涉及不同领域的工作。当然两者之间更深层的差异表现在它们所反映的生产关系以及价值理念上。从生产关系来说，传统灵活就业反映的一般是一种简单的劳务关系，但新就业形态，正如前面所论述的，体现出了一种更加复杂的生产关系，工作任务的实际发布者（也就是原来的雇主）、工作任务发布的载体（也就是平台）和劳动者之间的权利和义务关系发生了新的变化。从价值理念来看，传统灵活就业虽然也在一定程度上体现出了劳动者追求自主自由和自我实现的价值观念，但很大程度上仍然是出于一种被动的择业取向，新就业形态则更加显性地反映出了劳动者这种"自我取向"的价值观念。更重要的是，在社会层面灵活就业反映的是劳动者对资本和生产资源的依附观念，而新就业形态在更大程度上反映出的是劳动者的主体性价值，是劳动者作为主体在实现生产创造价值中的真正地位和作用。新就业形态在提倡主体性的同时，并不是要强化灵活就业所体现出的"单干"的就业观念，相反，新就业形态所体现的是在后现代社会越来越原子化的状态下要进一步加强社会共享、协同和合作的价值理念。工作的回报不仅仅是薪水，还有满意度、自主权、幸福感、满足感、成就感以及其他经济利益之外的感受。同时互联网络技术的运用、分享行为的普遍出现，也为构建新的社会群体和组织化提供了更经济便捷的路径，加速了新的职业群体的形成，如快递小哥、自媒体写手、网店店主、网络主播、小店规划师、人工智能训练师等。

二　新就业形态发展的经济社会条件

新就业形态的发展作为经济社会发展的一种客观现象，必然有其得以产生的内在动力，结合我国经济社会发展特征，主要有以下几个方面的因素促进新就业形态发展。

（一）产业升级融合和结构调整为新就业形态发展提供了巨大空间

经济结构的转型升级不断推进，以提升传统制造业、发展新兴产业和做大做强服务业为主要内容的产业结构调整，也需要新的资源、技术和生产方式的变革来推动。制造业从过去的机械化、电气化、自动化发展到工业4.0，进入智能化。信息技术特别是互联网技术的广泛渗透及其与实体经济的结合，带来了新的迭代创新。信息化与工业化的"两化融合"，互联网与服务业的深度契合，都必然推动新就业形态的发展。除了工业制造当中的智能制造、大规模的定制化生产等，产业升级在第三产业的发展更加明显，电子商务、"互联网+"、物联网、云计算等新兴产业和业态，特别是"新经济"领域中的旅游、健康服务、高科技、"互联网+"等细分领域内驱动力更强；还涉及第一产业中有利于推进适度规模经营的家庭农场、股份合作制等。新的产业革命是一种更大范围内的资源动员、集聚和整合。同时又通过

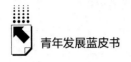

网络终端的方式解放个体生产力，释放自由个体的创造能力，是更大范围、更高效率的放开与聚合过程。这为新经济形态和新就业形态发展提供了内在和可持续的动力。

（二）新就业形态发展与新发展理念相契合

在当前中国经济大逻辑下，经济产业升级、结构深度调整，新经济不断发展成长，在很大程度上体现了与"创新、协调、绿色、开放、共享"新发展理念的契合性。特别是作为一种以创新为基因的经济发展模式，它以新技术、新理念、新模式打破了传统经济发展的各种局限。其最大限度地促使劳动者个体和社会资源的对接、匹配与融合，形成就业机会，让劳动者能以更高的效率参与到社会化大生产中。以创业者为主体的创新经济崛起，推动了大众创业、万众创新的持续深化。互联网开放、共享和协作的基本特性，与开放、共享和协调的新发展理念直接融合。互联网形成的大数据资源及其分析技术，社交网络和即时通信与支付技术，都可以帮助供需双方降低交易成本，实现资源的精准高效匹配。

（三）技术进步促进新就业形态发展

新经济的发展在很大程度上依靠技术的发展和应用，其中核心的技术条件在于成熟的移动互联网技术，智能手机将个人交易、金融支付和网络社交联结到一起，使得资源的开发、整合和利用得以大规模实现。现代技术的发展改变小企业和初创企业的发展模式。小公司也能以便宜的价格，得到之前仅有大公司能获得的信息技术能力和后台服务。移动网络等现代技术的普遍应用，推动了组织生产、管理和营销观念与方式的深度变革，实现价值链、供应链、产业链的重组，既改造提升了传统经济，使之焕发新的生机与活力，也催生了大量新的经济，形成新经济与就业形态的新动力和新增长点。目前，移动互联技术和大数据技术日益成熟，以及以虚拟现实、数字货币和社会征信等为代表的技术创新方兴未艾，未来新兴技术的发展将引领经济向着新的模式演变，也将给就业生态带来革命性的变化。

（四）数字经济蓬勃发展为新就业形态提供产业基础

据《中国数字经济前沿（2021）》，2020年中国数字经济增加值规模达到19万亿元。中国数字经济呈持续快速增长势头，1993～2020年平均增速为16.3%，已成为经济增长重要引擎。预计"十四五"时期，数字经济整体年均名义增速为11.3%；到2025年，我国数字经济增加值规模将达到32万多亿元。[①] 在数字经济的指数化增长过程中，我国劳动力市场受其影响的广度和深度不断扩大，数字经济下的就业功能不断扩展，就业方式不断多元化，与之关联的新就业形态也蓬勃发展。可以说，新就业形态发展的过程，体现的就是我国经济社会数字化在劳动就业领域影响发展的过程，数字经济的蓬勃发展为新就业形态的产生和发展提供了坚实的产业基础。

（五）"互联网+"战略为新就业形态发展提供政策动力

随着网络信息技术全面融入社会生产生活，技术变革和应用场景日新月异，世界经济社会生活秩序和格局发生了深刻变革。主要国家都把发展和利用互联网技术作为谋求竞争新优势的战略方向。适应信息社会发展趋势，我国政府大力实施"互联网+"战略，全方位推进互联网技术在国民经济社会生活中的应用，推动互联网与各行业各领域深度融合，为新就业形态发展提供政策动力。

（六）劳动力代际转换及其就业观念与方式转变是新就业形态发展的主观动能

当前我国人口正进入新一轮的代际转换期，20世纪80年代和20世纪90年代出生的人口开始成为人力资源市场上的生力军，其价值观念、行为方式、生存生活环境具有明显的代际特征。在就业方面，其求职动机基本上摆脱了生存需求约束，以个体自由发展为目标和需求的职业观念与行为成为

---

① 李海舰、蔡跃洲主编《中国数字经济前沿（2021）》，社会科学文献出版社，2021。

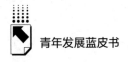

主要特点，更愿意也有条件选择与自身志趣、知识技能相匹配，也更加自由和体面的工作。尤其是作为生活在数字经济环境下的新一代劳动力，对就业有着独特的理解和偏好，成就自我成为主要的职业追求，对组织和工作的依附性较弱，对开放、自由、宽松的工作环境要求取代了工业生产的流水线车间，渴望挑战自我潜力和各种可能的工作与生活方式。这种基于人口年龄更替和经济社会生活环境变迁的劳动力代际转换，及其就业观念与方式转变为新就业形态的发展提供了内在的主观动能。

三　新就业形态类型、群体和行业发展特征

随着经济社会多元化发展、移动互联时代全面到来，新技术、新业态、新模式日新月异，以互联网平台直连供给和需求的分享经济或零工经济全面发展，新就业形态不断涌现，既有"升级版"的传统灵活就业，也有新型自由职业和多重职业等。

（一）新就业形态类型特征

目前新就业形态从外部表现看，主要包括以下几种。

1.自主创业型

比较常见的有几类：一是电商，如淘宝店主、微信店商、网络代购商等，他们借助电商平台等网络资源，将线下店铺经营和传统零售模式搬到线上。二是分布于各类创业孵化空间、孵化平台上的创客等新型创业者。他们以满足用户个性需求为核心，自己运用生产工具，创新、设计、制造产品和服务，所创事业多处于酝酿和孵化阶段。三是为数字平台使用者提供数字技术和经营管理的各类服务供应商。

2.自由职业型

该类从业者通过电商平台、分享平台、社群平台等，以自身禀赋的差异性直接满足市场上多元化产品和服务需求，多不隶属于任何雇主。他们有些是体力型，通过提供简单劳动获取报酬。比如，生活服务平台上的搬运、快

递人员。有些是技能型，即提供产品和服务需要具有一定的技能。比如，互联网用车平台上的司机、游戏网站上的职业玩家等。有些是知识型，把自己的智慧、知识、经验分享给客户，转换成实际收益。比如，知识分享平台上的"威客"、行家，在线平台上的教师、医生、模特等。有些是影响力型，即以自身影响力和粉丝效应为基础，依托共同价值取向、兴趣爱好、娱乐视听等组成开放式社群平台以获得收入。比如，自媒体发布者、职业拍客、短视频公众号、网络直播员等。

3. 兼职就业或多重职业

一种是兼职就业，即从业者拥有一份固定的主要工作，同时也利用个人所长和闲暇时间从事其他工作。另一种是"多重职业"。从业者同时拥有几份工作和多重身份，但之间没有主次之分，常在多个工作、多重身份间转换，比如"斜杠青年"。

4. 单位灵活用工型

劳动者在就业过程中，与用工单位改变传统的劳动关系模式，以一种更加松散和灵活的方式实现就业创业。比如，人力资源服务公司将劳务派遣业务互联网化，在网络平台上承接季节性、阶段性用工，实现了蓝领与客户直接对接。再比如，一些大型企业鼓励员工在自设的创业孵化平台上创新创业，员工与企业的劳动关系依然存在，但传统纯粹的雇佣关系已转变为新型合伙人关系。

（二）新就业形态的群体特征

从各项调查数据看，新就业形态就业群体差异较大，但青年劳动者和大龄劳动者仍是其中的主体。从大的方面看，主要是两类：一类是被正规市场排斥出来的被动型非正规就业者，大多是低龄的"两后生"（即初中和高中毕业后未能继续升学而进入劳动力市场的人员）或"40后"、"50后"等大龄劳动者，以简单劳动力供给为主，从事制造业中的手工加工、低端服务业、工地建筑等。目前我国人力资源市场上非正规就业从业者总体上仍以低教育水平的弱势劳动者为主，其中 16~19 岁劳动者大多为初中和高中未升

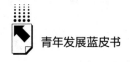

学毕业生，40 岁以上劳动者教育水平也以初中及以下为主。大多属于低端劳动力市场中的"被动的自主就业"，其就业不稳定，就业质量也不高。另一类从业群体以年轻、较高文化和技能劳动者为主；就业资源主要依靠自身的知识技能要素、开拓新的生产和服务领域；就业机会依靠以移动互联网技术为基础形成的网络配置机制；就业观念和从业动因更多从自身志趣和职业发展、工作生活观念出发，而不是从获得生存机会出发；工作方式和职业状态多突破工厂式生产和传统灵活就业的时空限制，根据需要随时随地即可工作，大多是以自营创业、自由职业和兼职等形式出现；从业的行业产业领域主要包括电子商务、文化设计、艺术娱乐、远程教育辅导和其他个体性消费服务业等方面。

（三）新就业形态发展的行业特征

从行业看，服务业是新就业形态发展的主要领域。但服务业绝不仅仅是快递业和电子商务。新就业形态目前在交通出行、物流外卖、金融衍生、餐饮、医疗、教育、旅游、媒体、文化创意（设计）、游戏娱乐、直播带货、空间分享（住宿、办公）、物品共享（汽车和二手市场等）、知识技能及服务等领域有较快发展，其中既有新兴的服务业，也有数字化改造后的传统服务业；既有各类生活性服务业，也包括诸多生产性服务业。特别是目前我国数字经济仍然处于加速发展阶段，一些行业进入高速成长期，涉及领域快速拓展，从消费领域到生产，再到设计创新，数字经济渗透的范围越来越广，程度越来越深，关联越来越复杂。新就业形态从业者的行业分布也越来越广泛，特别是在一些新产业、新业态领域出现了新就业形态从业者聚集的新职业群体。

四　新就业形态发展中的问题与挑战

（一）平台企业成长性偏弱，从业人员职业发展可持续性不强

灵活性是新就业形态最突出的特点和优点，但同时，灵活性也意味着不

确定、不稳定。从就业方面看，比较突出的问题是，受各种因素影响，部分新型就业形态从业人员的就业稳定性和职业发展的可持续性不足。一方面，由于当前许多新业态市场主体的业务发展和日常运营还没有形成成熟的商业模式和有效的盈利路径，同质化严重、盈利模式不清问题突出，各行业领域内平台企业资金链断裂、关停倒闭、爆雷跑路等现象时有发生。另一方面，新经济、新业态发展的总体生态环境，包括法律制度建设滞后、政策监管缺位等，也导致部分新业态发展的可持续成长性不足。这种经济活动的不稳定性，使得其从业者就业不稳定和职业可发展性较差。其中还有相当部分从业人员仅仅依赖打零工或临时合同在维持生计。

（二）人力资本支撑不足，技能结构矛盾日益突出

新经济的本质，是充分发挥人作为最活跃的生产力的作用，它是真正将人力资源作为第一资源的经济发展模式。新型经济形态的发展具有行业创新性强、人才专业化程度高等特点，需要大量高素质人才为行业产业整体提升提供足够的人力资本支撑。新就业形态与技术发展密切相关，需要劳动者具备一定的新知识和新技能，比如会上网、会使用智能手机，一些创新型、知识型、技能型岗位还会有更高要求。目前我国劳动者总体上存在文化教育和职业技能水平相对较低的特点。传统行业中许多劳动者知识技能水平偏低，适应能力相对较差，很难在短时间内掌握或运用新技术、新手段。人才支撑不足问题较为突出，特别是数据处理、数据分析等专业人才严重短缺。这也决定了当前我国新型就业形态仍然集中在商贸、物流和家政服务等行业领域，而在真正的知识技能创新领域的从业者人数较少。同时，新就业形态的发展也使个人与单位的联系更加松散，依托企业开展职工教育和培训的渠道作用难以充分发挥，人力资源培训和素质提升还需另辟蹊径。

（三）权利义务的法律关系不清晰

新就业形态多依赖平台企业生存，由此派生出平台、用户、劳动者及劳

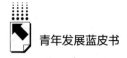

务派遣机构等多方利益主体，构成复杂，责权利不清晰。由于平台、从业者和服务对象是基于网络存在的"陌生人社会"关系，他们甚至分布在不同的国家和地区，劳动者、平台企业和服务对象之间的责权关系确定困难，劳动者工作时间、报酬、社会保障和其他劳动权益保护面临挑战。比如，在已经发生的诸多劳动争议案件中，很多网络平台想使自己免于履行雇主应尽的责任，而将劳动者归类为独立承包人。由于平台经济的特殊性，一些大型平台容易形成垄断性经营，通过游戏规则和程序制定、信息控制等，在平台与从业者之间甚至平台与政府部门之间造成力量关系的不平衡，形成不公平的权利和义务分配关系，损害从业者利益。

（四）劳动者社会保障面临诸多困扰

工作时间的碎片化让劳动者难以享有与全职工作匹配的福利保障，以企业为单位的传统社保模式面临挑战。很多平台就业者由于工作和收入不稳定，缺乏对长期职业生涯、工作-生活关系的理性安排，参加社会保障体系的意愿和能力不足，参加社会保险种类偏少，部分从业者缺乏基本社会保障。为劳动者提供全面适度的社会保障以及使其具备抵御不确定性风险的能力成为当务之急。

（五）新就业形态的就业质量有待提高

通过移动网络实现的新就业形态，其好处是劳动者的工作较少受到上下班等时空条件限制，但同时劳动者可能全天都处于一种随时需要查询获取工作任务信息，或随时被安排工作的状态。从调查情况看，新就业形态从业者普遍存在工作时间偏长、工作强度大等问题，一些从业者职业伤害补偿、社会保险等基本权益缺乏或保障不足。

（六）现有利益格局和体制结构存在障碍

劳动者就业形式的变化，实质上反映的是就业资源、机会及其配置机制等条件的变化。从历史实践看，每一次这样的变化都伴随着制度改革或技术变革对既有社会关系和利益格局的深刻调整。新就业形态的发展，或者说新的技术、经济的发展必然首先受到现存利益和体制结构的约束。不同商业环境、政策背景、各行业从业者利益等容易形成矛盾冲突，甚至成为社会不稳定因素，进而对新就业形态的发展产生影响。

五 政策建议

（一）深化市场化改革，推进数实融合，开发就业资源和机会

继续加大改革力度，进一步深化资源垄断和行政垄断行业的市场化改革，在除涉及国家安全和重大公共利益之外的经济社会领域，加大市场化改革力度，开放公共资源和服务领域，持续深化"放管服"改革，进一步降低或破除各种行业和职业进入门槛，为企业开发创造就业岗位、劳动者获得就业机会提供制度动力和保障。加强信息基础设施和交通物流等基础设施建设，加快推进"新基建"进程，为新经济发展提供物质和技术基础条件。引导新兴业态与传统行业融合、数字经济与实体经济融合发展，继续大力加强数字技术和应用创新，做大做强做优数字经济。大力运用互联网技术改造传统行业，推动互联网、大数据、人工智能同产业深度融合，赋能传统产业转型升级，利用互联网新技术对传统产业进行全方位、全链条的改造，推动制造业、服务业、农业等产业数字化，同时大力推进数字产业化，发展基于数字资源开发利用的新兴产业，催生新产业新业态新模式。做大做强一批兼具实体企业基因和数字化技术能力的大型数字平台或行业龙头企业，更好地发挥其开源和孵化作用，通过业务渠道链接数以百万、千万计的各类市场主体，特别是中小微市场主体，以及数以亿计的消费者，形成更加公平、开放、互利、互生的产业生态圈，使之成为催生新业态、赋能中小微的动力泵，催生各类新业态、新职业、新岗位的富集区，发挥其创新、放大、叠加、倍增作用，创造更多新的就业机会和岗位。

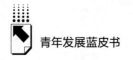
（二）加强协同治理与规范引导，提升新经济业态和新就业形态的发展可持续性

面对新就业形态的蓬勃发展，要在"包容审慎"的原则引导下，继续规范支持，促进可持续发展，加强政府管理和行业规范，建立政府管理、大众评价和行业自律的平台协同治理机制。要统一规划政策制度的顶层设计，增强政策的系统性，提升协同治理能力。构建公平、统一、规范、有序的各类要素市场。加快网络信息安全、社会信用体系等基本制度建设。合理设置各部门政策规制的"红绿灯"。引导各类平台企业建立可持续的经营和盈利模式，推进相关行业企业转型升级，提高平台发展层次。发挥行业协会、职业工会等社会组织的作用，促进行业及其从业者行为自律，规范平台经营与管理行为，避免非经营性风险。在推进新经济业态可持续发展的同时，实现新就业形态从业人员的就业机会可持续、职业生涯可发展。

（三）持续推动创新创业，为新就业形态发展提供持续动力

贯彻就业优先原则，厚植双创土壤。持续深化改革开放，继续深化商事制度改革，创造公平、宽松的营商环境，以包容审慎的态度和制度政策鼓励创新，加大产业、财税、金融等政策对大众创业、万众创新的支持力度，在资源供给、机会获得、政策扶持、环境优化和能力提升等关键议题上为创业创新活动提供更加有效的支持。积极发展多样化生产和服务，鼓励企业和劳动者利用互联网平台优化社会闲置资源配置，拓展产品和服务消费新领域，开展创业创新活动。加大对高校毕业生、专业技术人员创业活动的鼓励支持力度，促进知识型、智力型、技术型新就业形态发展。

（四）加强劳动者权益保障和收入分配调节的制度供给

重点是确定数字化平台法律定位和各方的责权利关系，按照新就业形态多元主体责权利平衡原则，厘清各类新就业形态涉及的不同部门和不同领域的法律与制度关系，制定完善相关法律法规，为其依法健康发展提供坚实基

础。对新就业形态涉及的劳动关系、劳动基准、劳动保护、社会保险等相关问题，要加快研究制定相关制度、政策，提高制度的包容性和弹性，为保障新就业形态从业者基本劳动权益提供切实的支持。包括研究制定工资工时等有关劳动基准，确立劳动权益基本保护标准；进一步完善灵活就业人员社会保障制度，探索面向平台从业人员的社保代缴服务，建立更灵活、更人性化的申办申领和转移接续等经办管理服务模式；完善新职业发布制度，定期发布新职业技能标准；将新就业形态从业者纳入就业统计监测体系；构建平台新就业形态和谐劳动关系，完善劳动争议处理方法，等等。

（五）强化公共就业创业服务，加强新就业形态从业者能力建设

建立健全适应就业形态新变化的公共就业创业服务体系，提供有针对性的职业规划、职业指导、交流学习等服务。要加强学校教育、职业教育与培训的市场适应性，推进高等教育和职业教育专业设置、人才培养模式与新技术、新业态、新模式发展衔接匹配，通过产学研结合，加强与企业的合作，培养新技术在工业领域所急需的人才。进一步完善现代教育体系，为所有人建立终身教育和培训账户，确保劳动者在需要的时候能获得再教育和职业培训，帮助劳动者形成获取可持续就业和收入机会的能力，以及可持续发展的职业生涯。大力加强职业技能培训，创新培训内容和方式，引导劳动者积极进入新经济、新业态领域就业创业。通过制度改革释放现有人力资本存量，鼓励更多高素质人才资源进入新就业形态领域。

参考文献

陈春花：《激活个体——互联时代的组织管理新范式》，机械工业出版社，2015。

陈云：《加强新就业形态扶持问题研究报告》，人力资源和社会保障部劳动科学研究所，2016。

李克强：《政府工作报告》，人民出版社，2016。

腾讯科技频道：《跨界——开启互联网与传统行业融合新趋势》，机械工业出版

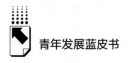

社，2015。

腾讯研究院：《中国分享经济风潮全景解读报告》，腾讯网，2016。

唐镳、余田、王笑颜：《移动互联时代的工作趋势：云工作与云客服》，《中国就业》2015 年第 11 期。

张成刚：《就业发展的未来趋势——新就业形态的概念及影响分析》，《中国人力资源开发》2016 年第 19 期。

郑东亮、陈云：《2015 年就业形势与 2016 年展望》，《中国劳动》2016 年第 1 期。

《中共中央关于制定国民经济和社会发展第十三个五年规划的建议》，2016。

《国务院关于积极推进"互联网+"行动的指导意见》（国发〔2015〕40 号），2015 年 7 月 4 日。

〔美〕Jacob Morgan 著《重新定义工作——大连接时代职业、公司和领导力的颠覆性变革》，刘怡译，中国工信出版集团、人民邮电出版社，2015。

〔美〕凯文·凯利著《新经济，新规则——网络经济的十种策略》，刘仲涛、康欣叶、侯煜译，电子工业出版社，2014。

〔美〕阿尔·戈尔著《未来改变全球的六大驱动力》，冯洁音、李鸣燕、毛云译，上海译文出版社，2013。

〔美〕约翰·布德罗、〔美〕瑞文·杰苏萨森、〔加〕大卫·克里尔曼著《未来的工作——传统雇用时代的终结》，毕崇毅、康至军译，机械工业出版社，2016。

B.3
依托互联网新职业青年的人口
和社会经济特征

马 妍*

摘 要： 本研究关注了依托互联网新职业青年的人口特征和社会经济特征，发现青年是依托互联网新职业群体的主力，他们聚集在不同的职业中，存在一定的受教育程度差异；他们进入新职业的渠道日益多元化，同时其职业稳定性进一步提升；相对于传统职业而言，他们当中半数的收入水平基本达到了中等收入群体水平，并且工作时间高度灵活自由。但是依托互联网新职业青年也面临职业认可度不高、职业稳定性不足、收入分配不尽合理和工作时间超长的问题，亟待解决。

关键词： 互联网 新职业 青年 社会人口特征

共享经济时代的新需求促进了诸多新业态的出现，而新业态的兴起又促使新职业不断涌现。不同于传统职业，这些新职业具备进出自由、工作时间相对灵活、进入条件相对宽松等特征，对于各种社会阶层的群体都具有极大的吸引力，尤其是广大青年群体。无论是专职还是兼职，新业态下产生的新职业，特别是依托互联网的新职业，逐渐成为缓解青年就业压力的缓冲器和促进青年创造性就业的孵化器。因此，本研究重点关注依托互联网并在新职业中就业的青年群体，希望通过对他们人口特征和社会经济特征的总结与概

---

* 马妍，中国社会科学院社会学研究所社会调查与方法研究室副研究员。

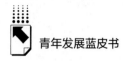
括，勾勒出这个新兴群体的大致轮廓，为进一步探究这个群体的特殊问题奠定坚实的基础。

本研究关注依托互联网的新职业青年，这一群体主要包含三方面特征：首先，他们是新职业群体，从事新业态下产生的新职业；其次，他们是依托互联网的新职业群体，工作依赖于互联网平台开展；最后，他们是青年群体，是就业群体中相对年轻的一个群体，其年龄范围是 16~40 岁。[①] 总体而言，新职业普遍存在种类繁多、外延不明的特征，因此本研究主要选择从业者规模较大、新职业出现时间相对长的典型新职业作为分析重点，以期较为全面地展现新职业群体的主要人口特征和社会经济特征。具体而言，本研究重点考察了网约配送员、网络主播、网约车司机、电竞从业者和民宿房东这五类新职业青年的基本情况。

由于本研究聚焦于一个全新的社会群体，当前对于这个群体的内涵和外延还存在一定争议，尚不具备针对该群体的专项调查，还不能够直接进行数据分析。因此，本研究依托国家相关部委发布的各类典型新职业的状况报告以及各类典型新职业进入平台公布的专项报告，收集相关新职业青年的基础数据，通过对主流新职业青年人口特征和社会经济特征的汇总与比较，提出促进新职业青年健康发展的建议。

一　依托互联网新职业青年的人口特征

1. 青年群体是依托互联网新职业的主力群体

互联网行业的工作通常具备一定的技术门槛，因此它对于参与其中的群体具有一定的年龄选择性。通过关注几类依托互联网的主流新职业，可以看出青年群体是依托互联网新职业的主体力量。总体来看，在从事生活服务业的新职业人群中（见图 1），40 岁及以上的新职业群体的比重仅为 7.87%，

[①] 《中华人民共和国劳动法》规定禁止招用未满 16 岁的未成年人，因此我国的法定劳动年龄的起点是 16 岁。根据《中长期青年发展规划（2016~2025 年）》，青年的年龄范围是 14~35 岁，本研究受数据所限将青年的年龄范围界定为 16~40 岁。

其余 92.13% 的新职业人群的年龄都在 40 岁以下。如果从代际来看，新职业从业者中"80 后"和"90 后"的比重达到 90%。所以，青年是生活服务业中新职业从业者的绝对主力。

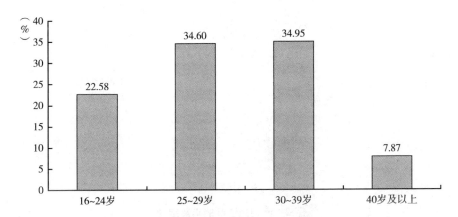

图 1　生活服务业新职业群体的年龄结构

资料来源：美团点评等《2019 年生活服务业新职业人群报告》。

聚焦到具体的职业，在网约配送员（骑手）中（见图 2），21~30 岁占比最高，达到 45%；31~40 岁比例为 39%；仅有 13% 年龄在 40 岁以上；还有 3% 年龄在 20 岁及以下。因此，网约配送员是一个较为典型的年轻化职业，青年群体是网约配送员的主体。

网络主播的年龄结构也呈现典型的年轻化特征（见图 3）。其中 20~30 岁和 31~40 岁比重相对较高，分别为 46% 和 35%；有 12% 超过 40 岁；还有 7% 不足 20 岁。所以青年群体是网络主播的主要从业者。

网约车司机的年龄比网约配送员和网络主播相对更大，青年群体的占比相对较低（见图 4）。其中 20~30 岁男性和女性网约车司机的比例分别为 25% 和 13%，31~40 岁的男女比例分别为 40%、41%；40 岁以上的男女比例分别为 32% 和 49%，女性网约车司机的年龄比男性网约车司机相对更大。虽然青年群体仍是网约车司机中占比较高的群体，但是其整体比例与其他新职业比相对较小。

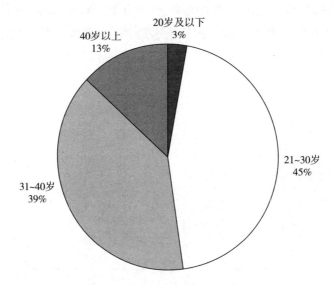

图2 网约配送员的年龄结构

资料来源：人社部：《新职业——网约配送员就业景气现状分析报告》。

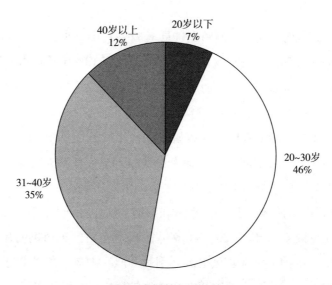

图3 主播的年龄结构

资料来源：艾媒咨询《2020H1中国直播电商行业主播职业发展现状及趋势研究报告》。

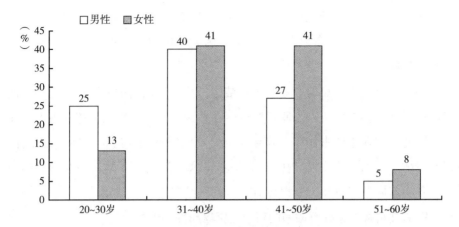

图4 网约车司机性别、年龄结构

资料来源：滴滴发展研究院《2020 滴滴平台女性司机发展报告》。

　　与前述四个新职业的年龄结构相比，电竞从业者是最年轻的一个新职业群体。35 岁及以下的比例高达 93%（见图 5），其中 20~25 岁是主体，所占比例为 43%；其次是 26~30 岁，比例为 39%。电竞行业无论从服务对象还是从业人员考察都是一个崭新的领域，由于服务对象的年龄相对较年轻，因此所吸纳的从业者也是一个非常年轻的群体。

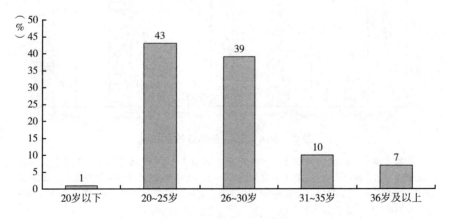

图5 电竞从业者年龄结构

资料来源：腾讯电竞《2019 年度中国电竞人才发展报告》。

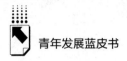
最后，中国爱彼迎网的数据显示民宿房东的平均年龄为 33 岁①，"80
后"后与"90 后"房东数占比近七成，因此，民宿房东也是一个青年群体
聚集的新职业。

综合以上五类主流新职业的年龄结构，可以发现由于不同新职业对于网
络依赖程度的不同，所以入职门槛也存在差异，导致了青年群体在各类依托
互联网的新职业中的占比存在差异，也使不同职业的年龄选择性存在差异。
但是总体上，"80 后"和"90 后"仍然是这些依托互联网新职业的主体力
量，各类新职业对青年就业群体有较好的吸纳能力。

2. 青年群体在依托互联网的新职业聚集与性别相关

由于职业特性和职业需求的差异，依托互联网的新职业还具有一定的性
别聚集性，不同新职业聚集着不同性别的青年从业者。其中在几类较为主流
的新职业中，网约配送员、网约车司机和电竞从业者中都以男性为主体
（见图 6）。其中女性网约车司机的比例相对较低，仅为 7.4%，网约配送员

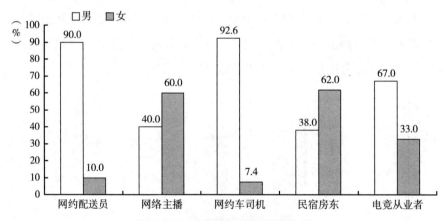

图 6　2018 年新职业群体性别构成

资料来源：人社部《新职业——网约配送员就业景气现状分析报告》，艾媒咨询
《2020H1 中国直播电商行业主播职业发展现状及趋势研究报告》，滴滴发展研究院《2020 滴
滴平台女性司机发展报告》，爱彼迎《Airbnb 爱彼迎中国房东社区报告》，腾讯电竞《2019
年度中国电竞人才发展报告》。

---

① 爱彼迎：《中国共享住宿发展报告 2019》，2019。

中女性比例为10%，女性电竞从业者的比例接近1/3。在这类以男性为主体的新职业中，由于劳动强度较大、工作时间相对固定且偏长，所以在一定程度上排除了女性从业者。而电竞行业以男性居多，所以对于女性从业者的需求相对较低。与此相对应的是另一类女性居多的新职业，这类新职业劳动强度相对较低，工作时间较为灵活，而且对于从业者的外在特质有特殊需求，所以更适合女性从业者参与其中。据统计，2019年从事网络主播的女性约为60%；2018年爱彼迎平台上女性民宿房东占比为62%，同期的全国女性就业人口占总人口的比例为43.5%，女性网络主播和民宿房东的比重明显高于全国女性的平均就业比重。此外，2018年女性民宿房东的占比较2016年增长了2倍，女性民宿房东的比重呈上升趋势。

3. 依托互联网的新职业青年存在一定的教育程度差异

由于依托互联网的新职业具有不同的教育门槛，所以从事各类新职业的青年群体的教育程度呈现一定的差异。一方面，特定新职业具有学历选择性，对高学历群体有较强吸引力，所以新职业青年中有相当比例的高学历青年；另一方面，没有教育门槛和工作经验限制的新职业也吸纳了一批教育程度相对较低的青年群体。从事生活服务类新职业群体的教育程度相对较高（见图7），2019年，从业者中大专及以上的比例为68.07%，高中/中专/技

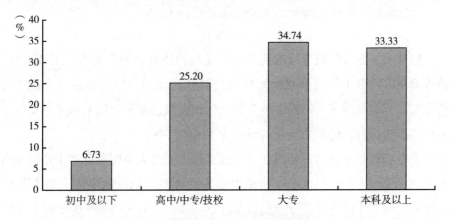

图7 生活服务业新职业群体教育程度

资料来源：美团点评等《2019年生活服务业新职业人群报告》。

校的比例为 25.20%，初中及以下的比例仅为 6.73%。因此，总体上受教育程度相对较高的青年群体是从事生活服务业中新职业的主体。

在各类依托互联网的新职业中，网约配送员的受教育程度相对较低（见图 8）。其中，初中受教育程度的网约配送员所占比重最大，为 37.5%；职高/中专/技校、高中的比例分别为 24.3% 和 18.6%；大专及以上的比例为 14%；还有 5.6% 的受教育程度仅为小学。由于网约配送员是体力密集型职业，虽然依托互联网，但是对网络技术没有特别的要求，对于从业者受教育程度要求相对宽松。

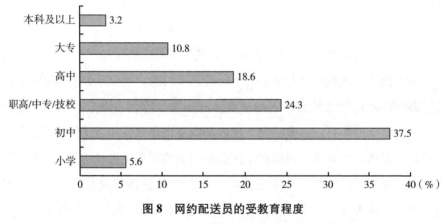

图 8　网约配送员的受教育程度

资料来源：人社部《新职业——网约配送员就业景气现状分析报告》。

同样对从业者受教育程度要求较为宽松的还有网约车司机这个新职业，调查显示，约有 1/2 的网约车司机的受教育程度为高中或中专（见图 9）；有不到 1/4 的网约车司机的受教育程度达到大专，本科及以上和初中及以下的网约车司机的比例较为接近，分别为 12% 和 17%。

在电竞行业从业的青年群体的受教育程度是各类新职业群体中相对较高的（见图 10），本科及以上学历的电竞从业者是该职业的主体。2019 年的数据显示约 2/3 的电竞从业者受教育程度为本科，还有 5% 达到了硕士及以上程度；26% 达到专科（含高职）水平，只有约 3% 在高中及以下。因此，电竞从业者是一个高学历的新职业青年群体。

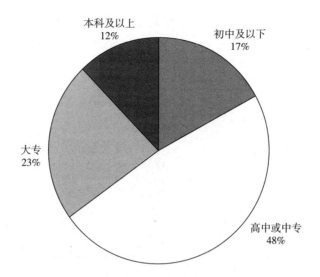

图9 网约车司机的受教育程度

资料来源：杨伟国、王琦《数字平台工作参与群体：劳动供给及影响因素》，《人口研究》2018年第4期。

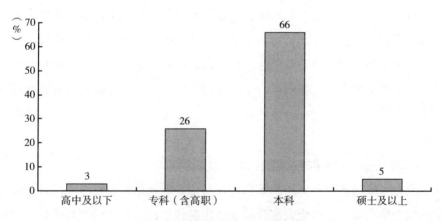

图10 电竞从业者的受教育程度

资料来源：腾讯电竞《2019年度中国电竞人才发展报告》。

网络主播群体的受教育程度与其他新职业群体相比分化比较明显（见图11）。一边是将近半数的网络主播因为工作岗位对学历不限制而不明确其受教育程度；另外一边是约有40%的主播群体的受教育程度在大专及以上

（包括大专、本科及以上）。高中和高中以下的比例相对较小，分别为8.29%和9.55%。

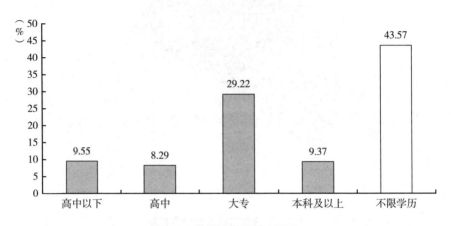

图11　网络主播受教育程度

资料来源：艾媒咨询《2020H1中国直播电商行业主播职业发展现状及趋势研究报告》。

　　概括而言，新职业青年从受教育程度来看可分为三类：第一类是聚集了受教育程度相对较低的青年的新职业，包括网约配送员和网约车司机；第二类是吸纳了高学历青年的新职业，典型的是电竞行业；第三类是对高学历和低学历都具备吸引力的新职业，主要是网络主播。依托互联网的新职业对不同受教育程度的青年均有较强的吸纳能力，是缓解当前就业问题的一个有效领域。

　　4. 新职业青年群体的家庭特征与传统职业类似

　　依托互联网新职业青年的家庭特征与传统职业相比差别不大，有比较突出的两个特点：一是因为大部分从业者年龄较小，单身比例相对较高；二是在没有传统职场关系影响的前提下，对于特殊婚姻家庭状况的从业者具有更好的包容性，调查显示69.5%的主播是单身。[①] 但是在年龄结构偏大的新职业中，已婚比例很高，在网约车司机中已婚比例为83%[②]，在女司机中这一

---

　　① 陌陌：《2019主播职业报告》。

　　② 滴滴政策研究院等：《新经济、新就业：2017年滴滴出行平台就业研究报告》。

比例高达 93%①。此外，新职业对于特殊婚姻状态的青年群体具有更好的包容性，在女性网约车司机中有 21% 的单亲母亲，由于没有类似传统职业的固定工作场所和职场关系的影响，其特殊的婚姻状态并不影响其从事新职业。

二 依托互联网新职业青年的社会经济特征

1. 新职业青年进入职业的渠道多元化且职业稳定性进一步提升

与传统职业相比，依托互联网的新职业青年在进入新职业时通常都有相对固定和明确的渠道。因为依托互联网，所以新职业的进入渠道一般是相应职业的网络平台。比如网约车司机通过滴滴出行等平台进入网约车司机职业；网约配送员以美团、饿了么等外卖平台为主寻找工作机会；网络主播通过快手、抖音、花椒等平台进行直播；民宿房东也集中在爱彼迎平台经营，等等。在新职业的兴起阶段，从业者一般只能固定从某个平台进入。然而，现在进入新职业的渠道呈现多元和交叉的特征，以直播为例，除了传统以直播为主的平台外，在非传统直播平台也可以进行直播，如微博。所以新职业青年的职业进入渠道日益多元化和交叉化，进入门槛不断降低。

从专职从事新职业的比重和从事新职业的年限两个角度出发，依托互联网新职业青年的职业稳定性进一步提升。职业稳定性的提升首先表现为专职从事新职业的青年比例不断提高。《2019 年主播职业报告》的数据显示，2019 年受访的网络主播中 33.4% 为职业主播，2018 年这一比例为 31%，2017 年仅为 27.6%，专职主播的比例逐年上升。如果分年龄来看，2018 年"90 后"职业主播占比为 36%，"95 后"职业主播占比为 45.6%；到了 2019 年，"90 后"职业主播占比为 38.3%，"95 后"职业主播占比为 49%，② 随着职业主播比例的不断提高，越年轻的网络主播群体中职业主播

---

① 滴滴发展研究院：《2020 滴滴平台女性司机发展报告》，2020。
② 陌陌：《2019 主播职业报告》。

的占比越高。职业稳定性的提高还表现为有相当比例的新职业青年从事某一新职业的年限逐步延长。有 26.9% 的职业主播直播时间超过 2 年；有 43.13% 的电竞从业者从业时间超过 3 年。① 因此，新职业青年在职业流动性相对较高的同时，也有部分从业者维持了较好的稳定性。新职业青年的职业稳定性与其自身的受教育程度和收入水平均高度相关，受教育程度越高、收入水平越高的青年在新职业中的职业稳定性越高。

相比而言，依托互联网新职业青年的兼职多元性相对较高。虽然专职从事新职业的青年比重不断提高，但是仍有相当规模的青年在从事依托互联网的新职业的同时兼职其他职业，或者在主要从事其他职业的同时兼职从事新职业，甚至有可能从事不止一份新职业，兼职现象在各类依托互联网的新职业中较为普遍。根据《新时代新青年：2019 青年群体观察》报告，29% 的青年有兼职工作，收入来源多元，兼职的职业包括：新媒体从业人员、设计人员、司机代驾、微商代购以及网约配送员。《2019 年主播职业报告》显示有 2/3 的主播是兼职主播。《2020 滴滴平台女性司机发展报告》中提及有 40% 的女性网约车司机是兼职司机，其中包括企业员工、自主创业者、家庭主妇和企业高管等，本职工作非常多元。同时，这些兼职女司机除了兼职网约车司机外，还有部分从事其他兼职，包括网店经营、网约配送员、保险经纪人和房屋中介等。同样的多重兼职还出现在民宿房东中，2019 年《Airbnb 爱彼迎中国房东社区报告》显示 89% 的房东是兼职，其中仅有民宿房东一项兼职的约有 49%，自由职业和自主创业房东的比例为 34%，有多项兼职的房东比例为 6%。"斜杠青年"既是当代青年的一种身份标识，更是依托互联网新职业青年的典型特征。此外，依托互联网的新职业还具有抗风险能力强的特征。48% 的新职业从业者认为新职业的抗风险能力高于传统行业，在疫情之后可能迎来更快发展。②

新职业青年从事的新职业还具有无门槛和专业化要求并存的特征，从事

---

① 腾讯电竞：《2019 年度中国电竞人才发展报告》。
② 美团研究院等：《2020 年生活服务业新业态和新职业从业者报告》。

不同职业的青年群体存在跨圈不易的困扰。在比较主流的新职业中，网约配送员、网约车司机、网络主播和民宿房东等基本属于无门槛的新职业，这些新职业对于从业者的专业技能没有特别具体的要求，而且进入渠道相对透明和易得，因此，只要潜在从业者具备主观意愿和客观条件，都能够较为顺利地进入相关职业。然而，在一些有特殊技能要求的新职业中，对于潜在从业者存在一定的选择性，进入难度高于无门槛类的新职业。电竞从业者就属于这一类型，特别是从事赛事服务和技术服务类岗位的青年，他们需要具备电竞相关的专业知识和技能，继职业高中开设电竞专业之后，2019 年电竞专业也出现在大学，由此可见该职业需要专业化的培养，该职业对于从业者的进入具有相应的门槛，不具备相关技能的青年难以进入该职业的核心领域。所以，依托互联网的新职业虽然绝大多数对于从业门槛没有明确的限制，然而并非所有新职业都能够相互流动和进入，也存在一定程度的跨圈不易。

2. 超过半数新职业青年的收入达到中等收入群体水平

关于中等收入群体的界定目前较为常用的划分指标以收入为主。具体而言，有基于绝对收入指标的世界银行日收入 10~50 美元标准、家庭年收入 6 万~50 万人民币标准、人均年收入 3 万~8 万元标准、人均年收入 3.5 万~12 万元标准等。[①] 如果以年收入 3 万~12 万元为标准界定中等收入群体，转换为月收入即 2500~10000 元人民币。按照这个收入范围考察依托互联网新职业青年的收入水平，可以发现，2019 年从事生活服务业的新职业青年的收入水平绝大部分属于这个区间（见图 12），约有 66.57% 基本属于中等收入群体，月收入在 2001~10000 元；还有 24.59% 属于高收入群体，月收入超过 10000 元；仅有不到 10% 收入水平不到 2000 元，收入水平相对较低。

从不同的新职业考察，网约配送员的收入水平在新职业青年中相对较低

---

① 李炜：《中间阶层与中等收入群体辨析》，《华中科技大学学报》（社会科学版）2020 年第 6 期。

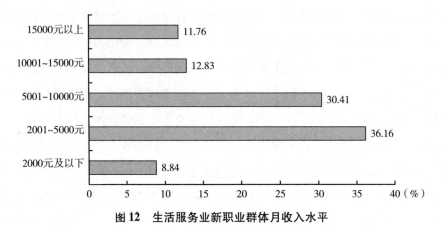

图 12　生活服务业新职业群体月收入水平

资料来源：美团点评等《2019 年生活服务业新职业人群报告》。

（见图 13），人力资源和社会保障部的报告显示 96% 的网约配送员的月收入在 8000 元及以下，其中还有 20% 收入在 2000 元及以下。但总体而言，约有超过 2/3 的网约配送员的月收入基本达到了中等收入群体的水平。2019 年全国居民的人均可支配收入为 30732.8 元[①]，月平均收入为 2561 元，绝大多数网约配送员的收入能够达到或超过这一水平。

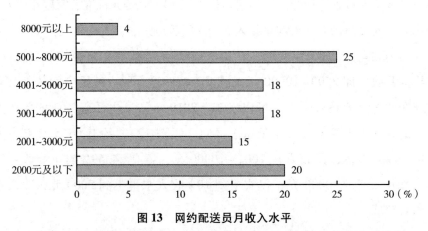

图 13　网约配送员月收入水平

资料来源：人社部《新职业——网约配送员就业景气现状分析报告》。

① 国家统计局编《中国统计年鉴 2020》，中国统计出版社，2020。

电竞从业者的收入水平在新职业青年群体中相对较高（见图14）。年收入在10万元及以下的比例为58.94%，是电竞从业者中最普遍的收入水平；约有1/4的年收入在11万~20万元；还有14.22%的年收入超过20万元。国家统计局数据显示，2019年居民人均可支配收入最高的是上海，达到69441.6元①，大多数电竞从业者的收入超过了这一水平，在全国范围内属于收入相对较高的群体。如果以年收入3万~12万元为中等收入群体的标准，那么约有30%~40%的电竞从业者的收入水平超过这一标准，属于高收入群体。在剩余60%~70%的电竞从业者中，绝大多数的收入应当也达到了中等收入群体的水平。结合前文对电竞从业者受教育程度的分析，可以看出，电竞从业者的相对高收入一方面取决于从业者自身的高学历，另一方面也受到行业整体水平较高的影响。

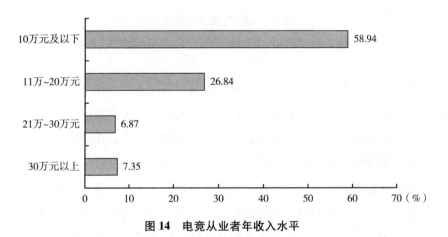

图14　电竞从业者年收入水平

资料来源：腾讯电竞《2019年度中国电竞人才发展报告》。

网络主播的收入水平在依托互联网的主流新职业中是佼佼者，数据显示约有95%的月收入超过4500元（见图15），基本都达到中等收入群体水平。而且超过半数的月收入超过10000元，达到了高收入水平，甚至还有21.6%月收入超过30000元，充分表明网络主播是新职业青年中收入水平相对较高

———————————

① 国家统计局编《中国统计年鉴2020》，中国统计出版社，2020。

的一个职业群体。然而网络主播职业对受教育程度的包容性，决定了该职业的高收入不完全取决于从业者的高学历，数字经济时代对网络直播行业的高需求是该职业收入水平相对较高的主要决定因素。

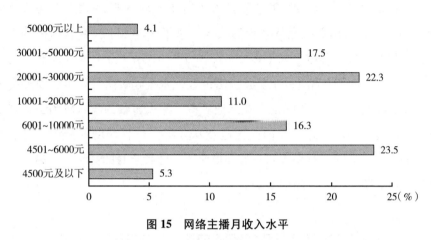

图 15　网络主播月收入水平

资料来源：艾媒咨询《2020H1 中国直播电商行业主播职业发展现状及趋势研究报告》。

概括而言，无论是收入水平相对较低的网约配送员，还是收入水平相对较高的电竞从业者和网络主播，依托互联网就业的青年都通过新职业获得了比传统职业更高的收入，而且他们当中超过半数的人能够凭借这份收入进入中等收入群体的行列。可以说收入是吸引青年群体加入新职业的重要因素，也使依托互联网的新职业成为青年就业群体的新蓄水池，吸引着越来越多的青年加入其中。除了相当比例的青年已经达到中等收入群体水平以外，还有一部分新职业从业者虽然收入水平相对较低，但是通过从事新职业也实现了自身或家庭的脱贫，生活水平因此上升到一个新台阶。在美团平台就业的网约配送员中，有 25.7 万人曾是建档立卡贫困人口，占网约配送员总量的 6.4%，其中，已有 25.3 万人实现脱贫，脱贫比例高达 98.4%[①]。因此，依托互联网的新职业在给青年群体带来体面收入的同时，也为一部分落后地区的青年群体摆脱贫困发挥了重要作用。

---

①　美团研究院：《2019 年外卖骑手就业扶贫报告》。

3. 新职业青年群体的工作时间高度灵活自由

依托互联网新职业就业的青年，普遍存在工作时间高度灵活和自主的特征，但其工作时间和非工作时间的边界模糊。一方面，依托互联网的新职业并不强调在一个相对固定的室内场所开展工作，只要有互联网和连接设备就能够开展工作，因此新职业青年的工作时间相对灵活和自由；另一方面，没有固定的工作场所和工作的高度灵活性，也使得新职业青年的工作没有相对固定的开始和结束时间，工作时间和非工作时间的边界模糊，因此部分新职业青年的工作时间与传统职业比相对较长。此外，由于依托互联网的新职业中有大量兼职从事新职业的青年，他们可能利用零散时间从事新职业，因此他们每天从事新职业的工作时间相对难以估计。

在生活服务业从事新职业的群体中（见图16），有46.7%的从业者每天的工作时间为8~10小时，还有27.78%工作时间超过10小时，工作时间在8小时以内的仅有25.52%。按照《中华人民共和国劳动法》（以下简称《劳动法》）规定每天工作时间不超过8小时计算，约有3/4的新职业从业者的工作时间都超过了这个法律规定上限。

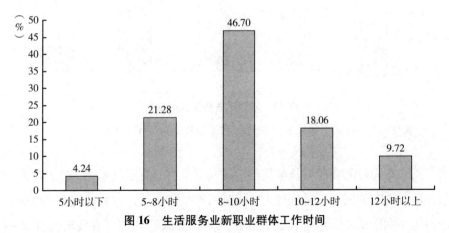

图16　生活服务业新职业群体工作时间

资料来源：美团点评等《2019年生活服务业新职业人群报告》。

网约配送员的工作时间以4小时以内的居多（见图17），有58.8%的在4小时以内，大致相当于工作半天时间；还有36.9%的在4~8小时，大致相当于工作一整天；仅有4.3%超过8小时，处于超时工作状态。总体上，网约配送员的工作时间显现了这一新职业较高的灵活性，较为符合零工经济的需求。但是，网约配送员工作时间的统计口径可能存在问题，按照平台的计算规则，调查显示的工作时间应当是网约配送员在工作平台的在线时间，并没有包含一些必要的生理缓冲时间，包括休息时间和进餐时间等，而普通职业从业者的8小时工作制往往还包含了这些生理缓冲时间。如果按照普通职业朝九晚五的工作时间计算方法，网约配送员的实际工作时间应当比调查显示的更长，特别是专职从事网约配送的从业者，其工作时间可能超出8小时，全体网约配送人员当中工作时间在8小时及以上的比例也可能比调查显示的更高。

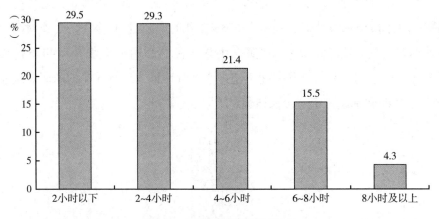

图17　网约配送员工作时间

资料来源：人社部《新职业——网约配送员就业景气现状分析报告》。

网约车司机的在线时长更能凸显其共享经济的特点（见图18）。数据显示，超过1/2的网约车司机每天在线时间不足2小时，这些司机更可能是兼职司机，利用正式工作之余获取额外收入。其次约有20%在线时间在2~4小时，每天从事网约车工作的时间在半天以内。再次有21.65%在线时长在4~8小时，几乎利用整天的时间从事网约车司机这一职业，这些司机中可能有相当比例是专职从事这一职业的。最后还有8.02%在线时长超过8小时，表明有少量的专职网约车司机工作强度相对较大。概括而言，与绝大部分兼职网约车司机相比，专职网约车司机的工作时间更长、强度更大，但整个网约车司机职业的工作性质仍是非常灵活和自由的。

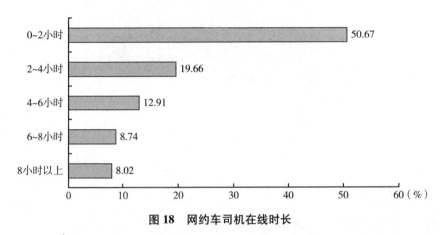

图18　网约车司机在线时长

资料来源：滴滴政策研究院《新经济、新就业：2017年滴滴出行平台就业研究报告》。

与网约配送员和网约车司机相比，电竞从业者平均每周的工作时间相对较长（见图19），其中有25.56%的工作时间在40小时以内，这部分电竞从业者的工作时间基本符合《劳动法》规定的上限。而工作时间超过40小时的占74.44%，甚至有15.5%的超过60小时。可以说绝大部分电竞从业者都处于超时工作的状态，该职业是一个时间密集型的互联网新职业。由于电竞行业的专职人员相对较多，虽然工作时间相对灵活，但电竞行业以赛事为工作目标的特点，决定了该职业需要比其他新职业一次性投入更多的时间来满足工作要求。

三　促进新职业青年健康发展的建议

依托互联网的新职业是解决青年就业问题的一个新领域，已经吸引大批青年劳动力加入其中。本研究通过对新职业中青年群体人口特征和社会经济特征的总结与分析，发现目前在新职业中就业的青年群体面临一些亟待解决

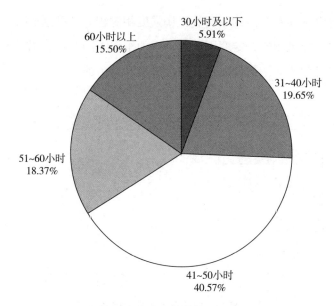

图 19　电竞从业者每周工作时间

资料来源：腾讯电竞《2019 年度中国电竞人才发展报告》。

的问题：一是新职业的社会认可度存在差异；二是新职业的稳定性与传统职业相比相对较低；三是虽然超过半数的新职业青年的收入已经达到中等收入群体水平，但是仍潜藏着收入分配不尽合理的问题；四是部分专职从业者的工作时间相对较长，不利于青年群体的健康发展。针对这些潜在的问题，本研究认为应当从四个方面着手改进，以促进新职业青年群体的健康发展。

1. 加快对于新职业的认可，吸引更多青年加入新职业

目前新经济、新业态下涌现出的新职业亟待获得国家职业体系和社会的认可，获得一个合法化的身份，让新职业可以吸引和吸纳更多的青年，更好地解决青年就业问题。要鼓励新职业的发展，应当加快对新职业的认定和认可，加快推进职业大典对新职业的收录，让已经从事相关新职业的从业者尽早获得国家和社会的认可，让希望进入新职业的潜在就业群体对未来职业发展更有信心。

2. 增加职业培训，提升职业稳定性

在传统职业中通常有正规且有针对性的职业培训帮助新进入职业的青年

从业者更快更好地适应自己所从事的职业。在依托互联网的新职业中，由于进入和退出机制都相对灵活和便利，因此很少有相应的职业培训帮助青年从业者提升从业技能和就业竞争力。由此可能导致新职业青年的职业稳定性受到影响。所以应当要求相关平台企业增加对青年从业者的职业培训，特别是加强对专职从业者的培训，有针对性地提升青年从业者的职业技能，帮助他们提升自己的职业稳定性。同时，对于有专业技能要求的新职业应当加强其在国民教育体系中的对接性，通过设置相关专业有计划地培养专门人才，以满足新职业的发展需求。

3. 加强对新职业的监管，保护合理收入

由于新职业出现时间相对较短，在其受到国家职业体系正式认可之前，很可能存在相应的政策监管漏洞，使得青年从业者的合法权益无法获得保障。因此，需要国家制定和实施相关政策，加强对新职业的监管，以政策确保新职业青年的合理收入和合法权益受到保护，既保障新职业青年劳有所得，不让平台分成占比过高，确保平台和青年从业者之间的收益分配合理合法；也调节不合理的过高收入，确保合理的收入导向。

4. 规范平台企业用工，提高工作时间的合理性

除了以相关法律和政策确保新职业青年的经济收益得到有效保障之外，新职业青年的工作时间相对较长的问题也应当引起重视并给予调整。长期的超时工作，对于青年群体的身体健康状况是极大的隐患。《中长期青年发展规划（2016-2025 年）》中强调了身心健康对于青年长期发展的重要性。因此，规范平台企业的用工情况，敦促平台企业重视提高青年群体工作时间的合理性是促进青年群体可持续发展的重要举措。

参考文献

杨伟国、王琦：《数字平台工作参与群体：劳动供给及影响因素》，《人口研究》2018 年第 4 期。

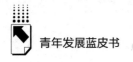

李炜：《中间阶层与中等收入群体辨析》，《华中科技大学学报》（社会科学版）2020年第6期。

国家统计局编《中国统计年鉴2020》，中国统计出版社，2020。

人力资源和社会保障部：《新职业——网约配送员就业景气现状分析报告》，http：//www.mohrss.gov.cn/SYrlzyhshbzb/dongtaixinwen/buneiyaowen/202008/t20200825_383722.html，最后访问日期：2020年12月22日。

国家信息中心：《中国共享住宿发展报告2019》，http：//www.199it.com/archives/906893.html，最后访问日期：2020年12月15日。

爱彼迎：《Airbnb爱彼迎中国房东社区报告》，2019。

腾讯电竞：《2019年度中国电竞人才发展报告》，http：//www.199it.com/archives/884390.html，最后访问日期：2020年12月27日。

陌陌：《2019主播职业报告》，http：//www.199it.com/archives/995592.html，最后访问日期：2020年12月20日。

艾媒咨询：《2020中国直播电商行业主播职业发展现状及趋势研究报告》，https：//www.iimedia.cn/c400/71682.html，最后访问日期：2020年12月10日。

美团点评等：《2019年生活服务业新职业人群报告》，https：//mri.meituan.com/research/report，最后访问日期：2020年12月5日。

美团研究院：《新时代新青年：2019青年群体观察》，https：//mp.weixin.qq.com/s/bSWS-VZKfezCTpwMbAOHJw，最后访问日期：2020年12月23日。

滴滴发展研究院：《2020滴滴平台女性司机发展报告》，https：//mp.weixin.qq.com/s/K2ppj5U4XP_Lkbp2ktYdiw，最后访问日期：2020年12月20日。

滴滴政策研究院：《新经济、新就业：2017年滴滴出行平台就业研究报告》，http：//www.199it.com/archives/646093.html，最后访问日期：2020年12月10日。

美团研究院：《2020年生活服务业新业态和新职业从业者报告》，https：//mri.meituan.com/research/home，最后访问日期：2020年12月30日。

B.4
新就业形态的就业市场培育研究[*]

张成刚[**]

摘　要： 本文认为新就业形态就业市场培育的目标是推动该市场规范发展，保障消费者权益、劳动者权益以及社会公众利益，形成竞争有序、促进公平的发展格局。劳动保护问题的争议、规制和监管体系不相适应、二元分割劳动力市场的影响、劳动者话语权不足、双边市场的市场势力以及算法共谋、算法歧视等问题可能影响新就业形态就业市场的运行效率。新就业形态就业市场培育路径既与平台发展高度相关，也是政府规制和治理的结果。政府需要识别平台的发展阶段，选择合适的时机介入，推动新就业形态的就业市场培育。本研究给出如下政策建议：一是新就业形态就业市场培育应着力减少算法歧视和算法共谋，促使新就业形态就业市场形成良性竞争秩序，二是政府建立新就业形态和灵活就业的职业技能标准，三是鼓励商业保险与灵活就业结合，利用市场力量管控和分散风险，四是鼓励平台在发展中承担从业者相应的劳动保障责任。

关键词： 新就业形态　就业市场培育　就业市场规范

---

* 本文是国家社会科学基金项目"新就业形态对去产能职工就业帮扶机制与政策评估研究"（项目编号：17CJY069）的阶段性成果。
** 张成刚，首都经济大学劳动经济学院副教授，中国新就业形态研究中心主任，主要研究方向为劳动经济。

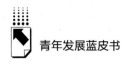

一 引言

由移动互联网发展及相关数字技术发展而催生的新就业形态，已经发展成为我国新增就业的重要渠道。有学者从生产力和生产关系两个角度概括新就业形态，[①] 并指出目前得到广泛发展的主要是生产关系角度的新就业形态，即由互联网平台凭借移动互联网、大数据、人工智能等信息技术，进行劳动者与服务消费需求大规模、大范围的组织、调配、任务分派等活动，实现劳动者和消费者直接对接的就业形态[②]。在新就业形态中国劳动力市场出现并发展壮大的过程中，对其的批评和争议一直存在。诸如"7 万研究生在送外卖"、"青年们都去送外卖了，中国的制造业怎么办？"[③]、"外卖骑手，困在系统里"[④] 等讨论在社会公众和媒体语境中反复出现。

新就业形态的概念提出后，学术领域围绕新就业形态的各类讨论、批评和争议始终持续不断。不同学科背景与不同视角的研究者都加入对新就业形态认识的讨论中。[⑤] 目前关于新就业形态的讨论主要关注其对于劳动者权益保障的影响，[⑥] 但对于新就业形态就业市场的培育问题却鲜见有研究进行讨论。本文主要的研究问题在于讨论新就业形态就业市场培育的目标及路径，

---

① 张成刚：《就业发展的未来趋势，新就业形态的概念及影响分析》，《中国人力资源开发》2016 年第 19 期。

② 张成刚：《中国新就业形态发展：概念、趋势与政策建议》，《中国培训》2022 年第 1 期。

③ 赵一苇：《民工转行的劳动力经济学》，《中国新闻周刊》2020 年 7 月 27 日。

④ 《外卖骑手，困在系统里》，《人物》2020 年 9 月 8 日。

⑤ 张成刚：《新就业形态的类别特征与发展策略》，《学习与实践》2018 年第 3 期；张成刚：《共享经济平台劳动者就业及劳动关系现状——基于北京市多平台的调查研究》，《中国劳动关系学院学报》2018 年第 3 期；王娟：《高质量发展背景下的新就业形态：内涵、影响及发展对策》，《学术交流》2019 年第 3 期；葛萍：《新就业形态下工会维权探析》，《山东工会论坛》2017 年第 6 期。

⑥ 常凯、郑小静：《雇佣关系还是合作关系？——互联网经济中用工关系性质辨析》，《中国人民大学学报》2019 年第 2 期；丁晓东：《平台革命、零工经济与劳动法的新思维》，《环球法律评论》2018 年第 4 期；林嘉：《新就业形态，要补什么法律短板》，《人民论坛》2020 年第 22 期；王甫希、习怡衡：《新就业形态劳动者的法律保障》，《中国人民大学学报》2020 年第 5 期。

分析目前新就业形态就业市场培育中存在的问题，并结合分析给出相应的政策建议。

新就业形态的就业市场培育问题与新就业形态的劳动保障问题是新就业形态发展中同等重要的两个问题，也是目前亟待找到发展方向的政策问题。新就业形态的出现，不仅改变了劳动力市场的运行格局，其本身也创制了新的劳动力市场，即劳动者和服务消费者之间的交易可以依托这一全新"场所"。在该市场中，传统劳动力市场的竞争特性与制度发挥作用的方式发生了改变。该市场的规则目前主要由平台技术的提供者——平台企业制定和实现。平台企业基于促成该"市场"内的交易考虑，设定各类交易规则和操作流程，特别是涉及劳动者管理控制的规则。一方面，平台企业希望更好地促成交易，为此明确了交易金额、交易完成时限、交易中的各类服务细则等；另一方面也根据交易中各方的需要做必要的调整，例如，网约车平台"滴滴出行"在"乐清女孩被害"事件后，在公众对平台安全性质怀疑下投入巨额成本重新梳理了和安全相关的规则。饿了么平台在"困在系统中的骑手"文章引起社会巨大关注后，在平台交易规则中增加了由消费者给予骑手更长时间的决定权。特定社会事件引发政府和公众对新就业形态现状的关注，进而推动平台企业改变交易规则，反映了新就业形态的就业市场并非仅由平台企业决定。平台企业在设定和塑造新就业形态就业市场的过程中，必须考虑相关利益主体的诉求与偏好。

总体上说，新就业形态的就业市场目前仍然处于发展、完善中，尚未形成较为统一、完整和规范的市场规范体系。不同平台的交易规则可能存在差异，不同行业或不同领域的平台对待劳动者的权益问题也采取了不同的态度，平台的规模也是影响从业者报酬与福利的重要因素。除经济因素外，平台所处领域的监管和规范、政府部门的监管态度等都是影响新就业形态就业市场的重要因素。

社会对以互联网平台作为组织基础的新就业形态仍然抱有怀疑的态度。随着信息技术的发展，新就业形态在提升工作效率的同时，开始改变传统制造业的劳动关系。部分学者认为，新就业形态是一种"零工经济"，劳动者

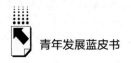
看似可以更自由、更灵活地在平台经济时代工作，但实则所获更多的是压榨。[①] 许多零工不仅未能实现工作自由、收入增加的预期目标，反而沦为了"廉价苦力"的代言人。[②]

这些讨论背后的学术问题涉及新就业形态下劳动力要素配置问题。如何将新就业形态这一全新的事物嵌入我国劳动力市场的建设中，并培育壮大新就业形态的就业市场，使之在更大范围发挥要素配置作用？这是本文希望讨论的问题。本文使用就业市场的术语而非劳动力市场，因为"就业市场"更有制度意涵，也更贴合本文的理论和政策讨论。

二 中国新就业形态的发展特征

新就业形态已经在主要工业国快速发展。根据 Katz 和 Krueger 测算，从 2005 年至 2015 年，美国经济中灵活的工作安排[③]增加了约 50%，并估计此增长占同期美国净就业增长的 94%。[④]

新就业形态发展扩大了就业岗位规模。近几年，我国城镇新增就业每年保持在 1300 万人以上，新就业形态作用巨大。新就业形态扩展了消费市场，提升了服务消费的便利性，组织起规模庞大的劳动者与广泛分散的消费者需求对接。以美团平台为例，2019 年，通过美团平台获得收入的骑手总数达到 398.7 万人。2020 年上半年新冠肺炎疫情期间，新就业形态更是"脱颖而出"，成为保障居民抗疫和满足基本生活需求的重要力量。例如，2020 年

---

① 崔学东、曹樱凡：《"共享经济"还是"零工经济"？——后工业与金融资本主义下的积累与雇佣劳动关系》，《政治经济学评论》2019 年第 1 期。
② 周颖嘉：《数字资本主义视域下的时间剥削问题研究》，华东师范大学硕士学位论文，2020，第 61~81 页。
③ 其所定义的灵活工作安排包括"临时代理机构工作人员、应召人员、合同工以及独立承包商或自由职业者"，包括了通过 Uber、TaskRabbit 或 Amazon Mechanical Turk（MTurk）等数字劳动力市场完成工作的劳动者。
④ Katz, Lawrence F., and Alan B. Krueger, "The Rise and Nature of Alternative Work Arrangements in the United States, 1995-2015", *National Bureau of Economic Research* (2016): pp. 382-416.

上半年，美团平台获得收入的骑手达 295.2 万人，为大量学历、技能相对不高，或因疫情短暂失业的群体提供了收入机会。支持新就业形态在疫情期间脱颖而出的不仅有马路上奔波的外卖小哥，还有使用数字技术助力交易完成的平台企业。在疫情防控常态化时期，具有就业容量大、进出门槛低、灵活性强等特点的新就业形态将继续在"保就业"中发挥积极作用①。

新就业形态提升了低技能从业者的劳动生产率。数字经济出现之前，灵活就业劳动者面临客户资源分散、与消费者匹配困难、缺乏规范性进而导致消费体验差等问题，劳动生产率低下导致灵活就业者总是与低收入、工作不稳定、缺乏发展空间等现象相伴。在数字经济时代，互联网平台借助数字技术，通过将劳动者和用工方的地理位置、服务时间、服务过程等进行有效匹配，可以大幅提升灵活就业者的劳动生产率。

劳动生产率的提升是劳动者收入提升的根本保障。美团研究院问卷调查显示，目前平台灵活就业者中，40.4% 的从业者月收入为 3001～5000 元，42.8% 的从业者月收入高于 5000 元（23.3% 月收入为 5001～7000 元，9.9% 月收入为 7001～10000 元，9.6% 月收入在 10000 元以上）。灵活就业者的收入提升与其依托互联网平台提升了劳动生产率密切相关②。

新就业形态从业者就业质量提升，主要表现在收入更有保障、工作时间灵活等方面。目前，通过平台就业的灵活就业者以按次收费、按单量收费为主，杜绝了工资拖欠现象。例如，美团平台调研的各类灵活就业者中，按次收费、按单量收费占比为 54.4%；底薪加提成占比为 33.6%（提成是按次、按单量收费）。近七成灵活就业者以灵活就业为主要收入来源③。新就业形态从业者工作时间灵活，张成刚的调研中，81.34% 的受调查者反映能够自主安排工作和休息时间④。

上述发展特征表明，中国的新就业形态发展对劳动力市场运行起到了积

---

① 张成刚：《灵活就业仍须在发展中解决痛点》，《中国经济时报》2020 年 9 月 16 日。
② 张成刚：《灵活就业仍须在发展中解决痛点》，《中国经济时报》2020 年 9 月 16 日。
③ 张成刚：《灵活就业仍须在发展中解决痛点》，《中国经济时报》2020 年 9 月 16 日。
④ 张成刚：《新就业形态的类别特征与发展策略》，《学习与实践》2018 年第 3 期。

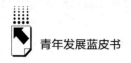
极的推动作用。随着中国新就业形态的范围与从业者规模不断扩展，新就业形态的就业市场已经成为中国劳动力市场的重要组成部分。

三 新就业形态就业市场的性质与就业市场培育的目标

（一）新就业形态就业市场的性质

新就业形态的就业市场结构特点包括：①通过互联网接入，任务分派与任务反馈信息通过互联网传递；②市场是面向双边或多边的，其中至少有一边向公众开放，允许公众在市场中扮演多个角色（例如，内容创建者和内容使用者，服务的提供者和服务的使用者等）；③由于市场类型为双边或多边，因而新就业形态就业市场会受到网络效应的巨大影响。

新就业形态的就业市场不同于传统的劳动力市场，属于双边市场，劳动者和消费者之间存在交互网络效应和同边网络效应。尽管在双边市场中，平台企业是否具有垄断能力依然是研究的热点，但已经有研究证明平台企业在在线劳动力市场中具有市场力量,[①] 这意味着平台企业具有工资设定能力（见图1）。

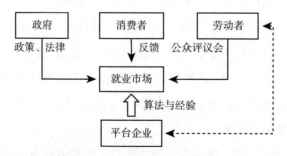

图1 新就业形态就业市场与各利益主体的关系

---

① Arindrajit Dube, Jeff Jacobs, Suresh Naidu and Siddharth Suri, "Monopsony in Online Labor Markets", *American Economic Review: Insights* (2020): pp. 33-46.

新就业形态就业市场的培育和塑造，并非只有平台企业能发挥作用。新就业形态的就业市场是以平台企业为主体，由平台企业、政府、消费者、劳动者共同塑造的、具有公共属性的合约模式。该市场运行规则，并非仅由平台企业制定，政府、消费者、劳动者共同对平台的交易规则、权利义务等进行界定。政府通过政策、法律规定新就业形态的就业市场，包括行业法律、劳动和税收法律、反垄断法律等。行业法律对新就业形态就业市场的交易产生直接的管制作用。例如，《网络预约出租汽车经营服务管理暂行办法》规定了网约车合规需要取得网约车驾驶员证、网约车运输证和网约车经营许可证，分别由符合条件的驾驶员、车辆和平台企业办理。这些准入门槛的设定意味着交易成本的大幅增加，导致了该就业市场中兼职的从业者不断退出。表 1 显示从 2016 年我国网约车出现之初到 2019 年，兼职的网约车司机比例出现了明显的下降趋势。这是行业法律影响新就业形态就业市场的典型例证。

表 1　网约车司机兼职比例的变化

单位：%

年份	兼职人员比例	数据来源
2016	71	首都经济贸易大学劳动经济学院课题组，2017
2019	57	滴滴发展研究院新就业研究中心，2019

资料来源：作者根据公开数据整理。

劳动和税收法律也是塑造新就业形态就业市场的重要因素。尽管大部分新就业形态从业者与平台企业之间并未建立劳动关系，但为了遵守现行劳动法律、税收法律的要求，一些平台企业采用劳务外包、转化为个体工商户等方式发放报酬，并用于抵扣企业税款。在新就业形态从业者身份未明确的情况下，司法实践也会影响新就业形态的就业市场运行。目前法院对互联网平台用工的裁判中，对于平台企业与劳动者之间是否形成劳动关系观点并不统一，既有认定构成劳动关系的案例，也有不认定构成劳动关系的案例。[①]

---

① 张成刚：《就业变革：数字商业与中国新就业形态》，中国工人出版社，2019；王甫希、习怡衡：《新就业形态劳动者的法律保障》，《中国人民大学学报》2020 年第 5 期。

消费者可以通过"用脚投票"和评分的方式对就业市场的服务质量进行反馈。劳动者缺乏对于自身劳动条件、劳动过程与报酬待遇的话语权，但劳动者同样可以通过"用脚投票"的方式对该就业市场产生反馈。个别平台企业通过创新的方式获得消费者、劳动者的反馈，如滴滴平台通过平台管理者、消费者代表和劳动者代表共同参与的公众评议会进行就业市场中部分交易规则、服务标准等的协商，可以产生一定程度的约束力以及对交易的规范。

（二）新就业形态就业市场培育的目标

新就业形态就业市场培育的目标是推动该市场规范发展，保障消费者权益、劳动者权益以及社会公众利益，形成竞争有序、促进公平的发展格局。竞争有序的就业市场意味着就业市场规则明晰，劳动者救济性权利明确、权利保障有力，能够促使劳动者在新就业形态就业市场与其他就业市场间合理流动和优化配置，激发从业者利用新就业形态创新创造创业活力。促进公平意味着使劳动者既可以在新就业形态的就业市场中获得公平，也可以在社会行业层面获得公平。

具体而言，应该通过新就业形态的就业市场培育，实现新就业形态岗位供给增加，新就业形态从业者劳动生产率提高，以及从业者就业质量提高。通过新就业形态就业市场的发展，对新就业形态就业市场之外的其他相关的低技能劳动者产生"扩散效应"，改变相关劳动力市场的薪酬和就业质量。同时，通过新就业形态就业市场培育，增加新就业形态在提升经济效率、共享利用资源、建设社会信用等方面的正外部性。

国际上，大部分政府正在努力将新就业形态纳入治理的框架，但在现有的法律体系下对新就业形态进行规制仍然充满挑战。[①] 各国政府需要在解决劳动力市场存在的问题、提高经济岗位创造的能力、减少劳动力市场摩擦与

---

① 张成刚：《共享经济平台劳动者就业及劳动关系现状——基于北京市多平台的调查研究》，《中国劳动关系学院学报》2018 年第 3 期。

减少新就业形态对传统行业的冲击之间做出平衡的选择。一些政府为适应新就业形态做出了公共政策的创新。[①] 但无论政府进行平衡选择，还是进行公共政策适应性创新，都应该有清晰的政策目标，即围绕着新就业形态的就业市场培育开展。

四　新就业形态就业市场存在的问题

新就业形态就业市场可能存在如下问题，将导致该市场无法有效发挥资源配置作用。

新就业形态从业者是否应该受到当前劳动法律的保护是新就业形态就业市场培育的重要问题之一。新就业形态的出现，对传统的劳动力市场政策、法规提出了挑战。目前劳动力市场的相关政策、法规延续自工业时代，其所对应的劳动力市场就业形态，是以工厂制和所谓的"标准"就业为基础的。数字经济时代下，新就业形态的组织基础与合约模式发生了重大变化，即劳动力市场政策与法规适用的经济基础发生了改变。在这样的前提下，劳动法律是否需要作出修改以适应新就业形态就业市场发展的需要，还是坚持将新就业形态从业者纳入现行劳动法律保护的范围？这依然是政策制定者、学术界等争论的焦点。

目前的规制和监管体系不适应新就业形态就业市场的发展。我国政府的规制和监管体系还是以部门分割、区域分割为主要特征，不适应新就业形态就业市场为全国统一市场的特征。不同政府部门对应监管不同行业，对新就业形态中新涌现出的行业缺乏支持管理部门。中央部委和地方政府在政策制定、政策执行方面存在分工，地方政府掌握具体劳动力市场政策的执行权，但地方政府只能对接新就业形态的本地市场，与平台总体无法形成高效率的对接。

---

① 张成刚：《共享经济平台劳动者就业及劳动关系现状——基于北京市多平台的调查研究》，《中国劳动关系学院学报》2018 年第 3 期。

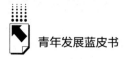

新就业形态就业市场已经嵌入中国的劳动力市场，并受中国劳动力市场固有经济与制度因素影响。对新就业形态的讨论不应脱离中国劳动力市场的宏观背景。二元分割的劳动力市场是中国劳动力市场的主要特征之一。大量聚集于次级劳动力市场的劳动者是目前新就业形态就业市场的主要供给。一方面，分割的劳动力市场是导致我国劳动力资源配置扭曲的重要因素。二元劳动力市场分割同样导致了新就业形态就业市场劳动力资源配置扭曲，表现为部分行业新就业形态从业者的高流动率、缺少职业发展空间等。另一方面，分割的劳动力市场也导致了对新就业形态从业者规范缺失和保障不足。如目前新就业形态从业者社会保障缴费率低、工伤保险缺失等。目前新就业形态从业者所面临的部分劳动保障问题根源在于劳动力市场的制度性分割，而非新就业形态就业市场所特有。

新就业形态就业市场中，劳动者的话语权不足，可能影响新就业形态就业市场的稳定。研究显示，少数平台企业会针对个别事项以调查问卷的形式征求劳动者的意见，多数情况下各类规则都是平台企业单方面说了算，劳动者只能被动遵守平台制定的各项规则。[①] 话语权的缺乏是所有就业形态的劳动者共同面对的问题。但在传统就业中，工会、职工代表大会、集体协商等制度可以一定程度发挥协调对话的作用。目前新就业形态中还缺乏保障劳动者话语权的制度机制。

新就业形态就业市场的非竞争性因素，可能降低新就业形态就业市场调配劳动力要素的效率。新就业形态的就业市场的典型特征是双边市场，平台企业是否具有市场力量仍然没有定论。但一些实证研究逐步揭露出新就业形态的就业市场中，平台企业可能具有市场力量。另外，研究表明，MTurk 工人的薪水可能不到其生产力价值的 20%。[②] MTurk 雇主的这种"强大且出人意料的高度市场力量"表明，效率低下的市场结构使雇主受益，损害了工

① 张成刚：《共享经济平台劳动者就业及劳动关系现状——基于北京市多平台的调查研究》，《中国劳动关系学院学报》2018 年第 3 期。

② Arindrajit Dube, Jeff Jacobs, Suresh Naidu and Siddharth Suri, "Monopsony in Online Labor Markets", *American Economic Review：Insights* (2020)：pp. 33-46.

人。市场参与主体正常进入市场，不应由任何平台公司、企业或政策措施损害劳动者自由进入、退出该市场。

平台交易主要通过算法完成，可能带来算法共谋、算法歧视等导致新就业形态就业市场缺乏效率的情况。由于平台海量的劳动服务交易定价主要由算法完成，这就有可能出现算法促成的共谋，从而导致平台间劳动服务价格和其他劳动条件趋同，影响新就业形态就业市场的竞争秩序。传统研究认为，由于交易的匿名性和平台企业着力培养陌生交易者之间的信任，平台交易相对应线下交易产生歧视的可能性更小。但如果平台企业为了实现利润最大化，选择限制价格的透明度、实现动态差别定价，就会导致价格歧视。同时，机器学习等自动学习技术对平台交易数据不断学习，也会将现实世界中的歧视性信息吸收到算法中。当这样的算法被应用时会形成对劳动者群体新的歧视。

五 新就业形态就业市场培育路径

各国政府应对新就业形态，采取了不同的政策策略。这些政策策略中，有些是协调政府与新就业形态关系的原则，如"不干预"、"威慑"和"禁止"；有些则体现了政府介入新就业形态就业市场的培育中，如"规制"和"协同治理"。① 中国政府在政策文件中通过支持新就业形态发展，表达了主要由市场而非政府干预推动新就业形态发展的策略（见表2）。

新就业形态就业市场培育路径既与平台发展高度相关，也是政府规制和治理的结果。处于不同发展阶段的平台企业，培育和推动自身平台形成就业市场的能力不同。政府需要识别平台的发展阶段，选择合适的时机介入推动新就业形态的就业市场培育（见图2）。

---

① 张成刚：《新就业形态的类别特征与发展策略》，《学习与实践》2018年第3期。

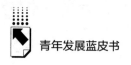

表 2 各地政府应对新就业形态的政策策略框架

政策策略	示例
"不干预"——政府对新就业形态的发展采取放任自流的态度	中国政府明确支持新就业形态的发展
"威慑"——政府不干预新就业形态的发展,但通过个别惩罚对其发展形成威慑	2015 年 8 月 11 日,中国香港警方"钓鱼"执法,逮捕 5 名 Uber 司机;2017 年 5 月 23 日,中国香港警方逮捕了 21 名 Uber 司机,罪名是非法载客及没有为第三方投保
"禁止"——政府禁止其发展	法国严厉抵制 Uber,2015 年法国内政部宣布法国 UberPOP 业务涉嫌违法,严重扰乱公共秩序,并禁止 UberPOP 的活动;比利时于 2014 年 4 月也禁止司机通过 UberPOP 接送乘客,否则将处以 1 万欧元罚款
"规制"——政府设定政策框架,对其发展进行规制	中国政府出台《网络预约出租汽车经营服务管理暂行办法》《关于促进共享经济发展的指导性意见》
"协同治理"——政府与互联网平台运营公司构建积极的协同管理网络,共同对其发展进行管理	新加坡允许出租车运营网约车的订单,并实施动态调价,网约车平台 Grab 正在新加坡推行出租车与网约车的融合

资料来源:张成刚:《新就业形态的类别特征与发展策略》,《学习与实践》2018 年第 3 期。

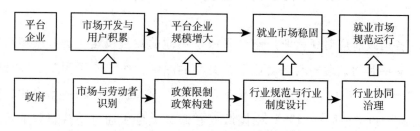

图 2 新就业形态就业市场培育的路径

平台企业在推动新就业形态就业市场形成中起到关键作用。特别是在新就业形态就业市场形成初期,平台企业需要发现市场并进行市场开发工作。这一阶段平台企业推动建立的就业市场并不稳定,有随时消失或倾覆的风险,这种风险可能来源于平台企业的战略错误,可能来源于市场需求不足,也可能来源于政策的限制。随着平台企业用户积累,平台企业规模逐渐增大并形成较为稳固的就业市场。当一定规模的劳动者进入该就业市场后,就需要形成相应的市场运行规范,以保障该就业市场的长期、健康运转。

政府应该在新就业形态就业市场培育中发挥作用。但政府主管部门在平台企业推动就业市场形成不同阶段，所应采取的市场培育措施并不相同。在就业市场形成早期，平台企业需要大量的用户积累才能形成较为稳定的用户群体与市场规模。该阶段政府不宜过早介入新就业形态就业市场的培育。但政府主管部门应对初步形成的就业市场与所适应的劳动者群体有所认识，对于明确违反劳动力市场政策或相关政策的市场行为予以纠正，同时应对未明确违反政策规制或处于法规真空地带的市场行为予以包容。如果有可能改善社会福利但限于现有政策无法发挥作用的市场行为，政府应该通过政策构建的方式予以推动。在新就业形态发展的初期，我国政府秉持"鼓励创新、包容审慎"政策原则，对新就业形态的监管和规范态度是"让子弹再飞一会儿"。在这样的政策原则支持下，新就业形态得以快速发展。

当新就业形态的就业市场逐渐稳固后，政府主管部门应该积极参与就业市场规则制定。但该市场的规则制定应该细化到行业层面，而非整个劳动力市场层面。不同行业之间在薪酬福利、就业质量与工作条件方面大相径庭，从行业层面设计对新就业形态就业市场的规制，更能够贴近劳动者的实际情况。应推进政府与平台企业协同治理，利用平台大数据、人工智能等技术手段提升政府治理水平和治理能力，特别是行业主管部门与行业主要平台企业形成行业层面的协同治理关系，是该行业新就业形态就业市场良性运转的保障。

六 政策建议

互联网平台是新就业形态必不可少的"基础设施"，是新就业形态发展的前提。数字技术和平台组织已嵌入经济社会发展中，要利用和发挥好数字技术和平台组织的力量，需要政府、平台、社会和劳动者共同思考、共同建设。笔者认为，应秉持在发展中解决问题的理念，支持新就业形态就业市场的发展，同时努力解决发展过程中产生的痛点和问题。

第一，数字平台的算法可以不断迭代和优化，是新就业形态就业市场运行效率提高的技术基础。要保证新就业形态就业市场中数千万订单交易在任何环节不出错，需要平台长期的经验和数据积累。但即使目前最先进的算法也不可能覆盖所有情况。应不断将真实世界的复杂性和不确定性转化为算法中的可预测性与确定性，这需要平台长期发展积累。保障平台企业长期发展的确定性，能够激励平台采取更长期的发展方式，例如投资于硬件。新就业形态就业市场培育应着力减少算法歧视和算法共谋，促使新就业形态就业市场形成良性竞争秩序。目前的研究中，鉴于算法歧视和算法共谋的存在，仍然呼吁政府有形之手介入干预。[1]

第二，劳动者的成长是其就业质量不断提升的基础。我国政府已出台各类措施加大对灵活就业者的培训力度，努力建立新就业形态和灵活就业的职业技能标准。建议政府、行业组织、院校和互联网平台合力开展职业教育，共建实训基地，深化产教科融合，实现联合办学认证[2]。

第三，长期来看，新就业形态从业者需要保险保障支持。除社会保险外，应鼓励商业保险与灵活就业结合，利用市场力量管控和分散风险；鼓励并支持互联网平台为灵活就业者设计商业保险，如意外险、重疾险、商业医疗险、商业养老险等。政府对平台企业以商业保险提供的保障可予以财政补贴或税收优惠[3]。

第四，鼓励平台在发展中承担从业者相应的劳动保障责任。目前，一些规模较大的平台已经为从业者劳动保障做了大量工作。2020 年 7 月 28 日，国务院出台了《关于支持多渠道灵活就业的意见》，明确要求研究制定平台就业劳动保障政策，明确互联网平台在劳动者权益保护方面的责任。特别是应引导产业（行业、地方）工会与行业协会或行业企业代表协商制定行业劳动定额标准、工时标准、奖惩办法等行业规范，从而对本行业内从业者起

---

① Ariel, E. and E. S. Maurice, *Virtual Competition: The Promise and Perils of the Algorithm-Driven Economy*, Cambridge: Harvard University Press, 2016.
② 张成刚：《灵活就业仍须在发展中解决痛点》，《中国经济时报》2020 年 9 月 16 日。
③ 张成刚：《灵活就业仍须在发展中解决痛点》，《中国经济时报》2020 年 9 月 16 日。

到具体的保障作用①。

政府在参与新就业形态就业市场规则构建中，通过政府政策、法规出台，以及推动广泛的社会对话界定新就业形态就业市场的交易规则，明确平台企业、消费者、劳动者在平台中的权利义务边界，对可能存在的影响社会公众利益的情况提前设定止损及救济措施。

参考文献

Ariel, E. and E. S. Maurice, *Virtual Competition: The Promise and Perils of the Algorithm-Driven Economy*, Cambridge: Harvard University Press, 2016.

Arindrajit Dube, Jeff Jacobs, Suresh Naidu and Siddharth Suri, "Monopsony in Online Labor Markets", *American Economic Review: Insights* (2020): pp. 33-46.

Katz, Lawrence F. and Alan B. Krueger, "The Rise and Nature of Alternative Work Arrangements in the United States, 1995-2015," *National Bureau of Economic Research* (2016): pp. 382-416.

常凯、郑小静：《雇佣关系还是合作关系？——互联网经济中用工关系性质辨析》，《中国人民大学学报》2019年第2期。

崔学东、曹樱凡：《"共享经济"还是"零工经济"？——后工业与金融资本主义下的积累与雇佣劳动关系》，《政治经济学评论》2019年第1期。

丁晓东：《平台革命、零工经济与劳动法的新思维》，《环球法律评论》2018年第4期。

滴滴发展研究院新就业研究中心：《技术进步与女性赋能——滴滴平台女性新就业报告》，2019。

冯向楠、詹婧：《人工智能时代互联网平台劳动过程研究——以平台外卖骑手为例》，《社会发展研究》2019年第3期。

葛萍：《新就业形态下工会维权探析》，《山东工会论坛》2017年第6期。

林嘉：《新就业形态，要补什么法律短板》，《人民论坛》2020年第22期。

首都经济贸易大学劳动经济学院课题组：《2017移动出行去产能就业帮扶报告》，2017。

王甫希、习怡衡：《新就业形态劳动者的法律保障》，《中国人民大学学报》2020年

---

① 张成刚：《灵活就业仍须在发展中解决痛点》，《中国经济时报》2020年9月16日。

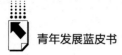
第 5 期。

王娟：《高质量发展背景下的新就业形态：内涵、影响及发展对策》，《学术交流》2019 年第 3 期。

张成刚：《就业发展的未来趋势，新就业形态的概念及影响分析》，《中国人力资源开发》2016 年第 19 期。

张成刚：《新就业形态的类别特征与发展策略》，《学习与实践》2018 年第 3 期。

张成刚：《共享经济平台劳动者就业及劳动关系现状——基于北京市多平台的调查研究》，《中国劳动关系学院学报》2018 年第 3 期。

张成刚：《就业变革：数字商业与中国新就业形态》，中国工人出版社，2019。

张成刚：《灵活就业仍须在发展中解决痛点》，《中国经济时报》2020 年 9 月 16 日。

张成刚：《中国新就业形态发展：概念、趋势与政策建议》，《中国培训》2022 年第 1 期。

周颖嘉：《数字资本主义视域下的时间剥削问题研究》，华东师范大学硕士学位论文，2020。

B.5
我国新职业群体职业培训发展报告

黄湘闽*

摘　要： 本报告阐述了新职业与数字经济密切相关、与新就业形态相互交织、短期内人才缺口巨大、青年群体是就业主力军四个方面的就业新特点，发现不断完善的职业培训制度、持续创新的职业培训模式、针对性新职业培训政策极大促进了新职业培训的发展，分析了新职业培训发展中存在培训公共服务能力建设不足、职业院校资源有限和体制机制障碍、企业主体作用未能发挥、新就业形态技能培训还不成熟等主要问题，提出要进一步完善职业培训政策和公共服务、要深化职业院校改革以适应新职业培训发展需要、鼓励企业在职业培训中进一步发挥主体作用等政策建议。

关键词： 新职业群体　职业培训　培训主体

　　随着新一轮科技革命和产业变革的深入发展，我国高科技领域产业、新兴产业和现代服务业蓬勃发展，催生了一批新职业，引起社会普遍高度关注。我国各级政府出台了一系列支持新职业发展的政策措施，推动新职业群体的职业培训，有效促进职业教育培训质量提升，为促进就业注入新动能。

---

* 黄湘闽，中国劳动和社会保障科学研究院人力资源研究室副研究员，博士，主要研究方向为劳动就业与人力资源市场。

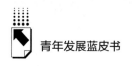

一 我国新职业就业的新特点

2019 年 4 月，我国自 2015 年新修订《中华人民共和国职业分类大典》以来首次发布新职业，至今共发布五批 74 个新职业。所谓新职业，通常是指随着经济社会发展而产生的、有一定从业规模、有相对独立完整的专业和技能要求、尚未被《中华人民共和国职业分类大典》收录的职业。与传统职业相比，近年来快速发展的新职业有着非常鲜明的就业特点，从侧面反映了我国经济社会发展对新职业发展的需求，特别是在高新技术领域、新兴产业和现代服务业更为突出。

（一）新职业与数字经济发展密切相关

随着以云计算、大数据、物联网、移动互联网、人工智能为代表的新一代信息技术的成熟和产业化，数字经济在我国国民经济中的地位进一步凸显。中国信息通信研究院发布的《中国数字经济发展与就业白皮书（2020 年）》显示，2019 年我国数字经济增加值规模达到 35.8 万亿元，占 GDP 的比重达到 36.2%，占比同比提升 1.4 个百分点。在我国，数字经济的含义既包括数字产业化，即传统的信息通信产业；也包括产业数字化，即传统产业产生数字经济活动。近来发布的新职业正与数字经济的快速发展密切相关，主要集中在三大领域：分别是大数据、物联网、云计算、人工智能等高新技术产业，工业机器人、数字化和信息化管理等新兴产业，运用互联网技术和个性化的营销、家政、养老等现代服务业领域。前两大领域属于数字产业化的范围，现代服务业领域则更凸显产业数字化的特征。因此新职业对数字化技能素养的要求特别突出，充分体现了我国经济由高速增长向高质量发展转变的新特点。

（二）新职业与新就业形态相互交织

数字经济的发展对就业的影响是深远的，在创造大量新的就业机会的同时，构建了新的就业生态。一方面，数字经济迅猛发展，创造出了新职业、新岗位和新的就业；另一方面，数字经济的发展促进就业平台化，从而使就业变得更加灵活自由和不受时间空间的限制。平台经济是数字经济的典型特征之一，而平台经济催生了新就业形态，打破了传统的稳定捆绑式的雇佣关系。新就业形态是一种新型就业创业方式，主要通过互联网、大数据、云计算等网络信息技术手段，基于互联网平台为社会提供商品或服务以获得劳动收入。新职业与新就业形态之间是一种相互交织的密切关系，可以说是"你中有我""我中有你"。新职业可以有传统的就业形态，即线下的、有企业雇主的、相对固定的工作时间和工作场所等，也可以有新就业形态；而新就业形态是基于网络信息技术的就业方式的创新发展，可以催生和包罗一系列的新职业。

（三）新职业短期内供需矛盾比较突出

按照我国新职业发布制度的要求，能够发布的新职业其实在经济社会发展中早已存在和发展，从业人员已经达到一定数量规模。但很多未包含在发布制度内的新职业一般没有清晰的职业内涵和技术要求，却有比较好的发展前景，未来能为国民经济可持续发展带来诸多效益。因此，新职业通常短期内人才缺口比较大，供需矛盾比较突出。2020年7月，中国就业培训技术指导中心等发布《新职业在线学习平台发展报告》，预计未来5年的新职业人才需求规模庞大，其中物联网安装调试员和人工智能人才需求均可达500万人、电子竞技员需求近200万人、云计算工程技术人员和电子竞技运营师的人才需求均接近150万人等，新职业的人才缺口预计近千万人。

（四）青年群体是新职业的主力军

根据《新职业在线学习平台发展报告》有关数据，超过八成的新职业从业群体是"80后"和"90后"，青年群体已经成为新职业主力军。一方面，以互联网、大数据、云计算等为代表的数字经济，是进入21世纪以后快速发展起来的，正好与"80后""90后"进入人力资源市场的节奏同步，

因此青年群体对新职业有更强的兴趣、求知欲和适应力。另一方面，青年群体有比较强的职业危机感和更高的职业自由追求，更有意愿从事新职业、掌握更多的职业技能、提升自身市场竞争能力、拓宽职业发展空间、获得更多的择业主动权。

二 新职业群体的职业培训现状

目前，我国已经初步建立面向城乡全体劳动者的职业培训制度，正在全面推行终身职业技能培训制度，大规模开展就业技能培训、岗位技能提升培训和创业培训，全面提高劳动者素质，促进就业创业和经济社会发展。

（一）职业培训制度的基础日益坚实

1.职业培训相关法律法规不断健全和完善

改革开放特别是进入 21 世纪以来，我国在职业能力建设领域陆续出台和实施了一系列法律、法规和政策措施，规范和支持技工教育和职业技能培训发展，鼓励适龄青年接受技工教育，组织各类劳动者参加职业培训，与职业能力建设相关的法律法规以及政策框架体系已基本形成。1995 年我国开始建立新职业信息发布制度，2004 年首次发布新职业，大大促进了职业分类和职业标准体系新的发展，建立了开发新职业的制度模板，为职业教育培训的专业设置、内容开发和培养标准等提供了基本遵循。

2.基本构建了劳动者终身职业培训体系

党中央、国务院先后制定一系列重大职业培训政策，包括人才强国战略和现代职业教育体系规划、建立健全面向全体劳动者的职业培训制度、建立并推行终身职业技能培训制度等，基本形成了由职业院校、就业训练中心、民办职业培训机构、中外合办职业培训机构和用人单位培训机构组成的职业培训机构体系，职业培训基本涵盖了就业技能培训、岗位技能提升培训、创业培训三大领域，从总体上构建了劳动者终身职业培训体系。在国家层面倡导、地方层面跟进、企业和个人积极参与的共同作用下，劳动者终身职业技能培训制度的推广覆盖城乡全体劳动者、贯穿劳动者学习工作终身，在全体社会劳动者中引起共鸣，为新职业群体的培训奠定了很好的政策和社会基础。

3. 技工教育得到大力发展

技工院校是我国培养中高级技能人才的重要培训力量，是职业教育和职业培训融合发展的综合性职业培训基地。2010 年以来，我国出台了《关于大力推进技工院校改革发展的意见》《关于推进技工院校改革创新的若干意见》《技工教育"十三五"规划》等系列文件，使得技工院校布局更加合理、社会服务功能更加健全、管理更加规范、质量持续提升、特色更加鲜明、发展环境更加优化，更好地发挥为经济社会发展培养高素质技能人才的重要作用。技工院校作为重要的职业培训主体，在新职业的培训中依然发挥非常重要的作用。技工院校的规范、创新、有序、可持续发展，可为新职业培训有效开展提供重要保证。

（二）持续创新的职业培训模式

1. 进一步深化校企合作模式

通过加强"校企合作、工学结合、教产对接"等融合方式，综合运用订单班、冠名班、大师工作室、集团办学等形式，鼓励职业院校与企业共同开发与当地主导产业、特色产业、新兴产业相关专业的教学标准和课程标准，形成学校为主、政府推动、行业指导、企业参与的多元化办学模式，积极推进职业教育与产业体系融合发展。

2. 全面实施企业新型学徒制

在经过前期试点和经验总结之后，在企业全面推行"招工即招生、入企即入校、企校双师联合培养"制度，进一步发挥企业的主体作用，促进企业技能人才培养，壮大发展产业工人队伍。近年来，互联网营销师、网约配送员等新职业的兴起均来自行业企业内部挖掘，企业新型学徒制能够有效促进和支持行业企业开展新职业培训。

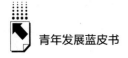

3. 实行国家基本职业培训包制度

全面建立国家基本职业培训包制度，通过应用标准化的职业培训包来开展各类职业培训。国家基本职业培训包是职业培训机构对劳动者开展政府补贴职业培训服务的工作规范和指南，能够有效提高职业培训的规范化和精细化水平，保证职业培训质量和效果。

4. 加快推动"互联网+职业培训"发展

2015 年以来，我国积极推进"互联网+"行动，通过推进"互联网+职业培训"发展，各类网络培训平台、在线课程、云课堂、在线评价等数字网络教学资源日趋丰富，线上线下相结合的职业培训模式，有效重塑职业培训体系、激发创新活力、培育职业培训新兴业态和创新职业培训服务模式。"互联网+职业培训"的大力推广，也为新职业的职业培训打下了良好基础。

（三）积极出台一系列针对新职业培训的政策措施

1. 推进职业技能提升行动

2019 年 5 月，国务院出台《职业技能提升行动方案（2019-2021）》，明确了用三年时间持续开展职业技能提升行动，共开展各类补贴性职业技能培训 5000 万人次以上，全面提升劳动者职业技能水平和就业创业能力。该项职业技能提升行动实现了培训内容上的创新，特别提出要围绕先进制造业、战略性新兴产业、现代服务业等产业开展培训，同时要求加大人工智能、云计算、大数据等新职业新技能培训力度。2019 年 11 月，为配合国务院的《职业技能提升行动方案（2019-2021）》，教育部、人力资源和社会保障部等 14 部门联合印发《职业院校全国开展职业培训 促进就业创业行动计划》，要求职业院校担负起职业培训的重要功能，面向全体社会劳动者广泛开展职业培训。2020 年 2 月，为了应对新冠肺炎疫情防控需要，人力资源和社会保障部、财政部联合发文，实施"互联网+职业技能培训计划"。该计划要求创新培训方式方法，拓展线上培训课题资源，大力开展在线职业技能培训；同时加大对企业的支持力度，加大培训补贴政策支持，鼓励支持广大劳动者参加线上职业技能培训。这三项重大政策的出台和实施，为全面推进新职业的职业培训奠定了坚实基础。

2. 推出专门的新职业在线学习平台

受新冠肺炎疫情的影响，我国大力推进"互联网+职业技能培训计划"，为配合推动国家职业技能提升行动，中国就业培训技术指导中心推出了新职业在线学习平台，专门为从事新职业的劳动者群体提供精准培训。截至2020年底，该学习平台已完成数字化管理师、人工智能工程技术人员等13个首批新职业的在线培训资源上线工作，正在筹备供应链管理师、网约配送员等16个第二批新职业的培训资源上线工作，未来将陆续实现全部新职业的线上培训。新职业在线学习平台的建立拓展了我国公共职业技能培训服务的空间，体现了我国高度重视新职业培训在促进新职业发展和提升劳动力素质中的重要作用。

3. 实施百万青年技能培训行动方案

2020年7月，人力资源和社会保障部、财政部、共青团中央联合发文，实施百万青年技能培训行动，计划在2020～2021年，面向各类青年群体，通过开展青年学徒培养、青年以工代训、青年技能研修、青年创业培训、青年新职业培训、青年职业技能竞赛共六大职业技能培训计划，提升青年就业创业能力，扩大和稳定青年就业。其中特别将青年新职业培训作为一项重要计划，要求面向新职业、新技术和新就业形态，大力推行线上线下相结合的培训方式。

4. 开展新就业形态岗位技能提升试点工作

2020年5月，人力资源和社会保障部开始在湖北、广东、陕西、浙江、福建、四川、山东七省，与美团、滴滴、京东三家企业开展新就业形态技能提升和就业促进项目试点工作，旨在让职业技能提升行动优惠政策惠及新就业形态的就业重点群体，为其提供岗前培训和技能提升培训，促进其就业或稳定就业。目前，新职业与新就业形态相互交织，不少新职业正是从新就业形态中产生的，因此在新就业形态领域开展职业技能提升试点，探索建立适应新就业形态的职业培训模式，对新职业群体的职业培训将有极大的推动作用。

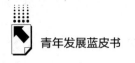

三　新职业培训中的主要问题

在数字经济快速发展的背景下，新职业不断涌现，创造了大量就业和职业发展机会，人才缺口巨大的问题也随之而来。越来越多的劳动者特别是青年群体，对新职业培训的需求陡增。但新职业发展时间较短、培训体系不完善，受制于新技术、新市场、新事物等因素，传统的职业培训市场尚无能力提供新职业培训，专门的新职业培训市场尚未培育成熟。新职业培训不仅要面临传统职业培训中的一系列老问题，也要面临新职业自身发展特点带来的一些新问题。

（一）政府的新职业培训公共服务能力有待提高

总体上看，我国已经在新职业培训方面出台了相应的政策，建立了专门的新职业在线学习平台，但政策出台的时间还不长、在线学习平台的运用还处于起步阶段，与构建政府主导、多功能、综合性的新职业培训公共服务平台的要求还有一定的差距。

1. 政府在新职业培训中可以提供一定的公共服务

新职业的职业培训属于行业性职业培训，而非通用性职业培训，而且还是对新技术要求比较高的行业性职业培训，面临着培训前期投入大、短期培训对象来源少、投资回报风险比较大等特点，新职业培训市场的培育比传统行业性职业培训更加艰难。尽管职业前景较好、培训需求巨大，但鉴于对市场投资风险的考虑，市场化的新职业培训供给积极性不高，供给能力成长有限，进而产生了新职业培训的"市场失灵"问题。因此，新职业培训更加需要政府部门公共服务的干预，政府要加大对新职业培训的投入力度，以弥补短期的培训市场失灵，破解行业性职业培训难题。

2. 现有的新职业培训公共服务能力建设还存在不足

一是政府主导意味着以政府投入为主，要多渠道筹措新职业培训公共服务平台的建设资金，但目前多渠道资金投入机制尚未建立。二是地方政府层面的新职业培训公共服务供给极为有限，新职业发展前景和培训需求是仅依靠国家层面的新职业培训公共服务平台无法满足的，各省、地级市的新职业培训公共服务能力需要尽快提升。三是现有新职业培训公共服务还未实现职业全覆盖，比如：截至 2020 年底，在已经发布的 38 个新职业中只有数字化管理师、人工智能工程技术人员等 13 个新职业完成培训资源上线工作，还有 25 个无法进行线上学习、培训、考试及获得电子培训证书；另外还有一些新职业的国家职业标准、技能等级认定和技能标准开发工作还在推进中。四是现有新职业培训公共服务平台还未实现功能齐备，目前更多的是提供相应的培训服务，在培训资源整合统筹、培训市场扶持培育、信息服务体系构建等功能的开发利用上还处于起步阶段。

（二）职业院校全面开展新职业培训还存在诸多难点

根据国务院和教育部等有关政策的要求，职业院校在培养新职业人才方面应该发挥重要作用。但受制度等因素的制约，我国的职业教育与职业培训未能实现有效融合，职业院校面向全体社会劳动者广泛开展职业培训还存在诸多难点。

1. 职业院校在新职业相关的各种培训资源上存在短缺

新职业是随着新一代信息技术的成熟和产业化而兴起的，是高度市场化的产物，而我国职业院校的人才教育与培养模式还未实现与市场高度契合。尽管职业院校在人才培育上有专业优势，但对新职业而言，在师资力量、教学资源、培训设施等方面都存在明显不足。职业院校现有专职教师比例尚未达到教育部的有关规定，处于师资短缺状态，而且职业院校的教学并不直接跟踪新职业的发展，因此真正能够从事新职业培训的老师数量比较有限。职业院校长期以来以传统学历教育为主，日常教学资源和基础设施的配备也主要围绕学历教育展开，因此面对从以学历教育为主到面向全社会开展职业培训的角色转变，特别是面对新职业培训对各种新技术、新资源和新设施的需求，包括技工院校在内的职业院校还存在短板。

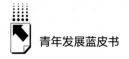

2. 职业院校全面开展职业培训还存在制度障碍

一是职业院校尚未建立起面向全社会的职业培训管理部门和制度体系。职业院校长期定位是职业教育，而职业培训在职业院校的发展定位与机构设置中比较边缘化，因此绝大多数的职业院校缺乏能够与市场接轨的专业化职业培训管理部门及相关培训工作制度体系。二是职业院校现有的教师管理制度尚未打破传统学历教育为主的条框。教师缺编矛盾还比较严重，但受人员编制和资质管理制度的约束，不少职业院校短期内很难获得完备师资力量，特别是一些学历不高但有特殊高技能水平的人才。受财政经费管理制度的约束，职业院校在兼职教师的聘任及授课经费保障上还存在不少困难。三是职业院校现有的教师激励和发展机制都不适应全面开展职业培训的要求。职业院校对教师的专业能力考核、教学成果评估、职业生涯发展培训等基本围绕传统学历教育展开，学历教育与职业培训对教师考核培养机制的要求差异比较大，因此现有制度安排难以促进教师队伍投身面向全社会的职业培训工作。

3. 推动校企合作、深度融合尚有瓶颈待突破

新职业培训需求巨大，职业的出现源自企业的实际需要，因此新职业培训的实践性很强，需要进一步推动和加强职业院校与龙头企业之间的深度合作。但校企合作实践中遇到了不少瓶颈有待突破，主要包括：一是当前的校企合作中企业参与程度不高，大部分停留在冠名班、订单班的委托培养模式，企业的设施设备、技术革新、生产一线的高技能人才未能与学校的专业设置、课程开发、教学深度结合。二是职业院校的师资资源不能深入企业生产线开展设施设备开发、技术革新、人才培养等实践活动，难以形成校企互相促进和多赢。三是由于有关政策规定不明确或操作性不强，校企合作过程中形成的盈利资产、专利技术等知识产权无法评估和分割。四是对一些公办职业院校而言，由于严格实行财政收支两条线的财务制度，校办企业所产生的利润无法转化服务于院校本身，另外院校老师参与校企合作的补贴偏低，因此无论是校方还是教师参与校企深度合作的积极性均不高。五是职业院校师资能力与校企合作中企业的期望还有一定的差距，职业院校老师在校企合作中更多只能参与一般性的生产实训，难以有效参与企业的技改研发过程，因此企业的积极性也不高。

（三）企业在新职业培训中的主体作用尚未充分发挥

1.职业培训机构未能及时跟上新职业的发展需求

不少培训机构缺乏创新意识，主要以传统的职业标准、培训内容、培训模式开展培训，没有准确发现新业态、新职业和新就业方式对职业培训市场的新需求，没有及时把握新冠肺炎疫情使得职业培训方式已经从线下转向线上的重大变化，没有组织开发新职业及其职业标准和协调相关培训资源的战略投资眼光。因此不少职业培训机构短期内在师资力量、培训模式、新技术储备等多方面难以适应"互联网+职业培训"的要求，也无法在新职业培训上发挥主体作用。

2.民办培训机构缺乏相对公平的发展机会

目前来看，我国民办职业培训机构在政府通过购买服务、以奖代补、补助生均经费等方面还难以得到应有的扶持。市场化办学机制尚不完善，缺乏公开透明规范的市场化评价机制和退出机制。民办职业培训机构学生、教师与公办学校学生、教师平等法律地位还难以切实保障。在财税、金融、土地和社会保障等政策方面仍然存在诸多困难。

3.优质国际职业培训机构尚未融入新职业培训

按照中央提出的深化改革和扩大开放的要求，要积极采取"引进来"与"走出去"相结合的方式，合作设立职业院校、培训中心，构建多层次多类型的中外合作办学格局，开展多层次职业教育培训。目前在新职业培训中，对外合作交流平台相对较少，优质职业培训资源共建共享还在探索中；高水平的中外合作办学示范机构和项目还不多，符合经济发展特色的品牌专业和示范课程相对缺乏，适合新职业的国际优质培训资源尚未得到开发利用。

（四）新就业形态的技能提升培训模式还不成熟

开展新就业形态技能提升试点的目的是，把职业技能提升行动优惠政策惠及拟在或正在新就业形态从业的就业重点群体。由于新就业形态与新职业关系密切，该试点也在为新职业培训的开展探索新的模式与方法。当前试点工作取得了阶段性成果，积累了一定的有益经验，在培训模式上进行了诸多创新，比如将新业态企业和从业者纳入培训政策范围，在培训对象上高度聚焦就业重点群体，全面实现线上培训、考核、发证的培训方式，以"政府指导+企业自主决定"方式确定培训课程等。但新就业形态的技能提升培训模式还不够成熟，试点过程中出现了一些问题。主要有：一是新业态企业首次开展新职业技能提升行动，新就业形态技能培训首次纳入政府补贴性培训工作，没有成熟的培训落地执行机制，一定程度上影响了培训政策效果。二是新就业形态从业者的职业灵活性强，平台企业只能引导和激励其参与培训，缺乏有效管控措施，导致参培率和完成率不高。三是按照培训要求设计的培训课程学时较多，培训期较长，新就业形态从业者参与积极性不高。

四　促进新职业培训发展的政策建议

在可以预见的未来，新职业的发展将日新月异，人才缺口是巨大的，现有劳动力素质结构与新职业发展要求之间的矛盾也将长期存在。因此促进新职业的职业培训将是缓解新职业从业者总量矛盾和结构矛盾的重要途径，政府、职业院校、职业培训机构、社会组织等主体需要高度关注并协作发力，共同推进新职业的职业培训工作。

（一）进一步完善职业培训政策和公共服务

一是进一步规范和完善多元技能人才评价体系。紧紧围绕职业资格鉴定、职业技能等级认定和专项职业能力考核三项办法，完善多元衔接的评价机制。鼓励和加快出台地方性、行业性技能人才认定办法，开发职业技能标准、岗位规范、专项职业能力考核办法等评价标准。鼓励地方结合实际情况，出台鼓励企业开展技能人才评价的实施办法，进一步赋予企业开展技能人才评价的自主权，真正让企业依据国家职业分类大典和新职业相关标准，自主确定评价范围，自主设置职业技能等级，自主开发评价标准规范，自主运用评价结果等。

二是搭建好适合新职业培训的公共服务平台。建设好国家层面的面向新职业培训的公共服务平台，进一步完善新职业在线学习平台的功能定位、平台架构、组织架构、培训公共服务、制度体系等方面的建设，使之成为全国性的新职业培训公共服务平台的样板，为地方新职业培训公共服务平台的建设提供指导。地方层面的公共服务平台建设立足于各地的产业发展实际，与当地的职业培训机构充分互动，积极发挥其在完善职业培训公共服务方面的作用，形成有当地产业特色的新职业培训公共服务平台。

三是探索建立责、权、利对等的职业培训成本投入机制。新职业培训应着力完善投入主体多元化的成本分担机制，结合各地经济社会发展水平、政府财力、职业培训机构实力等实际情况加以实施。政府是公共服务的主要提供者，职业院校、职业培训机构、用人单位、劳动者个体应根据在职业培训过程中的贡献大小享受补贴，既可减少政府投资职业培训的财政压力，也可充分利用市场机制对职业培训资源进行高效配置。

（二）深化职业院校改革，以适应新职业培训发展需要

一是职业院校要加快转变思想观念，构建职业教育培训新理念。近年来，我国先后启动"学历证书+若干职业技能等级证书"制度试点（"1+X"证书制度），职业院校全面开展职业培训行动计划，把职业培训与学历教育摆在同等重要的位置，明确释放出职业院校改革和发展的基本方向。职业院校需要积极转变思想观念，打破现有部门管理模式，深刻认识理解职业教育与职业培训之间的内在联系，加快构建学习教育与职业培训并举的职业教育培训新理念。

二是职业院校要深化内部改革，明确职业培训的重要地位。职业院校要建立专门的职业培训部门，组建灵活专业的职业培训教师团队，赋予职业培训部门和学历教育部门同等的职权，从组织和人员上保障职业培训工作的开展。同时，职业院校要深化教师激励制度和培训制度改革，加大职业培训在

教学安排、业绩考核、职业发展中的评价比重，增加教师培训中实践教学能力训练的比例，提高教师队伍的职业培训能力，鼓励教职员工积极从事职业培训工作。

三是设立培训专项资金，用于支持职业院校开展新职业培训。职业院校从以学历教育为主转向学历教育与职业培训并举，需要投入大量的教学和培训资源。新职业培训对新一代信息技术相应资源要求比较高，职业院校有专业技术教学上的优势，是从事新职业培训的重要载体。因此建议设立国家和地方新职业培训专项资金，其中很重要的一部分用于职业院校的培训资源建设。

（三）鼓励企业在职业培训中进一步发挥主体作用

一是全面认识政府赋予企业的职业培训市场主体地位，加快转型发展。目前我国已经明确职业教育培训是国民教育体系和人力资源培养的重要组成部分，职业教育包括学历性职业教育和非学历性职业培训，承担着培训技术技能人才、促进就业创业的重要职能，而民办培训机构则肩负着发挥职业培训市场主体作用的重任，特别是在开拓培训市场、修订完善职业标准、开发培训课题、配置培训资源、开展社会培训评价等方面。

二是把握"互联网+职业培训"的市场定位，加快融入新职业培训市场。我国当前正在实施"互联网+职业技能培训计划"，专门为新职业培训打造了"新职业在线学习平台"，取得初步成效。未来的职业培训，特别是新职业培训，更多会通过大规模社会化协作的在线职业技能培训形式开展，因此民办职业培训机构要及时跟进，创新教学理念和培训方法，探索在线培训新模式，提高培训质量，打造精品课程和培训品牌，积极适应和推动"互联网+职业培训"常态化。

三是进一步鼓励新业态企业全面参与新职业培训。通过支持新业态企业开展新职业培训的试点，在培训范围、对象、方式、内容和监管等方面进行政策创新。平台企业参训人员时间呈现"碎片化"和高度灵活性，不适用过长的培训课时，行业实践和可操作性不强，建议适当缩短培训课时；平台企业为了搭建专门培训系统、研发配套培训课程、组织人员参训等，投入了大量的人力和资源，现有补贴标准偏低，建议适度提高培训补贴标准以提高企业从事新职业培训的积极性。

参考文献

王书柏、胡祎：《改革开放以来我国职业培训政策的演化历程与嬗变逻辑》，《教育与职业》2020 年第 10 期。

刘治彦：《新职业的兴起缘由及启示》，《人民论坛》2019 年第 27 期。

吴红艳：《新职业与新就业：特点、影响及对策》，《宁波经济（三江论坛）》2019 年第 9 期。

张成刚：《新职业在线学习平台——数字时代人力资源的"新基建"》，《中国培训》2020 年第 7 期。

应武：《数字劳动与新职业》，《职业·下旬》2020 年第 6 期。

人社部中国就业培训技术指导中心、阿里钉钉：《新职业在线学习平台发展报告》，http：//www. mohrss. gov. cn/SYrlzyhshbzb/dongtaixinwen/buneiyaowen/202007/t20200723_380359. html。

胡亦军：《政府主导的职业培训公共服务平台的构建模式研究》，《现代企业教育》2014 年第 10 期。

陈斯毅：《多重因素影响下的职业培训机构转型路径与对策选择》，《广东经济》2020 年第 7 期。

赵聪、李焱：《高职院校全面开展职业培训的意义、难点与推进之策》，《成人教育》2020 年第 7 期。

B.6
新职业群体的劳动权益保障问题

赵碧倩　孙瑜香*

摘　要： 随着新业态的迅猛发展，新职业层出不穷。新职业受益于数字技术和平台形式的灵活包容，工作自主权大，工作时间弹性自由，进入、退出容易，吸引了大量的青年劳动力涌入，为处于择业期的青年提供了多元的就业选择。然而，由于新职业就业形式灵活、用工关系复杂多元，部分难以纳入现行劳动保障法律法规调整范围，劳动权益保障问题凸显。新职业劳动者收入相对不稳定、社会保障覆盖率较低、人力资本积累不足、权益话语权有限，部分劳动者工作时间过长、劳动强度较大。保障新职业劳动者权益在信息共享、制度覆盖、机制适应、协同治理等方面也面临困境和挑战。针对这些问题和挑战，本文从分类规范用工、保障基本权益、创新保障制度、加强社会协同等方面提出保障新职业群体劳动权益的对策建议。

关键词： 新职业　新业态　新就业形态　劳动关系

随着大数据、人工智能、云计算等技术的突破发展，以数据驱动、平台支撑和线上线下协同为特征的新业态呈现爆发式增长。平台经济、共享经济推动了新就业形态的发展，创造了大量就业机会，成为我国就业增长的重要渠道。由新业态的发展而孕育孵化出来的新职业受益于数字技术和平台形式

---

* 赵碧倩，中国劳动和社会保障科学研究院劳动关系研究室助理研究员，主要研究方向为劳动关系；孙瑜香，中国劳动和社会保障科学研究院劳动人事争议研究室副主任、副研究员，主要研究方向为劳动争议、劳动关系。

的灵活性、包容性，工作自主权大，工作时间弹性自由，进入、退出容易，吸引了大量的青年劳动力涌入，为处于择业期的青年提供了多元的就业选择。另外，新职业就业形式灵活、用工关系复杂多元也带来诸多问题。部分新职业，如网约车司机、众包快递员、外卖员等，与平台企业之间用工方式特殊，难以按照现行确立劳动关系的有关标准认定双方为劳动关系，难以纳入现行劳动保障法律法规调整范围，新职业群体的劳动权益保障问题凸显。2020 年 5 月 23 日，在全国政协经济界联组会上，习近平总书记指出"新冠肺炎疫情突如其来，'新就业形态'也是脱颖而出，要顺势而为。当然这个领域也存在法律法规一时跟不上的问题，当前最突出的就是新就业形态劳动者法律保障问题、保护好消费者合法权益问题等"。只有更好地规范新职业的劳动用工，维护新职业群体的劳动权益，才能保障青年实现更高质量更充分的就业。由于传统行业范围内的新职业群体多数能纳入传统劳动关系范畴进行保护，本报告专门探讨新业态相关新职业群体劳动权益保障问题。

一 新职业群体就业和劳动权益保障情况

新业态已经成为我国经济发展的重要动能。新业态经济主要分布在旅游住宿、金融服务、关系网络、电子商务、家政服务、知识服务、交通出行、快递配送、网络直播等领域。在这些领域中，新业态经济蓬勃发展促进传统行业迭代更新，催生出众多新职业，吸引大量劳动力涌入，新职业人群数量庞大。2019 年 1 月以来，国家已先后公布五批共 74 个新职业，将"网约配送员""在线学习服务师""互联网营销师"等新职业纳入目录，社会认同感增强，这正是新业态蓬勃发展催生大量新职业的集中体现。同时，还有很多新职业尚未被纳入国家职业目录，但形成了一定规模。例如，在生活服务业数字经济新业态催生下，仅美团平台孕育的新职业就超过 70 种，如互联网医生、自习社长、体验直播主播等[①]。中国劳动和社会保障科学研究院于

---

① 美团研究院：《2020 年生活服务业新业态和新职业从业者报告》，2020 年 10 月。

2019年对北京市新业态相关的新职业从业者进行问卷调查①，涉及网约车司机、网络直播、外卖骑手等新职业群体。从本次问卷调查结果看，生活服务业是新职业群体的聚集地，生活服务业的数字化转型升级孕育出来的新职业，为很多劳动者提供了探索更广阔发展空间的机会。"80后""90后"成为新职业群体主流人群，新职业群体学历分布广泛，不同新职业类型性别差异明显，如网约车司机和外卖骑手以男性为主，网络直播和网店微商则以女性为主。不少新职业从业者原来是工厂工人和自由职业者。本文基于本次问卷调查结果，结合其他一些平台和机构的公开报告和调查数据，对新职业群体的就业现状和劳动权益保障状况进行分析。相较于传统就业形式，新职业群体的就业现状呈现一些新特点，劳动权益保障也面临一些突出问题。

（一）新职业群体就业现状

1. 多种用工方式并存，绝大部分不被劳动法覆盖

新职业所依存的新业态平台存在多种用工方式，既有传统的直接雇佣的劳动合同制用工，也有劳务派遣用工，更多的是加盟、代理、外包、众包等其他方式用工。而平台上的新职业从业者多数未被纳入传统劳动关系范畴。问卷调查结果显示，从与所在平台的合同或协议签订情况来看，新职业从业者中有27.5%签订了劳动合同，8.4%是劳务派遣，23%签订的是劳务合作协议等其他民事协议，25.6%"什么也没签"，11.3%"签了，但不知道签的是什么"，还有4.2%"不清楚签没签"。

2. 灵活化背景下的专职化趋势逐渐显现

目前新职业从业者中绝大多数是兼职人员。课题组问卷调查结果显示，有62.7%属于有一份正式/稳定的工作，同时在平台上兼职从事新业态工作，另外37.3%属于没有正式/稳定的工作，在平台上专职从事新职业。与此同时，新职业从业者的工作灵活性较高。大部分从业人员从事新职业的时

---

① 该问卷调查于2019年7月24日至8月19日通过问卷星样本服务开展。调查对象为北京市（限定条件为IP地址在北京）新业态从业人员，共回收问卷1141份，清理后得到有效问卷1028份。如无特殊说明，报告中所称"问卷调查结果"，均指该调查结果。

间不长，有六成以上在1年以内。其中，27%的被调查者从业时间在6个月以内，33.8%的被调查者从业时间在7~12个月，24.1%的被调查者从业时间在1~2年，只有15.1%从业时间在2年及以上。问卷调查结果也显示，新职业群体的工作时间弹性较大，分别有69.4%、66.4%的被调查者在"每周在平台上工作天数""每天在平台上的在线时长"中选择"不固定"，新职业从业者实际工作时间弹性较大，灵活化特征明显。

但随着新业态的发展，部分领域的新职业人群开始出现专职化趋势，一批基于共享平台的专职司机、骑手、网络主播等开始大量涌现。这一方面体现在，有相当一部分从业人员对平台有较高的经济依赖性，即被调查者中，46.4%的被调查者只在一个平台工作；36.3%的人从平台上获得的收入是其个人主要收入。① 另一方面，也体现在新职业从业者对继续从事新业态工作的预期上，近一半（44.8%）被调查者愿意继续在互联网平台上从事新业态工作。而在未与平台签订劳动合同的人中，有68.7%的人愿意与所在平台签订劳动合同、遵守固定工作时间、并接受平台管理，说明他们对正式的、稳定的劳动关系有较强需求。

3. 新职业从业者注重自由和收入

与传统行业和工种相比，新职业在收入上具有一定的市场竞争力，工作方式也比较灵活。问卷调查结果显示，"工作时间灵活，比较自由"和"作为兼职，补贴收入"是新职业群体选择从事新业态工作的最主要原因，分别占27.6%和22.8%；与职业技能相关的方面，分别有13%是由于"工作门槛比较低"、11.7%是由于"更能发挥自己的专长和能力"而从事新职业，10.4%的从业人员视新职业为"暂时过渡一下，先试试看"，此外有8.7%是由于"比别的工作挣钱多"而主动从事新职业，只有5.3%是"找不到别的工作"而被动从事新职业。

---

① 其中，12.6%的人通过平台得到的收入占其个人总收入的比例达到了100%，即平台收入是其全部收入；23.7%的人平台收入占个人总收入的比例达到了75%以上，即平台收入是其主要收入。

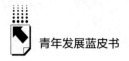

4. 工作满意度较高，期待和担忧都与收入密切相关

问卷调查结果显示，大部分新职业从业者对目前所从事的工作满意度较高。其中，选择"非常满意"和"比较满意"的被调查者分别占 12.9% 和 51.3%，31.8% 的被调查者满意程度一般，"比较不满意"和"非常不满意"的分别只占 3.1% 和 0.9%。美团研究院对生活服务业新职业从业者的调查也显示，超过七成的从业者看好新职业，愿意长期从事（两年以上）。①

虽然满意度高，但新职业从业者仍面临各种担忧，尤其是与收入密切相关的方面。选择"收入不稳定""没有订单或订单少""干了活最后拿不到钱"这三个选项的被调查者均超过 10%，很明显这三个选项都跟收入直接相关（见图 1）。另外，劳动者希望平台改进的地方按重要程度依次是："降低提成比例，增加收入"（22.8%）、"制定的工作任务、服务要求应更加合理"（17.8%）、"强化安全保护"（16.2%）、"缴纳社会保险"（16.2%）、"签订劳动合同"（15.7%）、"加强培训"（11.1%）。前两项也关乎个人收入。

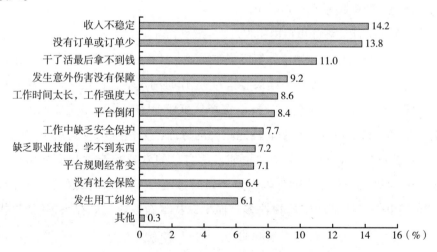

图 1 新职业群体在平台上工作最担心的问题

资料来源：课题组问卷调查结果。

---

① 美团研究院：《2020 年生活服务业新业态和新职业从业者报告》，2020 年 10 月。

（二）新职业群体劳动权益保障状况及问题

1. 新职业群体的部分劳动权益得到了较好保障

从整体上看，新职业群体的部分权益得到了保障。但目前这些保障大多不是由劳动法律政策所提供的，更多来自平台企业从平台管理或社会责任出发所采取的措施。具体表现在[①]：第一，收入水平不低，收入较有保障。课题组问卷调查结果显示，39.3%从来没有遇到"收入不能及时兑现"的状况，将近一半认为"很少出现不及时支付"的情况。第二，大部分从业人员"有保险"。从参保状况看，超过85%的被调查者参加了保险，7.1%表示"没有参加任何保险"，6.9%表示"不清楚是否有保险"。第三，部分平台会提供职业培训。37.6%的被调查者表示平台会"经常培训"。例如，13.4%的陌陌职业主播表示在做主播之前接受过系统培训和考核；[②]美团与清华大学联合启动"城市新青年"计划，帮助骑手提升本领，开设"骑手自强学堂"。第四，新职业从业者与平台之间有一定的沟通和诉求表达机制。45.7%的被调查者表示向平台客服申诉全部能得到受理。当被问到"如果您与所在平台发生了纠纷，您会如何处理？"时，超过56.6%的被调查者选择了"与平台积极沟通争取解决"，分别有12.3%、10.1%选择"向有关部门举报投诉"和"联合其他劳动者一起提出诉求"，9.1%会"换一个平台"、7.7%"只能默默忍受"，还有3.9%"试着找全职工作"（见表1）。

表 1　新职业从业者在工作中发生过哪些情形

单位：%

工作中发生的情形	从来没有	很少	经常	合计
工作中发生了交通事故或其他意外伤害	56.8	38.8	4.4	100
工作时间太长，疲劳工作	16.1	45.4	38.5	100
无法在规定时间内完成订单/工作任务	29.3	58.7	12	100

①　该部分数据如无特殊说明，均来源于课题组问卷调查结果。
②　陌陌：《2018 主播职业报告》，2019 年 1 月。

续表

工作中发生的情形	从来没有	很少	经常	合计
收入不能及时兑现	39.3	48.9	11.8	100
被平台处罚（如超时罚款或禁止接单等）	44	47.7	8.3	100
被用户无理投诉	36.2	49.7	14.1	100
向平台客服申诉不受理	45.7	41.3	13	100
平台随意改变规则	44.3	43.1	12.6	100
平台在制定各项规章制度时征求了您的意见	40.4	31.9	27.7	100
平台为您提供了职业技能培训	25.4	37	37.6	100
平台为您提供了安全防护/意外保险等保障措施	22.1	40.2	37.7	100
您主动参与了平台规则的制定	39	26.3	34.7	100

资料来源于课题组问卷调查结果。

2. 劳动收入不稳定且大部分劳动者收入水平不高

自由和收入是劳动者从事新职业的主要原因，但弹性灵活通常意味着工作机会和收入水平也不稳定。部分新职业的收入主要取决于接单量、单价和奖惩制度等，受市场波动、路况和天气等自然状况以及其他因素影响。各大平台企业通过大数据和人工智能等手段不断降低人工成本，算法控制下的激励机制也使得越是灵活随意的劳动者（对平台的贡献越小、评分、星级和成单率越低），越不容易从平台获得工作机会和收入（很多司机表示，评分一旦降低，分到好单的机会就会越少）。问卷调查结果显示，专职的新职业从业者月均收入为4965元，比兼职（3795元）高出30.1%。主要新职业群体中，外卖送餐骑手的平均收入最高，是本次调查唯一月均收入超过5000元的新职业；设计、软件外包等知识技能共享领域服务和互联网直播类的月均收入也都高于平均水平（4225元），而微商和生活服务类的收入相对低些，但平均也都在3000元以上。总体上，新职业从业者收入差距比较大，只有2.9%能"月入上万"，3/4的收入在5000元以下，其中将近两成从平台上获得的收入在1000元及以下。《武汉市快递员外卖员群体调查：平台工人与下载劳动》报告显示①，月收入在1万元以上的外卖骑手也仅占2.2%，有53.2%的受访者反映目前的收入并不能满足家庭开支（见图2）。

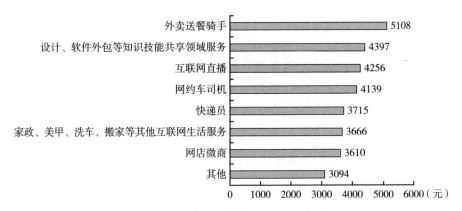

图2 不同新职业群体的月平均收入

资料来源：课题组问卷调查结果。

另一个未引起广泛注意的是，在平台上的新职业从业者所得报酬仅与特定任务相关，其他必要的工作相关活动（换工作、甄选、测试和试用任务、培训）和社会再生产（休息时间、医疗费用、子女的生活和教育费用）则是无报酬的。这种无偿的"劳动换工"（work-for-labour），② 即为获得工作，必须付出大量的无偿劳动。休息、培训、搜寻工作、申请、等待工作等花在工作相关事宜上的活动均得不到报酬，这是平台劳动的组织方式导致的必然结果。

3.部分劳动者工作时间过长，劳动强度过大，劳动安全风险较高

为了稳定和增加收入，很多新职业从业者不得不选择超时工作，处于高强度、超长时劳动状态中。问卷调查结果显示，38.5%的被调查者经常出现工作时间太长、疲劳工作的情形；有12%认为经常无法在规定时间内完成

① 郑广怀研究团队：《武汉市快递员外卖员群体调查：平台工人与"下载劳动"》，2020年9月。
② Junyue, Qian, Wood, A. J., et al. (2019), "Networked but Commodified: The (Dis) Embeddedness of Digital Labour in the Gig Economy." *Sociology*；《零工经济时代，工人靠什么保护自己：规范 vs 关系网》，搜狐网。

订单/工作任务。具体分职业来看，社会化电商物流从业人员中，近八成的站点从业人员每天平均工作时长在 8 小时以上，电商促销旺季时甚至超过 12 小时；[①] 美团骑手中每天工作 4 个小时以下的占比 52%，工作 4~8 个小时的占比 39%；[②] 17.3%的职业主播每天直播时长超过 8 小时，而且工作时长大多在晚上，60.1%的职业主播在 19：00~24：00 直播。[③]

工作时间过长、劳动强度过大给新职业从业者带来更高的劳动安全风险和职业伤害。问卷调查结果显示，4.4%的被调查者"经常"在工作中发生交通事故或其他意外伤害，有 22.1%的被调查者指出平台"从来没有"为其提供安全防护/意外保险等保障措施。全国总工会第八次职工队伍状况调查显示，在互联网新兴工作职工中，认为自己工作岗位或工作环境存在隐患且防护措施不够的占 7.2%，高出全国 6.4%的平均水平；反映"治疗职业病或工伤，为治病欠下很多债"的高达 33.3%，其中专职工作者达 39.2%，远高于全国 9.2%的平均水平。实际上互联网平台对效率的追求与从业人员安全之间存在矛盾。各大共享平台为占领市场先机，采用各种手段不断提速增效，而这种对效率的过度追求，虽然大部分可以通过优化技术和管理来实现，但也不可避免迫使新职业从业者面临更大的劳动安全风险。以外卖骑手为例，多数外卖骑手存在逆行、抢行、骑车打电话或看手机等违反交通规则行为，[④] 很容易在工作时发生事故。问卷调查结果显示，28%的外卖骑手表示送餐中经历过交通事故。

4. 社会保障缺失，人力资本积累不足

问卷调查结果显示，虽然超过 85%的被调查者参加了保险，但其中

---

① 北京交通大学、阿里研究院、菜鸟网络：《全国社会化电商物流从业人员研究报告》，2016年 5 月。
② 美团研究院：《城市新青年：2018 外卖骑手就业报告》，2019 年 1 月。
③ 陌陌：《2018 主播职业报告》，2019 年 1 月。
④ 2017 年上半年，上海市公安局交警总队数据显示，在上海，平均每 2.5 天就有 1 名外卖骑手伤亡。同年，深圳 3 个月内外卖骑手伤亡 12 人。2018 年，成都交警 7 个月间查处骑手违法近万次，事故 196 件，伤亡 155 人次，平均每天就有 1 个骑手因违法伤亡。2018 年 9 月，广州交警查处外卖骑手交通违法近 2000 宗，美团占一半，饿了么排第二。2018 年下半年，南京交警共查处外卖骑手交通违法 4503 起，日均查处 25 起。

20.8%是自行缴纳的商业保险，19.2%参加了其他省市职工/居民保险，19.1%参加了北京市城镇职工社会保险，13.8%通过平台参加了商业保险（如滴滴的"点滴医保""关怀宝"），13.1%参加了北京市城乡居民保险。由于劳动关系与社会保险的捆绑，绝大部分新职业从业者无法参加城镇职工保险，所称的"有保险"大多是商业险或居民险；作为灵活就业人员身份参保时存在户籍等各种制度障碍；城乡居民保险的待遇相对较低；部分平台以商业保险的方式来分担风险，但仍显不足。这些均与新职业群体的期望差距较大。

另外，虽然新职业贡献了大量就业机会，但大部分平台企业未能为这些灵活进出的、非正式的员工提供职业发展通道，而技能单一、培训不足的劳动者也无法有效投资和积累个人人力资本，无法获得技能开发、技能更新和技能提升，未来应对风险的个人能力将会降低。当大量年轻劳动力涌入生活性服务业为主的新职业，未来的劳动生产率增长可能会失去源泉。因此对于新职业群体，有必要考虑如何平衡劳动力在不同产业之间的转换、当前劳动力队伍素质及其对整个劳动力市场供求结构的影响等问题。

5. 缺少有效话语权，部分从业人员劳动权益意识淡薄

有效话语权是表达诉求、主张权益的重要手段。新职业主要基于各大平台产生，然而有关新业态用工管理规定的制定和调整，如劳动报酬的构成、工作标准的制定、平台费用的提取比例、单项订单的价格、劳动监管奖惩制度等，均由平台单方主导。而新职业从业者由于分散且流动性大，组织化程度低等，话语权不足，在争取劳动权益时处于被动和弱势地位。问卷调查结果显示，40.4%的被调查者表示平台在制定各项规章制度时从来没有征求其意见，39%从来没有主动参与平台规则的制定，12.6%表示平台经常随意改变规则。尽管新职业群体可以通过投诉、向客服反映等方式表达不满和意见，但个体声音较弱、反馈意见很难引起平台重视，问题难以及时解决。

另外，不少新职业从业者缺乏维护个人劳动权益的意识，更关注当前利益。没有参加任何保险的新职业从业者主要的未参保原因是"对政策不了解，不知道怎么交"，占33.9%；16.1%是"认为社保作用不大，没必要

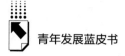

交"。劳动保障权益意识淡薄不仅受就业门槛低、受教育程度低和法律意识所限,更多是与其年龄和职业生涯阶段有关,在现阶段更关注当期收入等看得见的切身利益。

二 新职业群体劳动权益保障面临的挑战

(一)政府与平台之间的数据共享机制不畅成为政府监管突出障碍

由于多头管理、跨部门协同障碍以及对数据安全的担忧,政府与平台之间双向共享数据目前并不畅通,由此带来的新职业群体数据统计不全、底数不清问题成为政府监管中遇到的突出障碍。新职业群体数量和工作状况的数据一定程度上被平台企业垄断。加之,新职业群体数量庞杂,就业形式灵活多元,人员流动性强,尚未形成统一规范的统计口径和指标体系,统计难度高。因此,若未建立起畅通的数据共享机制,政府很难进行顶层设计、精准施策,难以统筹协调从而开展精细化、智能化管理。

(二)新职业群体劳动关系认定问题是其权益保障的核心困境

新业态平台规则和用工策略快速调整导致新职业群体就业形式灵活多元,不但提供同一类服务的不同平台公司之间商业模式不同、用工策略不同,即使是同一个平台的不同产品线的从业人员,也可能属于不同的用工方式,这种复杂多变的用工实践使得司法裁判和认定出现诸多难点,如从属性难以认定、协议形式与双方合意的关系等问题。尤其是依托平台提供服务的一些新职业,如网约车司机、众包快递等,既具有部分劳动关系属性,又有别于传统的劳动关系,国际上对认定其是否为劳动关系也十分慎重,未取得一致意见。随着近几年对新业态用工关系性质问题的广泛讨论,国内各界达成了"让子弹再飞一会"的共识,也为一部分平台企业有意识地规避责任和风险提供了时机,一些原本"平台+个人"型的用工方式,逐步转换为"平台+第三方机构+个人",进一步增加了新职业群体劳动关系认定问题的复杂性。新职业群体劳动关系认定与我国就业、劳动和社会保障方面大多针对用人单位与其建立劳动关系的劳动者的制度设计难以匹配，成为新职业群体劳动用工政策面临的核心问题。根据北京市朝阳法院《互联网平台用工劳动争议审判白皮书》，自 2015 年至 2018 年第一季度，该院共审理互联网平台用工劳动争议诉讼 188 件，从业者直接提出确认劳动关系诉讼请求的案件占该院受理相关案件数的 61.2%，双方当事人对于是否建立劳动关系存在争议的案件数量占审结案件的 84.2%。

（三）新职业群体社会保险覆盖率不足，亟待完善创新社会保险政策体系

新职业群体权益保障面临的最突出问题是社会保险问题，尤其是从业人员发生"工伤事故"后的保障问题。实际上新职业群体社会保险覆盖率不足，抗风险能力较差。从现行社会保险制度体系看，新职业群体可以根据自身情况参加城镇职工保险或城乡居民保险，在制度上实现了全覆盖。但由于多数新职业群体难以被纳入传统劳动关系范畴内，因此仅能以灵活就业人员身份参保。根据现行法律法规，灵活就业人员仅可以参加职工基本养老保险和职工基本医疗保险，国家层面尚未出台关于灵活就业人员参加工伤、失业和生育保险的规定，只有部分省份在个别险种中开展了试点或探索。在此制度设计下，不仅平台企业没有法定缴纳义务，新职业从业者也没有缴纳途径，这成为新职业群体无法参加社会保险的制度障碍。此外，新职业群体还面临社会保险转移接续政策不合理、户籍限制、社会保险经办服务灵活性不足、部分新职业群体因在多个平台就业而导致社会保险责任主体多元等政策难点。这些都亟须创新新职业群体的社会保险政策体系。

（四）传统职业培训体系难以适应新职业群体培训需求

部分新职业群体技能相对单一，有必要对其开展职业技能培训，拓宽其职业发展空间，但传统的职业培训体系难以适应新职业群体的培训需求。一方面，现有的职业培训制度多数适用于与用人单位签订劳动合同的劳动者或

者本地户籍劳动者，很多新职业群体难以被纳入。受非公企业专业技术人才职称申报渠道不畅通的影响，新职业群体难以申报专业技术人才职称，加之新职业群体分散性、流动性强，各类新职业差异明显，对传统培训路径提出了新挑战。另一方面，新职业大量迅速涌现，原有的职业培训内容更新不及时、没有相应的课程，实践中多由平台企业进行有限的职业培训。虽然国家针对新业态企业出台了相关政策，[①] 但也存在政策享受困难等问题。如何对新业态从业人员开展职业培训、将新职业群体在就业地纳入国家职业技能培训体系、创新新业态企业专业技术人才职称管理和技能人才职业资格制度等，对这些都需要进行探索创新。

（五）劳动保障监察和争议调解仲裁难以覆盖新职业群体

当前，劳动保障监察和劳动争议调解仲裁范围限定于用人单位和与之建立劳动关系的劳动者，部分新职业群体与新业态企业之间的矛盾纠纷是否可以被纳入受理范围仍需探讨，并考虑实践中执行的可能性。主要表现在，由于新职业用工方式、用工主体以及从业人员多元复杂，其工作方式、工作时间、工作场所不固定，劳动标准和条件不统一，这些都加大了劳动保障监察的难度。同时，对很多在平台上的新职业，一般通过网络通信系统进行管理，管理方式灵活，工作规则多变，证据材料收集和举证困难，给劳动保障监察和劳动争议调解仲裁带来了挑战。

（六）新职业群体劳动权益保障对社会协同治理提出高要求

新职业群体劳动权益保障问题复杂、敏感，涉及方方面面，需要各方参与、协同治理。政府、工会、行业协会和行业主管部门、新业态企业及合作单位之间如何形成具体的社会协同治理机制，对此需要进一步研究。如可否

---

① 国务院《关于做好当前和今后一段时期就业创业工作的意见》（国发〔2017〕28号），将鼓励创业创新发展的优惠政策面向新业态企业开放，符合条件的新业态企业均可享受相关财政、信贷等优惠政策。据此，符合条件的新业态企业和从业人员，均可享受职业培训补贴、职业技能鉴定补贴、社会保险补贴、一次性求职创业补贴、创业担保贷款贴息等政策。

让新职业工作人员以个人身份加入工会组织并将其纳入工会维权、服务的范围，新业态行业协会等社会组织如何推动相关企业签订劳动用工方面的行业自律公约或倡议书，平台企业如何积极履行社会责任，龙头企业是否可能通过制定企业行为守则等带动产业链以及行业内企业规范劳动用工行为等，这些问题既需实践创新，也需顶层设计。

三 保障新职业群体劳动权益的对策建议

国家已经明确提出要支持新就业形态的发展，但同时要重视这些劳动者的法律保障问题。针对当前新职业群体劳动权益保障面临的一些突出问题，应统筹处理好促进新业态发展与维护新职业群体劳动者权益的关系，更好地保障新职业群体劳动权益，实现青年更高质量的就业。在总结当前国内外出台的政策经验和地方试点，以及新业态企业的实践基础上，提出如下政策建议。[①]

（一）针对新业态企业不同劳动用工形式分类规范

新业态平台企业用工形式多元复杂，非常灵活。不同类型甚至同一类型的平台上，平台与劳动者之间的关系存在很大的差异。既有全日制、劳务派遣、劳务外包用工，也有兼职、个人承揽以及临时雇佣等。此外，还有与传统用工方式截然不同的"平台+个人"新型用工模式。因此，应针对平台的不同用工模式分类进行规范。具体包括：第一，对于使用直接雇用或是劳务派遣等传统用工形式的，可以纳入传统劳动关系范畴进行规制，适用相关法律规范。第二，对于新业态企业采用加盟、代理、劳务外包等形式的，应督

---

① 在本文成稿后，针对新就业形态劳动者权益保障问题，2021 年 7 月，人力资源和社会保障部、国家发改委等八部门共同出台《关于维护新就业形态劳动者劳动保障权益的指导意见》，对照该指导意见，本文所提对策建议与指导意见的精神和内容基本符合，各地也相继落实指导意见，开展了一系列创新举措，今后需进一步对新职业群体劳动权益保障实践经验保持长期关注。

促新业态企业加强对合作用人单位用工方面的审核和规范，承担必要的监管和赔偿责任。对于新业态企业"平台+个人"等新型用工形式，应引导鼓励新业态企业参照劳动法律法规的相关规定与劳动者签订民事协议，合理约定双方在劳动报酬、工作时间、劳动保护和安全生产等劳动方面的有关权利义务。

（二）创新保障新职业群体基本权益的方式

我国目前劳动法律适用范围较窄，适用刚性较强。针对新职业群体多元灵活的用工形式，应在分类规范的基础上，梳理已有的劳动权益保障规定，创新劳动保障制度和优化服务，切实保障新职业群体平等就业和取得劳动报酬、休息休假和劳动安全、接受职业培训等基本劳动权益。一是适应新业态企业特点，抓住新职业重点群体，创新适应新职业群体特点的公共就业创业和劳动用工服务。二是督促新业态企业及其关联企业严格遵守工资支付等相关法律法规。同时探索利用平台大数据，汇集新职业从业者工资报酬和行业人工成本信息，引导平台合理确定劳动报酬水平。三是新业态企业应依照或参照国家关于职工工时休假等规定，结合新职业从业者的工作性质和工作特点，充分利用大数据等信息技术手段及其他新业态企业具备的技术优势，探索科学合理保障劳动者休息休假和劳动安全的方式，如探索制定最长工时限制等措施，加强对劳动者的劳动安全教育等。四是创新新职业从业者接受职业培训的方式。2019年8月1日国务院办公厅发布的《关于促进平台经济规范健康发展的指导意见》中首次明确将平台从业人员纳入"职业技能提升行动"。建议在部分新业态企业已开展职业培训的基础上，树立新职业培训典型，根据新职业特点，在职业培训教育、人才评价、政府补贴等方面创新政策，引导新业态企业加强对劳动者的职业培训，建立健全新业态劳动者职业技能提升激励机制，宣传鼓励劳动者学习和掌握职业技能，提升职业技能水平。

（三）完善和创新新职业群体相关的社会保障制度

一是进一步完善新职业从业者社会保障制度，放宽职业身份、就业区域等限制条件，探索新业态灵活就业人员参保方式，简化经办手续，建立以从业人员可监控收入为基础的社会保险政策，方便新职业从业者以个人身份参保。同时，探索通过政府的再就业资金、失业保险基金等渠道，对工伤保险金进行一定的补贴。二是探索以外卖、网约车等劳动密集型的典型新职业群体劳动者为参保重点，建立新职业从业者职业伤害保障制度，在参保对象、筹资来源、保障范围、经办方式、待遇水平等方面积极创新，厘清职业伤害保障与工伤保险、商业保险的关系，探索政府支持、新业态企业和劳动者共担责任、商业保险公司共同参与的保险形式。三是总结当前个别新业态企业针对新职业从业者提供商业保险的典型经验，鼓励和引导平台企业采用商业保险等形式，针对平台灵活就业人员的特定风险需求，创新商业保险产品，为劳动者提供医疗、意外伤害等保障，作为新职业从业者参加社会保险的有效补充。

（四）健全诉求表达渠道，预防和妥善处理新业态领域劳动纠纷

一是健全新职业从业者的诉求表达渠道，保障新职业从业者的知情权、参与权、表达权、监督权。新业态企业在制定服务考核评价规则、劳动报酬支付、补贴激励等规则和重大事项时，应遵循公开、公平、公正原则，及时告知劳动者，采取信息公示、问卷调查、小范围代表意见征询等方式，建立与劳动者沟通协商的制度化、常态化机制，保障劳动者民主参与的权利。同时，新业态企业也应建立健全劳动者的申诉表达渠道，对于涉及劳动者的劳动报酬、服务考核评价、服务纠纷等，给予新职业从业者申诉的权利，并及时反馈，保障新职业从业者的正当权益。二是完善和创新新业态领域劳动纠纷调处机制。鼓励新业态企业建立企业内部劳动纠纷协商协调机制，如设立热线电话、建立企业内部争议调解机构等方式。探索在已建行业工会、协会的典型新业态领域依法建立行业性调解组织，尝试将新职业从业者与新业态企业之间的矛盾纠纷纳入行业性调解组织受理范围，化解矛盾纠纷。三是加强新业态劳动争议案件办案指导，通过典型案例研讨、汇编，庭审观摩等方式，深入研究各类新业态劳动争议案件处理要点，编制办案指引，规范新业

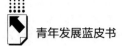

态案件处理中的自由裁量权。四是依法加强对新业态企业的劳动保障监察执法，探索适合新业态企业的劳动保障信用评价体系和激励惩戒机制，提高新业态企业和劳动者的劳动用工诚信自律意识。五是加强对新职业从业者的法律援助，提供及时有效的法律援助服务。

（五）加强对新职业群体权益保障的社会协同治理

应建立政府、社会、新业态企业和关联单位、劳动者共同参与的全方位监管服务和共同治理机制，强化各方权利责任，保障新职业群体基本权益，促进新业态健康发展，提高新就业形态质量。一是加强人社部门与市场监管、行业管理部门等部门间的工作协调，协同新业态企业探索建立信息和数据共享机制，探索适应新职业群体的劳动用工政策，综合施策。二是鼓励新业态龙头企业制定企业行为守则，对用工相关的服务规则进行指引，带动行业内企业规范劳动用工行为。引导新业态企业建立对关联单位，如平台上的经营者、劳务派遣单位、加盟商、代理商、劳务外包单位的激励约束机制，在平台协议、交易规则等方面督促其遵守劳动保障法律法规和政策。同时引导新业态企业积极履行社会责任，鼓励新业态企业采用线下活动、互助基金保障、加强文体娱乐设施建设等方式探索适合新职业群体的活动形式，加强对新职业从业者的人文关怀。三是充分发挥新业态领域工会、企业代表组织以及其他社会组织的积极作用。进一步总结当前新职业群体入会相关试点经验，鼓励新业态企业加强工会组织建设，探索新业态灵活就业人员以个人身份加入工会组织的途径。加强新业态领域企业代表组织建设，鼓励建立行业协会等行业性代表组织，积极探索签订劳动用工等行业自律公约和倡议书等规范用工的方式。四是加强宣传引导，营造新业态企业规范用工、关爱新职业从业者的良好社会氛围。

B.7
行业协会与新职业群体的发展

——以网络直播行业和主播群体为例

徐法寅*

摘　要： 从市场的政治文化理论角度对网络直播行业、网络主播群体及网络表演直播协会的考察表明，新职业群体的发展依赖于新产业和新行业的整体健康发展；面对新产业和新行业发展所遇到的各种困难，行业协会可以促进行业社会认同、规范企业组织行为、提高从业者素质、加强与政府的沟通，从而促进新行业和新职业群体的发展。需要注意的是，在新行业发展初期，行业协会发挥着行业共同体塑造者的作用；随着新行业的进一步发展，行业协会也要在成员结构和运行机制上进行调整，继续发挥行业共同体塑造者的作用，以免成为特殊利益的代言人。

关键词： 新产业　新行业　新职业群体　行业协会

　　所谓新职业群体，就是在新兴业态中出现的从业者；而且，作为一个职业"群体"，这些新业态中的从业者具有一定数量和相对独立的技能。① 其中，网络主播是新职业群体的一个代表，即在网络直播行业中形成的、具有相当规模的主持网络直播活动的从业者。当前的网络主播主要存在于网络直播的四个领域，即秀场和泛娱乐直播、游戏直播、电商直播和直播+。新

---

　　* 徐法寅，博士，中国社会科学院社会学研究所社会调查与方法研究室助理研究员。
　　① 美团点评等：《2019 年生活服务业新职业人群报告》，http：//www.199it.com/archives/904116.html。

职业群体，包括网络主播群体，发挥了拉动消费、助推经济、促进就业、沟通民众、优化服务、润滑社会、普及知识、传播文化、丰富生活、联络情感、增强归属、传扬公益等正向作用，积极服务国家经济社会发展。因此，2020 年 7 月，国家发改委、中央网信办、工业和信息化部等 13 个部门联合下发了《关于支持新业态新模式健康发展激活消费市场带动扩大就业的意见》；这也表明，今后的新业态和新职业群体会成为我国社会的重要组成部分。

作为新鲜事物，新业态和新职业的发展涉及新的就业关系和商业模式；在没有相应的制度和保障的情况下其自身发展和社会效应都会面临各种问题和挑战。产品和服务的社会价值、劳动关系的判定、社会保障的完善、企业监管的加强等都是急需解决的问题。[①] 鉴于新产业、新行业和新职业群体健康发展的重要社会作用，深刻理解它们的发展逻辑、在此基础上剖析它们面临的问题并提出相应的措施具有重要意义。本文旨在以网络直播行业和网络主播群体为例，从市场的政治文化理论（Political-Cultural Approach to Markets）出发，考察新行业和新职业群体发展的社会逻辑和发展困境，分析行业协会在促进新职业群体健康发展中发挥的作用，并在行业发展过程中考察行业协会本身的发展态势。

一 网络直播行业和网络主播群体的发展逻辑

网络主播群体产生和发展的技术基础是网络直播行业的产生和发展，因此网络直播行业的发展是网络主播群体兴起的前提。从技术层面上讲，网络直播包括通过网络系统实施的各种现场直播活动。但是，网络主播赖以存在的网络直播是不同于"网络电视"的新业态，即直接以网络用户为对象的直播活动。从网络直播的内容来看，主要包括秀场直播、游戏直播、电商直

---

① 李心萍：《我国已有约 7800 万人从事依托互联网平台的新就业形态》，《人民日报》2020 年 9 月 2 日。

播和直播+等四个领域；这也是网络主播群体发展的四大领域。

数据显示，网络直播行业迅猛发展，网络主播群体也呈现良好发展势头。前瞻产业研究院和 Frost Sullivan 的报告显示，2015 年我国视频（秀场）直播行业的市场规模是 64 亿元；至 2019 年，市场规模已经增长到了 1082亿元，年复合增长率高达 103%。① 从需求方来看，网络基础设施的发展、民众社交和娱乐需求的增长、网络直播内容的丰富及其民众生活水平的提高，导致了我国视频直播行业付费用户的数量不断攀升。前瞻产业研究院和 Frost Sullivan 的报告显示，2015 年，我国视频直播付费用户的数量从 2015年的 770 万人增长到了 2019 年的 3610 万人，年复合增长率高达 47.2%。

随着"直播+"时代的到来，电子商务和网络直播的结合获得了极大发展，其主要形式是通过网络视频直播开展产品和服务的推广和销售。根据智研咨询集团的调研和预测，我国网络直播营销行业市场的规模飞速发展，从2017 年的 190 亿元增加到了 2019 年的 4338 亿元。② 从投资来看，视频带货、直播电子商务的发展极大地提高了电子商务的发展预期。尤其是，在新兴直播电商平台之外，传统的电商平台（如京东）和内容社区平台（如抖音）也拓展了电商直播业务。这吸引了大量的投资。艾媒数据中心的报告显示，2019 年，电商直播行业的融资规模达到了 956.33 亿元，同比增长 602.82%。③

在网络直播行业迅猛发展的背景下，作为新职业群体的网络主播也得到了稳定发展，职业化水平不断提升，社会认可度不断提高。在对近万名移动网络用户和 5000 多名网络主播进行调查的基础上，移动社交平台陌陌发布的《2019 主播职业报告》显示，78.5% 的移动网络用户调查对象认为主播已经发展成为一种职业，69% 的网络主播调查对象表示，他们从事主播行业得到了家

---

① 前瞻产业研究院：《2020 年中国视频直播行业市场规模及发展趋势分析》，https：//www.qianzhan.com/analyst/detail/220/200623-9287c501.html。

② 智研咨询集团：《2020~2026 年中国网络直播营销行业全景调研及投资风险预测报告》，2020。

③ 艾媒数据中心：《2020~2021 年中国直播电商行业运行大数据分析及趋势研究报告》，http：//data.iimedia.cn。

人包括伴侣的支持。主播群体的职业化水平越来越高主要体现为，职业主播的学历和收入水平在逐渐提高，而且学历较高的主播职业生涯也较长。另有调查显示，24.1%的网络主播收入过万元；具有本科学历的网络主播调查对象中，22.8%的从事直播2年以上；具有硕士及以上学历的网络主播调查对象中，31%的从事直播2年以上。此外，学历更高的网络主播也在自我提升方面投入了更多成本；具有大专、本科及研究生学历的网络主播中，每月花费5000元以上来提升自我的比例分别是9.3%、10.8%和38%。① 总体而言，54.4%的网络主播调查对象每月花费1000元以上进行自我提升。

和其他新职业群体一样，网络主播群体的发展与新技术、新产业的发展密切相关，网络主播群体发展的基础是网络直播行业的发展。因此，理解新职业群体的发展历程、面临的困境及相应的政策，需要理解新技术和新行业的发展逻辑。② 以网络直播行业和网络直播群体为例，"市场的政治文化理论"可以说明新行业和新职业群体发展过程中涉及的主要条件和要素以及不同主体之间的互动。③ 市场的政治文化理论的基本出发点是市场的动力机制存在于广泛的社会组织中；市场行动者、政府、社会行动者都是市场的内在力量，而不是外在背景。因此，网络直播市场的生态结构主要包括：（1）直播内容及其社会和经济价值，（2）网络主播、平台企业、直播用户、使用网络直播的市场组织、服务网络直播的市场组织、监管和服务网络直播的政府部门、新闻媒体、与网络主播和用户相关的社会公众等主体力量，（3）各种主体力量的价值观念和认知方式，（4）各种主体力量进行的活动、互动及其行为规则。

在网络直播行业中，所有的行动主体的行动和互动都是围绕网络直播的内容及其社会经济价值展开的。网络主播主要包括秀场主播、游戏主播、电

---

① 中投投资咨询网：《2019主播职业报告：近八成用户认可"主播是一种职业"》，http://www.ocn.com.cn/touzi/chanjing/202001/sfaju14114118.shtml。

② 高文珺、何祎金、田丰：《网络直播：参与式文化与体验经济的媒介新景观》，电子工业出版社，2019。

③ Neil Fligstein, *The Architecture of Markets: An Economic Sociology of Twenty-First-Century Capitalist Society*, .Princeton and Oxford: Princeton University Press, 2001.

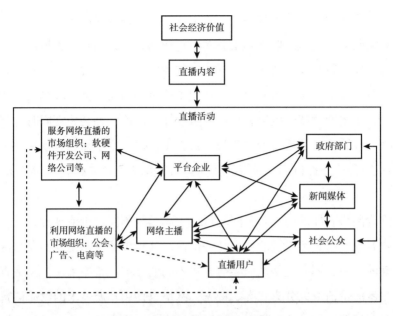

图1 网络直播市场的生态结构

商主播和直播+（其他主播）等四种形式；不同的直播平台在内容上也有不同的主打方向。需要说明的是，主播的四种形式主要是根据内容进行划分的，现实中可能会存在主播跨领域的现象，比如秀场主播会进行具有电商性质的带货直播。①

无论哪种网络直播内容，网络直播活动中不同的参与者具有不同的活动形式。具体而言，网络主播是网络直播内容及其价值的直接生产者；他们在网络直播活动上直接生产直播产品，直接与直播用户进行互动。直播用户是网络直播内容的消费者，直播市场的存在直接依赖于用户的消费行为。平台企业是将网络主播和直播用户通过直播内容联系起来的媒介；使用网络直播的市场组织是为了通过使用网络直播增加收益的组织；他们从一定程度上来说同时是网络直播活动的生产者和消费者，但是并不是直接的生产者和消费者，其生产行动最终依赖于网络主播得以实现，其消费行为最终也是通过网

---

① 胡筱：《浅论头部直播带货主播优势》，《市场观察》2020 年第 8 期。

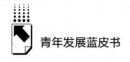
络直播用户实现的。服务网络直播的市场组织是通过为网络直播提供技术支持而获取收益的组织。监管和服务网络直播的政府部门是对直播内容和直播行业各主体的行为及其关系进行调节，其主要的活动形式是通过制度和实施相关政策来规范网络直播的内容。新闻媒体也是网络直播内容和活动的重要监督者，主要通过新闻报道和评论来引导社会舆论。社会公众同时是网络直播的社会经济价值的受益者和监督者；其中，与网络主播和直播用户直接相关的社会公众会直接影响网络直播的生产和消费，进而影响整个行业的发展。

围绕网络直播的内容，不同的行动主体具有不同的价值观念，也就是说他们会看到网络直播不同的社会经济价值。这种价值观念是他们参与网络直播活动的缘由，同时也是他们参与方式不同的原因。粗略来说，网络直播行业参与者的价值可以分为三类。首先，网络直播用户所追求的物质消费、休闲娱乐、社会交往、求知等方面的价值。而内容丰富、形式多样的网络直播正是基于直播用户的需求才蓬勃发展起来的。其次，网络主播、平台企业、网络直播使用者、网络直播服务者等市场组织所追求的经济价值。最后，政府部门、新闻媒体和社会公众所追求的社会价值，他们尤其强调市场组织的营利行为不能违背社会的道德规范和法律规范，否则会对家庭、学校和社会的稳定发展带来不良影响。

二 新行业和新职业群体的发展困境

市场的政治文化分析表明，新行业和新职业群体是围绕产品或服务的经济价值和社会价值而发展起来的；经济效益和社会效益的发挥是新行业和新职业群体健康可持续发展的必要条件。而且，新行业和新职业群体的产生和发展也是社会、国家和市场力量综合作用的结果；若各种力量之间不能形成共识和规范，就会影响产品和服务的社会和经济效益，从而影响新行业和新职业群体的进一步发展。同样，网络直播行业和网络主播群体是围绕网络直播服务的社会和经济价值发展起来的，其健康发展也依赖于更大地发挥其社会和经济效益，并最大限度地降低其不良社会影响。这也要求网络主播、平台企业、直播用户、使用网络直播的市场组织、服务网络直播的市场组织、监管和服务网络直播的政府部门、新闻媒体、与网络主播和用户相关的社会公众主体力量依照一定的社会规范行动和互动。但是，就当前网络直播行业发展来看，仍然存在影响网络直播行业和网络主播群体健康发展的一些因素。这些因素主要包括：（1）网络直播涉及的市场组织为了实现盈利的目的，在某些方面违背了社会道德价值规范；（2）在新闻媒体和社会公众曝出这些不良行为之后，政府出台相关的政策措施，但这些政策措施却在执行中屡屡遇到困难；（3）这些不良行为的曝光，降低了网络直播行业和网络主播的社会形象，进而恶化了网络直播行业和网络主播健康发展的社会空间。

第一，部分非法网络直播中常有色情内容。2020 年 7 月，中国新闻网报道，全国"扫黄打非"办公室通报了 7 起利用网络直播平台传播色情信息的典型案件，包括传播淫秽物品牟利、组织淫秽表演等。[①] 而且，有些色情传播并不仅仅是网络主播的个人行为，还有一些专门从事淫秽表演、传播淫秽物品的直播平台。比如 2020 年 8 月，大连市公安机关摧毁了一家色情网络直播平台，这是利用一款手机直播应用程序组织淫秽表演和传播淫秽物品的典型案例。[②]

第二，有些网络直播时有暴力事件发生。网络直播中的暴力事件包括主播暴力和用户暴力两种现象。主播暴力是网络主播为了增加点击量、提高关注度而在直播中做出的暴力举动。而直播用户的暴力主要体现在言语暴力上，即在弹幕和评论交流中进行攻击、谩骂等，甚至使用低俗涉黄的言语。[③] 红花会贝贝事件是主播暴力的典型事件：2019 年 8 月 5 日，对说唱歌

---

① 《全国通报 7 起网络直播淫秽色情典型案件关涉未成年人》，https：//www.chinanews.com/sh/2020/07-07/9231517.shtml。

② 《大连警方成功摧毁一色情网络平台》，http：//www.ln.xinhuanet.com/2020-08/14/c_1126368028.htm。

③ 张祥：《浅析直播中的网络暴力——以"红花会贝贝"剁手指事件为例》，http：//media-ethic.ccnu.edu.cn/info/1177/2473.htm。

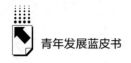

手贝贝疑似直播剁手指的行为，多数网友感觉"被吓到"，认为主播的行为"引起不适"。①

第三，有些网络主播在网络直播带货中向网民兜售"三无"产品和假冒伪劣商品。比较典型的案例是假燕窝事件。2020 年 11 月初，有网友称，辛巴主播"时大漂亮"售卖的即食燕窝产品不过是糖水。随后，职业打假人王海确认该产品就是糖水。② 在类似事件中，网络主播和电商平台都参与其中：造假商家通过经纪公司寻找粉丝众多的"头部主播"并支付高额的"出卖费"，提高产品销量，获得经济利益。但是，在网络主播获得巨额经济收益的同时，他们宣传和出售假冒伪劣商品的行为却严重侵犯了消费者的合法权益，扰乱了正常的网络购物市场秩序。

第四，平台企业之间的恶性竞争不利于网络直播行业和网络主播群体的健康发展。经过几年的竞争和发展，网络直播平台在数量上急剧下降，在结构上也形成了差异化的以秀场直播、游戏直播、电商直播为主的直播内容生态体系。③ 但是在同一个直播领域内部和不同的直播领域之间仍然存在恶性竞争的现象；尤其是，在直播行业发展前景较好的情况下，大量的资本涌入直播市场，加剧了平台之间的竞争。这种恶性竞争主要体现为平台企业之间上演的主播挖角大战；在产品同质性、模式同质性和内容同质性较高的领域这种大战尤其激烈。④ 从一定程度上说，网络直播平台的恶性竞争会加剧低俗、色情、暴力、拜金、侵权等各种不良现象。

第五，直播用户的消费行为引发了社会不满，损害了网络直播行业和网络主播群体的社会声誉。其中比较典型的是未成年人对网络直播的使用行为。从内容方面来说，低俗、色情、暴力、拜金等不良内容和价值观念会影

---

① 《红花会说唱歌手贝贝直播疑剁手指　账号被永久禁播》，https://news.163.com/19/0807/00/ELUI2UHA0001875P.html。

② 《辛巴燕窝事件风波未平　涉事公司股权变动》，《北京商报》2020 年 12 月 8 日。

③ 智研咨询集团：《2020~2026 年中国网络直播营销行业全景调研及投资风险预测报告》，智研咨询集团，2020。

④ 许珂：《刍议新媒体网络直播的发展趋势》，《西部广播电视》2017 年第 7 期；王丽娜：《直播平台乱象调查：监管处真空　恶性竞争陷死循环》，《中国经营报》2016 年 6 月 18 日。

响未成年人的发展，因为未成年人会模仿网络直播中呈现的行为和价值观念。[①] 此外，未成年人使用父母手机或者银行账号的巨额打赏行为也引起了强烈的社会反响。未成年人的打赏行为不仅涉及社会道德问题，而且包含法律界定问题。[②]

第六，自媒体时代的相关报道容易导致社会民众对网络直播和主播的刻板印象。在与平台企业工作人员的访谈中，当谈及网络直播行业的发展困难时，他们一致认为媒体和社会对网络直播和主播的"污名化"是制约网络直播行业发展的最大障碍。刘彩娟和刘福利的研究表明，大众传媒的确存在"疯狂打赏""刷礼物""色情表演"等刻板报道，而且这导致网络（女）主播的身份污名化。[③] 这种刻板印象和污名化会影响社会大众对网络直播和主播的态度，不能看到网络直播在满足用户各种需求方面的积极作用。

第七，国家监管政策的出台虽然非常及时，落实上却存在困难。鉴于网络直播的规模和影响力，国家监管政策的出台还是相当及时的。2016 年 9 月，广电总局出台了《关于加强网络视听节目直播服务管理有关问题的通知》，对网络视听节目直播服务的资质、相关单位的客观条件、直播节目内容和对象等作出了具体要求。2016 年 11 月，中央网信办又针对互联网直播活动出台了《互联网直播服务管理规定》，要求互联网直播的提供者和发布者要有相关的资质，并在许可范围内进行直播；提出了企业主体责任制，督促企业健全制度、提高即时阻断互联网直播的技术能力。2016 年文化部出台的《网络表演经营活动管理办法》要求经营单位必须取得许可证，并对直播内容做出了明确限制。但是囿于监管权力分散、监管对象不明、监管模式落后等原因，国家从网络直播行业的社会效应出发制定的政策在落实中遇

---

① 王笑等：《未成年人参与网络直播与短视频的危害性探究——基于影响因素的分析》，《河南工业大学学报》（社会科学版）2019 年第 4 期；胡霞、周俐莎、胡璨瑀：《网络直播对未成年群体的负面效应及规制对策研究》，《预防青少年犯罪研究》2020 年第 6 期。

② 刘韵：《论未成年人网络打赏的性质及法律适用》，《法制博览》2020 年第 10 期。

③ 刘彩娟、刘福利：《大众传媒对网络女主播报道的刻板印象问题探析——以新浪网有关报道为例》，《西部学刊》2018 年第 2 期。

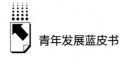

到了一些阻力。① 尤其是，直播平台企业虽然是市场性组织，但必须承担国家政策落实的主体责任；市场组织之间利益的竞争使得它们在实施政策方面动力不足。②

三　行业协会与新行业和新职业群体的发展

分析表明，新行业和新职业群体的发展依赖于国家、市场和社会力量的共同作用；解决它们面临的困境也需要各种力量形成合力，从而实现其产品和服务的社会和经济价值。在各种力量的互动过程中，行业协会可能比营利性企业更加关注产品和服务的社会效益，比强调个体利益的市场组织更加关注行业的总体发展，比政府更加接近具体的实务操作，因此可以在各种力量主体之间发挥桥梁作用，促进新行业和新职业群体的总体发展。

同样，解决网络直播行业和网络主播群体发展面临的困难，需要网络主播、平台企业、政府部门、新闻媒体、专家学者等多方主体的努力。其中，作为网络直播行业生态中的重要组成部分和行动力量，网络直播行业协会对于协调各方力量、解决发展问题发挥着重要作用。比如，网络直播行业协会——"中国演出行业协会网络表演（直播）分会"——在解决直播行业面临的问题、促进职业群体的发展方面就发挥了重要作用。在原文化部文化司（现为文化和旅游部市场管理司）的指导下，2017 年 5 月近 100 家网络直播平台发起成立了中国演出行业协会网络表演（直播）分会。据负责人介绍，分会隶属于中国演出行业协会，旨在正确引导网络直播表演行业生态建设，提升网络直播表演水准与节目质量，推动网络直播行业规范化发展。该协会的会员由从事网络直播的互联网平台和从事网络主播经纪的公司组成。从网络直播行业和网络主播群体健康发展的角度来看，网络表演（直播）分会通过解决行业发展困难，促进了网络主播群体的健康发展。这主要表现在以下四个方面。

① 王新鹏：《论我国网络直播监管体制的完善》，《电子政务》2019 年第 4 期。
② 吉鹏：《网络直播监管政策问题分析及对策研究》，《青年与社会》2018 年第 31 期。

（一）从社会价值出发，规范和提升产品和服务质量

一个行业的发展离不开社会的认可和支持。因此，行业的发展必须与社会的稳定和发展相融合，否则便不会长久。其中，最关键的就是要生产具有社会价值的产品和服务。但是，在行业发展的过程中，市场组织往往强调产品或服务的经济价值，而不能从社会效应出发考虑行业的长远发展。另外，政府虽然更加强调某一行业的社会价值，但政府的规章制度和相关政策还要依赖于市场组织和行动者的执行。因此，发挥新行业产品和服务的社会效益，就要求能够落实政府制度和政策、规范市场行为的具体机制。行业协会则可以从行业的总体社会价值的角度超越个别市场主体片面追求经济价值的行为、落实国家的制度和政策。

网络直播行业协会十分注重网络直播行业的社会价值。按照网络表演（直播）分会制定的《促进网络表演（直播）行业健康有序发展行动计划》，该协会旨在引导会员企业践行和弘扬社会主义核心价值观，传播正能量，传递真善美，推动产生更多有内涵、有温度、有品质、有创新的专业直播产品，创造更多的社会价值。正像网络表演（直播）分会的负责人所说，网络直播是面向普通大众的娱乐平台，具有高度的公共属性。因此，一方面，网络直播行业的健康发展有赖于其积极的社会价值的实现，否则网络直播行业便没有价值；社会大众也会倒逼网络直播行业发挥更大的社会作用。另一方面，网络直播行业的公共属性也说明网络直播是多个主体参与的事业；发挥网络直播行业的社会价值，需要各方参与者共同遵守社会伦理道德，主动承担社会责任。正是意识到了社会价值和社会效应对网络直播的重要作用，网络表演直播协会才得以成立，从而将各自为政、标准不一的各个网络直播平台、经纪公司聚合到一起，共同制定行业规范与行业标准，以网络直播的社会价值和社会效应为引领，推进行业的长期、健康、有序发展。

为了发挥网络直播的社会价值，网络表演（直播）分会加强了对网络主播行为的引导和培训，以提高从业者素质。通过一系列的正向活动，网络表演（直播）分会对有一定数量和优质内容产出的主播进行了评选，推出

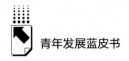

了一批守规矩、正能量的网络主播，进行守信激励，并树立为正面典型，加强对主播行为的引导。为表彰行业先进代表，树立行业价值和形象，网络表演（直播）分会 2020 年 5 月公布了 2019 年度网络表演（直播）行业阳光主播入选名单。其后，各获奖主播平台联动进行公开推荐，以开屏、banner 等优质资源位对入选主播进行宣传，将阳光主播推荐给更广大的用户，鼓励更多主播学习阳光主播们的典范事迹和正向能量，以自身行动创建行业更加清朗、健康的明天。

针对网络直播的内容，网络表演（直播）分会根据《网络表演活动经营管理办法》和《互联网直播服务管理规定》等相关政策法规，建立了行业内容审核评议机制，成立内容评议委员会，制定了《主播黑名单管理办法》。2018 年 4 月，网络表演（直播）分会发布首批网络主播"黑名单"。该名单的确定主要是通过各个平台主动上报违反直播相关规则的主播，经由该行业协会的内容评议委员会，对这些主播直播的内容进行审核评议。评议完毕后，将违规主播正式放在主播黑名单中，再下发各平台，进行主播登记，同步报主管部门备案，建立联动惩戒机制。网络表演（直播）分会已陆续公布六批主播黑名单，包含深夜直播剁手并展示断指的说唱歌手"红花会贝贝"、露出真容炒作的"萝莉主播""乔碧萝殿下"等。2020 年 10 月，最新的第七批主播黑名单出炉，47 名被列入黑名单的主播将在行业内被禁止注册和直播，封禁期限 5 年。

（二）从行业发展的角度规范、约束和协调企业行为

在新行业和新职业群体的发展过程中，营利性的企业组织是主要的推动力量。但是，由于企业组织的主要目的是盈利，为了经济利益，企业组织常常不顾产品和服务的社会效益。其中，企业之间的竞争是一个重要机制，尤其发生在所提供的产品或服务相似的企业之间。面对激烈的竞争，企业为了盈利，可能会突破社会道德底线，打破行业规范，甚至违反国家制度规范和相关政策。因此，行业的长远发展离不开对企业的行为进行规范、约束和协调。行业协会从行业总体发展的角度出发，可以超越个别企业狭隘和短期的

经济利益，并在促进行业整体和长远发展的基础上，真正促进个别企业的长远发展。网络直播行业协会在规范、约束、协调和提升平台企业行为方面采取了一些措施。

网络表演（直播）分会开展了管理人员和审核人员的培训。网络表演（直播）分会承办了全国网络表演直播行业高级研修班；这个研修班也是由政府相关部门和平台企业负责人参加的相互沟通交流的活动，为增进监管质量、交流发展经验、学习监管技术、促进企业发展提供了重要平台。2019年，网络表演（直播）分会主办了全国网络直播经纪公司高级管理人员研修班；培训内容以政策法规解读和《网络直播内容百不宜》讲解为主，并针对行业发展趋势及企业发展实际需求，增设企业管理、公众传播、艺人经纪等专题课程，文化和旅游部市场管理司网络市场监管处负责人受邀到会并授课；会上尤其关注网络主播的培养和发展方法和技巧。

根据《网络表演活动经营管理办法》和《互联网直播服务管理规定》等相关政策法规，网络表演（直播）分会建立了行业从业、内容审核、环境服务等标准规范，引导行业企业规范竞争、理性竞争。2017年9月，网络表演（直播）分会承办了文化部文化市场司主办的2017年网络表演经营单位负责人暨内容自审人员培训班。全国主要网络表演（直播）平台、经纪公司、技术支撑等企业的负责人和审核、运营部门负责人参加了培训；与会者进行了政策法规解读、行业发展研讨、现场考察交流、近期管理工作通气。为了更好地实现行业的社会价值，在主播培训、组织管理、行为制约等方面取得实质性效果，网络表演（直播）分会还建立了行业内容审核手段共享机制，推动内容审核技术进步，探索、提升技术（视频、语音、图片、文字等）监控手段。为了切实实现对违规违法主播的制裁，网络表演直播协会逐步完善了行业信用基础数据库，联合全行业对违法违规和严重失信的网络表演者进行共同抵制。

（三）从规范发展的角度与国家政策对接

作为社会整体发展的组成部分，新产业、新行业和新职业群体的发展会

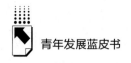

对社会秩序稳定和社会经济发展产生重要影响。面对市场力量催生的新行业带来的各种不良社会影响，国家需要通过制定相应的规范制度，来克服"市场失灵"问题，从而让新产业和新行业发挥正向的社会效应，让新产业和新行业促进社会的稳定和发展。在这个过程中，一方面要根据社会的需要和新行业的发展实际制定有针对性的政策和制度；另一方面，政策和制度的落实又要有相应的具体机制，才能使新行业既能取得发展，又能得到规范。其中，健康发展的行业协会可以在国家和市场之间起到桥梁作用，一方面可以为国家政策和制度的制定提供相关信息和具体建议，另一方面可以通过宣传、监督来落实国家的相关政策和制度。网络表演（直播）分会的功能在这两个方面都有所体现。

在为政府提供行业信息和政策建议方面，网络表演（直播）分会结合行业现状、作用、前景、模式等方面，开展了网络表演（直播）行业调查和行业研究，及时了解和发现行业发展规律和矛盾问题，向政府主管部门提供行业建议。随着网络直播行业的不断发展，网络直播内容出现了进一步细分、直播功能进一步扩展、直播技术进一步发展、商业模式进一步多元，这也要求网络直播的监管进一步精细化和规范化；尤其是，监管要在促进行业发展和规范行业行为两个方面达到一种平衡。这就要求政府相关部门与网络直播市场主体之间加强沟通和合作。网络表演（直播）分会便成为政府和市场主体之间沟通、交流和合作的推动者。

在贯彻落实政府相关政策方面，网络表演（直播）分会响应国家政策，发起了多项专项行动。为深入推进国家网信办等八部门网络直播行业专项整治部署会议精神，网络表演（直播）分会发出"落实专项整治精神，共促直播规范发展"倡议，会员企业纷纷响应号召，主动落实企业主体责任，发布响应倡议公告，并通过开屏页、首页资源位、官方双微等显著位置进行推送，呼吁平台全体主播、广大网民携手共建清朗网络生态。多家直播平台纷纷响应，各自制定相应的制度规范和实施方案，开展专项整治活动。此外，网络表演（直播）分会还从积极的层面倡导具有正能量的直播内容。比如，2020 年 8 月 11 日，习近平总书记作出重要指示，坚决制止餐饮浪费行为，切实培养节约习惯，在全社会营造浪费可耻、节约为荣的氛围。网络表演（直播）分会随即提示各会员企业，要进一步加强直播内容管理，特别是要重点关注以美食类为主要内容的直播，加强引导树立正确的饮食消费观，坚决禁止在直播中出现假吃、催吐、猎奇，及宣扬量大多吃、暴饮暴食以及其他铺张浪费的直播行为；同时协会也提醒广大美食类主播，追求刺激、过度娱乐、博取眼球、舌尖浪费等行为不可取。

在促进平台企业与政府的沟通方面，网络表演（直播）分会也逐步建立了稳定的工作机制。其中一个重要的形式是中国网络表演（直播）行业高峰论坛暨网络直播年度盛典的举办。这种大型年会上，政府相关部门和平台企业负责人就直播行业和主播群体的发展趋势、监管难题、发展障碍、成长经验、特色工作、发展前景等问题进行讨论交流。此外，网络表演（直播）分会直接和政府相关部门合作，出台更符合实际的监管政策。中央网信办和网络表演（直播）分会已共同探讨制定了网络直播账号分级体系和直播打赏管理规范，科学制定网络直播账号（主播）分级分类和信用评价体系规则，有效推动和引导正能量主播成为行业中坚力量。

（四）从社会责任的角度提升行业的社会形象

新行业和新职业群体的发展，最终取决于社会的认可、支持和参与。提升产品和服务的质量、规范和约束企业组织行为、对接国家制度和政策，从根本来说都是为了让社会大众认识到新行业和新职业群体的正向社会价值，从而获得社会的认可和参与，扩大其市场规模。在整合市场和国家力量、提高产品和服务质量的基础上，转变社会大众的思想观念、提升社会形象成为新行业和新职业群体发展的关键环节。在这个过程中，行业协会在行业公共关系培育和维护方面可以发挥重要作用。比如，网络表演（直播）分会组织了网络表演（直播）行业年会，开展行业评奖，通过论坛、展演、竞赛等多种方式，进行对外宣传，树立网络表演（直播）在社会中的正面形象和影响力。

在提升行业和职业的社会形象方面，网络表演（直播）分会发布的

《网络表演（直播）社会价值报告》在描述网络直播行业发展态势的基础上，总结该行业在促进经济社会发展方面的正向价值，对于增加政府、新闻媒体和社会公众的认可度方面起到了重要作用，为网络直播行业和网络主播职业的发展创造了良好的社会环境。2020 年，网络表演（直播）分会出版了《中国网络直播行业社会责任履行研究报告》，说明了网络直播在助力经济增长、促进文化传播、推动社会创新方面发挥的重要作用。

网络表演（直播）分会还积极倡导具有正向社会效应的直播活动。在"直播+"的总体发展趋势下，"直播+公益"成为提升网络直播行业和网络主播职业声望的重要手段。网络表演（直播）分会也大力宣传和支持各大平台进行的"直播+公益"活动，包括"直播+非遗+电商""直播+扶贫""直播+文化""直播+赈灾"等。在疫情防控中，网络表演（直播）分会联合中华预防医学会再次开展防疫知识专题科普讲座；特别邀请到儿童保健专家做客直播间，为各位宝爸宝妈带来儿童居家日常防疫的科普课堂。网络表演（直播）分会也会积极参与组织"直播+公益"直播活动。2018 年的中国网络表演（直播）行业高峰论坛上，网络表演（直播）分会与"吕梁山货"运营中心共同发起"青禾计划"，通过建立直播平台和贫困县 1 对 1 的帮扶关系，采取"直播+农村电商""直播+文化扶贫""直播+特色文旅""直播+教育"等多种模式，进一步提高扶贫开发水平、改善区域发展环境；欢聚时代、六间房、虎牙直播、一下科技、花椒等 5 家网络直播平台分别与山西省永和县、临县、岚县、方山县以及陕西省子洲县等吕梁山片区 5 个贫困州县结成对口关系、签订帮扶协议。同时，分会还与吕梁山货运营中心签订了对口扶贫战略协议。

四 将行业协会打造成为行业共同体的塑造者

网络主播群体是随着网络直播行业新业态的发展形成的新职业群体，因此应把网络主播群体的发展放在网络直播行业的健康发展过程中进行考察；从文化来说，网络直播行业的健康发展，不仅依赖于网络直播产品和服务为市场主体所带来的经济效益，而且依赖于该行业的社会效益；从长远来看，经济效益的维持是由其社会效益决定的；从具体运作来看，直播行业的兴起和进一步发展是各种主体围绕网络直播的经济效益和社会效益问题而相互作用的结果；克服当前网络直播行业中存在的色情、暴力、拜金、侵权等各种影响直播行业健康发展的问题，需要网络直播行业中各方主体的相互配合，尤其要以社会价值观念和社会效应为基准，以用户为导向，通过监管部门与市场主体之间的沟通和合作，实现网络直播行业的健康发展；在这个过程中，网络表演直播行业协会发挥了重要作用。

从更一般的意义上说，关于网络直播行业和网络主播群体市场的政治文化分析对于新业态和新职业的发展及行业协会的作用都具有启示意义。首先，由于没有完善的制度和保障，新业态和新职业的健康发展面临着诸多困难，尤其是市场经济价值和整体社会价值之间的矛盾问题。解决这些发展问题和困境需要各方主体的共同努力。特别是新业态的参与者要以行业的社会效应为导向，形成行业共同体，共同促进行业的健康发展，才能使各个主体获得长远的发展和利益。

其次，行业协会在很大程度上是行业共同体的重要推动者，因为行业协会可以超越个别市场主体的特殊利益，关注行业的社会效益和长远发展，并就此展开市场主体、政府监管部门、新闻媒体、社会大众之间的协调活动。在新业态发展初期，行业内部各个主体之间具有共同的利益，即都依赖于行业的社会认可和健康发展。在这个阶段，行业协会在打造行业共同体方面的作用尤其明显。需要提高警惕的是，随着行业的不断发展，行业协会有可能脱离打造行业共同体的目标，转而代表某个群体的利益，从而影响整个行业的健康发展。因此，为了行业的长远发展，行业协会本身也要进行相应的改革发展，更好地融合和协调各方利益，为政府提供更加合理的政策建议。

调 研 篇

Surveys and Field Studies

B.8
新兴电子竞技产业中的新职业状况

张劼颖*

摘　要： 随着电子竞技产业的兴起，电竞领域涌现了"电子竞技运营师"
"电子竞技员"两大类新职业。电子竞技员当中，除了职业选手
外，还出现了"游戏陪练师""代练师"等新职业。电子竞技运
营师涉及俱乐部运营管理、赛事运营管理、文娱内容制作等多种
职业角色。在这些新职业当中，既需要针对具体岗位的专业技
能，又需要对电子竞技本身有不同程度的了解。电子竞技员、陪
练师、代练师则需要专业化的游戏技能。作为职业选手的电子竞
技员一般由俱乐部组织管理，陪练师、代练师则由工作室或平台
组织。年轻人占比大、受教育程度较低、收入水平较高、工作时
长较长、男性居多，是目前该领域从业者的显著特点。随着产业
的完善和成熟，当前需要的是电竞行业的进一步专业化和职业
化，以及规范化发展。

---

* 张劼颖，中国社会科学院社会学研究所助理研究员，主要研究方向为环境人类学、科技社会学。

关键词： 电子竞技　电子竞技员　电子竞技运营师

近年来，电子竞技作为新兴产业持续稳步发展。虽然基于电子游戏，但是电竞的内涵与形式都已远超个人电子游戏的范畴。作为一种基于虚拟游戏的娱乐活动，其竞技比赛是否属于体育运动曾有争议。2003 年，国家体育总局正式批准，将电子竞技列为第 99 个正式体育竞赛项目。2008 年，国家体育总局将电子竞技改批为第 78 个正式体育竞赛项目。2015 年，国家体育总局颁布《电子竞技赛事管理暂行规定》，2016 年则发布《体育产业发展"十三五"规划》，推动电子竞技作为运动项目的发展和规范。2018 年，电子竞技成为第 18 届雅加达亚运会的表演赛项目。参加比赛的电竞队伍的管理办法与一般体育运动员的管理并无二致，赢得奖牌所获"为国争光"之荣誉感也与普通体育相似。本文将电子竞技界定为：一种以电子游戏为平台、以电子设备为设施，有明确规则的对抗性竞技活动；其职业比赛作为一项职业性竞技运动，由职业选手参与，具有正式组织的赛事，如联赛或锦标赛，并有着明确的竞赛目标，如奖金或名次。电子竞技的赛事及职业选手的组织管理模式与传统体育大同小异。

随着我国围绕电子竞技赛事的产业生态初现规模，电竞用户数量甚巨。以"王者荣耀"的 KPL 联赛为例，每年赛事分为春季赛和秋季赛，2019年，仅春季赛就有 118 场比赛，全年赛事内容总观看量达到了 440 亿人次，其中，官方职业赛事内容观看量达到了 240 亿人次。[①] 2019 年，我国电子竞技用户总数就超过 4 亿。[②] 电竞是一项深受青少年喜爱的活动，19~22 岁的

---

① 数据来源为访谈资料（访谈时间 2020 年 10 月 13 日），下文数据如未注明出处，则均来自访谈所得资料。

② 艾瑞咨询：《2020 年中国电竞行业研究报告》，电子竞技用户指有以下一项或多项行为的用户：①半年内至少观看过或参与过一次狭义电子竞技游戏赛事（包括职业和非职业赛事）；②每周频繁地玩狭义电子竞技游戏或观看电子竞技游戏直播。

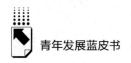

用户占比近 40%。① 在全球各地，35 岁以下的年轻人都以绝对优势的占比构成了电子竞技的主要受众，例如，全球最流行的电竞项目之一"英雄联盟"，其 35 岁以下的受众在美国、德国、中国的占比分别为 89%、91% 和 83%。②

　　电子竞技虽然尚未受到社会各界的广泛认可以及学术研究的充分关注，但是已经成为青少年的重要文娱活动，甚至是择业、就业的一项选择。在 2016 年，教育部设立"电子竞技运动与管理"专业，将其正式纳入高等教育。同年，发改委发布"关于印发促进消费带动转型升级行动方案的通知"，提出"开展电子竞技游戏游艺赛事活动"，鼓励开展电竞赛事。2018 年，国务院办公厅发布《完善促进消费体制机制实施方案（2018—2020 年）》，提出建立网络游戏的设备和内容的规范。2019 年，"电子竞技员"和"电子竞技运营师"则成为我国人力资源和社会保障部（以下简称"人社部"）确认的新职业。

　　本报告资料来源分为三个部分，第一个部分为公开资料，如政府的政策文件、公开的市场调查报告，以及各电竞项目联赛、联盟、俱乐部发布的官方资料。第二部分为平台企业、电竞联盟提供的相关数据。第三个部分为访谈资料，访谈对象为电竞领域相关从业者，包括联盟主席、俱乐部经理、电竞受众等人士。

一　新兴的电竞赛事与俱乐部组织

　　电竞赛事的举办依托于一个完整的产业链：游戏公司开发，赛事运营商承办，俱乐部参与，视频平台播出。核心产业链之外，还有一系列周边产业，例如实体电竞园区、场馆、体验馆，电竞教育、培训服务，周边产品零

① 艾瑞咨询：《2020 年中国电竞行业研究报告》，http://report.iresearch.cn/report/202004/3573.shtml，最后访问日期：2020 年 12 月 4 日。

② 尼尔森：《2019 电竞营销品牌研究报告》，http://www.199it.com/archives/891497.html，最后访问日期：2020 年 12 月 4 日。

售，游戏陪练、代练产业，等等。核心的产业链加上周边产业，形成了一个不断发展的"电竞生态"。电竞主要的呈现和组织形式为不同规模、类型、项目的电竞赛事，而电竞选手主要通过俱乐部组织参加赛事。

职业电竞选手隶属于俱乐部组织。不同的职业俱乐部组成了一个电竞项目的联盟。职业联盟对俱乐部、选手进行职业化管理，也对电竞活动进行规范。具体的组织模式因联盟而异。以电竞项目"王者荣耀"的KPL联赛及其联盟为例。2016年下半年开始，KPL举办第一届职业联赛，有12支来自不同俱乐部的队伍参赛。联赛最初采用升降级的模式，即领先队伍获得资格争夺冠亚军，战绩落后则会被降级。到2020年，KPL有了16支顶级俱乐部，比赛的赛制也调整为固定席位制，即不再采用升降级制度，无论成绩如何，均有参赛资格。通过对"英超""西甲"等足球职业联赛模式不同程度的借鉴，"王者荣耀"逐渐建立了一套完善成熟的联赛生态。除了顶级的16支队伍外，KPL下游还有KGL甲级职业联赛（以下简称"K甲"，与KPL的关系类似足球的"中甲"之于"中超"）和地域性的大众联赛（如华中、华南、华北联赛）。小队伍通过大众赛事的锻炼，逐渐孵化为优质的队伍，可以通过"K甲"升降级通道获得赛事席位。

表1可见我国几个较有代表性的游戏和赛事。流行的赛事参与俱乐部众多，例如，英雄联盟的联赛LPL与王者荣耀KPL，均有16支队伍参赛，而DotA 2的CDA联盟则有8支队伍。除了参赛的顶级队伍之外，还有众多中小型乃至草根队伍和俱乐部，数量甚巨。有媒体估计，2018年我国正在运营的电竞战队超过了5000支。[①] 根据KPL联盟负责人介绍，现阶段有许多处于尝试和孵化阶段的草根俱乐部，即使是联盟也难以统计，不过，现在大众赛事的参赛人数超过几百万人，据此估计，小型俱乐部至少上百家。限于篇幅，在下文中，仅举该项目知名度或战绩较高的2~3支战队及其所隶属的俱乐部为例。

---

① 《电竞"火"与变现"难"：俱乐部商业突围》，http://www.xinhuanet.com/2019-11/29/c_1125287407.htm，最后访问日期：2020年12月4日。

表1　代表性的电子竞技项目及赛事

游戏项目	类型	顶级职业赛事	战队/隶属俱乐部/所在地
王者荣耀	MOBA	KPL	DYG/DYG电子竞技俱乐部/上海 KS. YTG/YTG电竞俱乐部/杭州 RW侠/RW电子竞技俱乐部/成都
英雄联盟	MOBA	LPL	OMG/OMG电子竞技俱乐部/成都 IG/IG电子竞技俱乐部/北京 FPX/趣加电子竞技俱乐部/重庆
DotA 2	MOBA	CDA	IG/IG电子竞技俱乐部/北京 VG/VG电子竞技俱乐部/北京 RNG/皇族电子竞技俱乐部/上海
绝地求生	FPS	PCPIS2中国职业邀请赛	4AM/4AM电子竞技俱乐部/线上主场 OMG/OMG电子竞技俱乐部/成都
穿越火线	FPS	CFPL冠军杯	AG/AG电子竞技俱乐部/成都 SV/SV电子竞技俱乐部/苏州(太仓)
和平精英	FPS	PEL和平精英职业联赛	NV-XQF/天霸电子竞技俱乐部/线上主场 ELG/ELG精英电竞俱乐部/石家庄

注：MOBA，指多人在线战术竞技游戏。FPS，指第一人称射击游戏。

俱乐部一般可划分为职业俱乐部和非职业俱乐部。如果按照业务划分，还可以分为单一业务俱乐部，即经营一种游戏项目战队的俱乐部，和多业务俱乐部，即有着不同游戏项目的多个战队，例如，表1"皇族电子竞技俱乐部"，本为老牌英雄联盟战队俱乐部，现拥有英雄联盟、DotA 2、王者荣耀、和平精英、炉石传说等多个游戏分部。各电竞俱乐部分布在不同的城市。电竞的地域化发展，包括俱乐部落地城市、城市主客场制，也是电竞效仿传统体育的一种方式。电竞的地域化方式是多样的，包括俱乐部落地城市在场地、人员引进方面的扶持政策，电竞赛事与地方文旅的结合发展，以及与广电、传统体育产业的结合。在落地城市，电竞产业可以辐射上下游行业，给当地带来就业机会。带动的行业包括内容传播、视频制作、广电、旅游；周边产业如俱乐部周边产品、队服、吉祥物的设计、制作、销售，以及电竞主题咖啡厅、酒店等与其联动的周边产业发展。

根据《2019 电竞城市发展指数》，我国电竞发展排名前五的城市依次为上海、北京、重庆、成都、西安。此外，杭州、武汉、南京、太仓、广州、佛山等城市，都有电竞落地的发展项目，对电竞产业均有重要的政策支持。例如，被戏称为"电竞宇宙中心"的上海，2017 年，上海市委、市政府就印发《关于加快本市文化创意产业创新发展的若干意见》，指出将上海建设成为全球电竞之都。2019 年，又出台《促进电子竞技产业健康发展 20 条意见》，提出举办上海电竞周、全球电竞大会、高端论坛，力争 3~5 年内，建成"全球电竞之都"。同年，广州发布《广州市促进电竞产业发展三年行动方案（2019-2012 年）》，提出要建成"中国电竞产业之都"。而在政策扶持力度同样较大的西安，2018 年，印发了《西安市电竞游戏产业发展规划（2018—2021 年）》，另外发布了《西安曲江新区关于支持电竞游戏产业发展的若干政策》，提出设立电竞游戏产业发展基金，对承办电子竞技赛事给予补贴等。

二　电子竞技产业中的新职业群体及职业状况

电竞产业的兴起带来了一系列新的职业。2019 年，人社部发布《新职业——电子竞技运营师就业景气现状分析报告》《新职业——电子竞技员就业景气现状分析报告》，设立"电子竞技运营师"与"电子竞技员"为正式的新职业。"电子竞技员"当中，除了职业选手外，还涌现出了"游戏陪练师""游戏代练师"等新职业。电子竞技运营师当中，又包括了俱乐部运营管理、赛事运营管理、文娱内容制作等多种职业角色。年龄结构较轻、受教育程度较低、收入水平高于当地平均水平、工作时长较长、男性居多，是目前该领域从业者的显著特点。不同职业存在不同程度的劳动力空缺。根据统计，截至 2018 年底，我国电竞生态从业人数超过 7 万人，但仅有 26% 的岗位出现人力饱和，尚存 15 万劳动力缺口；据估算，2019 年从业劳动力需求达到 33 万人以上。[①]

电竞领域涌现的新职业既需要专业能力，又需要行业知识；既需要针对

---

① 腾讯电竞、超竞教育等：《2019 年度中国电竞人才发展报告》，http://www. 199it. com/archives/884390. html，最后访问日期：2020 年 12 月 4 日。

某个岗位的专业技能，也需要对电子游戏、电子竞技、电竞产业有不同程度的了解和掌握。从工作内容的角度看，电竞领域的工作包括传统工种在这个领域的就业，也包括与游戏本身更为相关的新职业。传统工种包括与内容制作传播相关的导播、摄影，以及俱乐部运营相关的管理、营销、公关等工作。这些工作所需的技能与在其他领域并无本质不同，但是如果要胜任在电竞领域的工作，还需要对游戏、电竞具备一定程度的理解。与游戏更相关的职业，例如，职业电子竞技选手、战队教练、赛事裁判、助教和陪练、电竞数据分析师等，需要有专业的游戏技能并对游戏有较高水平的理解。

（一）电子竞技运营师的特征及职业状况

1. 电子竞技运营师的定义及基本特征

人社部将电子竞技运营师职业定义为，"在电竞产业从事活动组织及内容运营的人员"。电竞运营师的工作主要分为俱乐部工作与赛事侧工作两个范畴，其具体工作包括赛事、活动的策划与组织管理、宣传推广、营销运营、合作招商、公共关系、内容制作等。这些职业所需求的技能和传统行业相通。不过，一方面，在新兴产业当中工作，需要一定的创造性；另一方面，不同的岗位需要对电子游戏有不同程度的了解。当前电子竞技运营师人才稀缺，但是，与电竞行业"缺人"现象并存的是"招人难"的困境。

根据人社部报告，当前从业的电竞运营师的显著特征是年龄结构年轻、受教育水平偏低，但收入水平较高。在这个报告调查的电竞运营师当中，有88%的从业人员年龄在30岁以下，受教育程度主要是大专学历（38%）和高中或中专学历（34%）；而收入水平普遍高于当地平均水平，甚至达到1~3倍。根据针对电竞从业者的调查，有43.45%的受访者在过去一年中工资上涨；虽然薪酬水平较高、工作时间也较长，电竞从业者平均每周工作时间超过40小时的占74.45%，甚至有15.5%的受访者每周工作时间超过60小时。①

---

① 腾讯电竞、超竞教育等：《2019年度中国电竞人才发展报告》，http://www.199it.com/archives/884390.html，最后访问日期：2020年12月4日。

2. 电子竞技运营师的职业状况

"电子竞技运营师"的工作包括两个部分：第一是俱乐部的工作，可分为两类职业角色：运营和赛训。运营部分包括俱乐部的总经理、财务、法务、人事、商务、品牌、设计、宣发等岗位。而电子竞技属性更强的是赛训的部分，一般包括主教练、助理教练、青训教练、赛训总监、数据分析师、康复师、心理辅导、领队等。其中赛训总监负责招募教练、寻找合适的选手试训。而领队则负责项目和队员的统筹管理，对接通告、协调时间。数据分析师对比赛的内容，包括在比赛进程中选手的行动、战局的变化进行分析，以供教练和选手基于分析制定最优化的比赛策略和战术、训练方案。一般俱乐部不一定长期配备以上所有职业角色，具体的人员设置因俱乐部而异。此外，现实运作中一些优秀的管理人员可能身兼数职。

第二是赛事侧工作，赛事侧同样有品牌、市场、宣发、媒介、用户研究等岗位；而在转播方面也有赛事制作人、总导演、摄像、舞台、灯光、OB位（切换镜头的导演）、导播、解说等。这些岗位需求的专业技能与其他领域的技能大致相同。依据其与电竞本身的相关程度，不同程度地需要一些特殊的能力或经验，即行业技能。不同岗位对专业技能与行业技能的要求各不相同，如在电竞赛事中，对摄像、灯光等岗位，其他体育赛事的经验就可以直接应用过来，但有一些核心的岗位，如导播、OB位，需要向观众呈现电竞比赛的魅力，这就要求了解游戏本身运行的规则和逻辑，理解比赛的进程和精彩之处。正如从业人员所介绍的，"导播要切换到观众想看的画面，这就像足球比赛，进球时不能拍到后场"（访谈资料 20200918）。解说对于电竞知识的要求就更高，如一位职业解说所言，"直播是一件很可怕的事情，它不允许主播犯错，而且还要给观众们源源不断的信息，这是一件挺难的事情……不仅要懂数据这么简单，还要有足够的知识积累"。[1]

电子竞技运营师来源因岗位而异。根据从业者介绍，大部分电竞管理工作者从其他领域转行而来，大多出身传统体育领域，或者是曾经在游戏、广

---

[1] 张小平：《腾讯电竞：抵达梦想的另一种道路》，机械工业出版社，2020。

告、媒体等领域供职。在电竞这个新领域，用从业者的话说，他们就像是"拓荒者"，这就要求他们在工作中有更强的学习能力、想象力和创造性，"就像开荒一样……需要很强的学习能力、很好的想象力"（访谈资料20200918）。与赛事更为相关的职业角色，如教练和裁判，大多是曾经的电竞选手或资深玩家，退役后转入赛训辅助职位。不过，退役前后从事的游戏项目不一定相同，转换项目虽有门槛，但仍是可实现的。赛事解说员的来源则分两个大类，一类是退役选手，另一类是播音主持专业出身的专业解说人员。

人社部调查报告指出，当前电子竞技运营师人才稀缺，就业前景广阔，市场需求量激增，目前只有不到15%的电子竞技管理和电子竞技员岗位处于人力饱和的状态，预测未来五年，市场公关类、内容制作类和赛事支持类，三大类人才缺口明显。就具体岗位而言，电子竞技员人才需求量近200万人。目前行业最急缺人才的岗位包括俱乐部运营、赛事运营、赛事编导、解说、裁判以及数据分析师这六大类。[①] 此外，文化创意和内容制作方面的人才，以及针对电竞行业的法务、财务和心理辅导专业人才也很缺乏。

根据对从业者的访谈，与电竞行业"缺人"现象并存的是"招人难"的困境。目前电竞行业吸引的，大多是对电竞或者游戏本有兴趣的群体，其就业动机多出于对游戏的热爱，但未必是具备专业性的人才。特别是，对于电子竞技运营师而言，目前缺乏的是教育水平、职业技能、个人能力与职位最为匹配的人才。以数据分析师为例，根据从业者介绍，目前从事数据分析师的多是选手退役转型而来，或者是出于爱好自学成才的玩家，掌握统计工具和数据分析专业技能的人才凤毛麟角。

目前电子竞技已被正式纳入高等教育。2016年9月，教育部颁布《关于做好2017年高等职业学校拟招生专业申报工作的通知》，将"电子竞技运动与管理"作为全国《普通高等学校高等职业教育（专科）专业目录》中2016年增补专业，2017年正式执行。截至2020年，我国开设本科类电

---

① 邱基堂：《电竞新职业教育的思考和探索》，https：//www.sohu.com/a/318866889_114778，最后访问日期：2020年12月4日。

竞专业的有中国传媒大学、四川电影电视学院等 6 所大学。开设电子竞技运动与管理专业的专科院校有 131 所，开设专业方向 139 个。大学开设电竞专业，帮助吸引更多受教育水平较高的人才进入电竞领域。不过，大学电竞教育的实际效果，例如专业设置、课程内容、培养方案是否能够满足电竞产业的人才需求，还有待观察和检验。

（二）电子竞技员的特征及职业状况

1. 电子竞技员的定义及基本特征

人社部将"电子竞技员"定义为，"从事不同类型电子竞技项目比赛、陪练、体验及活动表演的人员"，其工作内容包括参加电竞的训练、比赛、表演；收集、分析、研究比赛的内容和数据，并做出游戏的策划和设计。电竞和作为娱乐的游戏不同，选手类似于传统体育的运动员，需要持续、封闭的训练以及比赛。电子竞技员赛训强度较大，收入较高，但职业生涯较短。电子竞技员一般隶属于俱乐部，俱乐部既是训练、比赛的单位，也是选手生活的单位。

人社部报告指出，目前我国正在运营的电子竞技战队（含俱乐部）超过 5000 家，电子竞技员的整体从业规模超过 50 万人，其中包括职业选手约 10 万人，此外还有大量半职业以及业余选手，还包括教练、陪练、数据分析等相关工作人员。电子竞技员同样存在年龄较低、教育水平不高的特征。人社部报告显示，80% 的从业人员年龄在 30 岁以下，主要是高中或中专学历，占比为 46%，其次是大专学历，占比为 38%。

"电子竞技员"最重要的职业技能即游戏技能。电竞迥异于作为休闲娱乐的电子游戏。职业选手的游戏技能需要从数以亿计的普通玩家中脱颖而出。此外，还需要持续的、高强度的训练，加上对战略战术的研习，以及对游戏的精专的、持续的研究。而当电竞成为职业，打游戏成为一种劳动，职业选手的劳动方式、强度、内容和普通玩家也大为不同。由于电竞对注意力、反应力、肢体微操控的速度要求极高，加之要进行高强度、快节奏的训练和比赛，职业选手年龄通常在 16～25 岁。而致力于电竞的爱好者可能在更年轻的时候就进入了兼职代练或比赛的生涯。以 LPL（英雄联盟职业联赛）电竞选手为例，职业选手平均年龄为 20.8 岁，仅有 3 名选手超过 25 岁，年龄最小的仅 15 岁。[①]

2.电子竞技员的职业状况

作为职业选手的"电子竞技员"，其劳动就业模式既与传统体育运动员类似，又有特异之处。电竞选手和教练的来源有别于传统体育，后者有完整的、基于体校的选拔体系，而电竞的选拔模式是社会招募。一般而言，游戏技能脱颖而出者首先参与一般联赛、选秀大会等，优异者被吸纳进入"青训营"或其他训练营，随后接受教练的选择，进入俱乐部试训，试训成功后被俱乐部选拔进入"二队"，表现优异、发挥稳定的选手通过正选，成为"大名单队员"。俱乐部也会主动联络一些游戏当中排名较高的玩家。选手和俱乐部为雇佣关系，一旦成为职业选手，会和俱乐部签署正式的劳动合同及经纪合约。

电竞选手的收入包括底薪、奖金和其他商业收入，如直播、代言等。电竞选手之间收入差异较大。收入水平主要取决于年龄、成绩、受观众喜爱度、排名等因素；以 LPL 为例，2020 年，参加顶级赛事的职业选手平均年收入可达 11 万~12 万美元，明星选手年收入为 70 万美元。[②] 顶级职业选手年收入达上千万元，转会费也高达上千万元。根据公开数据，全球奖金收入排名前 100 的电竞选手有 1/4 来自中国，游戏项目主要是 DotA 2；中国奖金收入最高的选手总收入为 2984982 美元；中国选手总奖金收入排名世界第二，仅次于排名第一的美国，人均收入则超过美国；在移动端游戏领域，中国选手则有绝对优势，奖金收入世界排名前 5 均为中国选手，其中第一名的收入为 465685 美元。[③] 虽然电子竞技员的收入水平内部差异较大，顶级、

① 马中红、刘泽宇：《"玩"出来的新职业——国内电子竞技职业发展考察》，《中国青年研究》2020 年第 11 期。
② 马中红、刘泽宇：《"玩"出来的新职业——国内电子竞技职业发展考察》，《中国青年研究》2020 年第 11 期。
③ 电子竞技收入排名，https://www.esportsearnings.com/players，最后访问日期：2020 年 12 月 4 日。

明星选手的收入并非一般选手可以比肩，不过，一旦成为职业选手，工资收入一般高于当地同年龄、学历者的平均水平。

电竞和传统体育一样，对职业选手采取封闭式训练。长时间的、持续的封闭式训练，加上密集的、周期性的比赛安排，决定了俱乐部既是选手的工作单位，同时又是生活单位。俱乐部一般统一安排选手的食宿、生活甚至闲暇活动。一种常见的模式是俱乐部租赁一套别墅，选手生活、训练被统一安排在别墅内或附近。职业电竞选手每天的赛训时间通常为 10~12 个小时。即使与传统体育相比，训练时间仍属较长。由于公开比赛的时间安排是固定的，各个俱乐部作息大体相当，只有具体规定的些微差别，例如起床、休息时间。以上海某俱乐部作息时间为例，见表 2。

表 2　上海某俱乐部每日安排

时间	活动
10:00	起床
10:30	锻炼身体、考试、学习
12:00	午饭
13:00	热手练习
14:00	训练赛一
16:00	训练赛二
19:00	训练赛三
21:00	训练赛四
22:30	巅峰赛
1:00	休息

资料来源：作者访谈。

除了长时间的、较为枯燥的封闭训练之外，电竞选手还面临职业伤病、高度竞争、持续不断的成绩排名压力等挑战。此外，由于电竞运动的特性，电竞选手的职业生命相对短暂，一般少于 10 年。这是因为：首先，电竞对于大脑、身体能力的要求较高，赛训强度较大，职业伤病较多，选手 25 岁左右退役比较常见。其次，以电子游戏为载体的电竞还存在游戏本身生命周

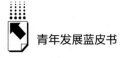

期有限、项目更新换代的问题。可以说，游戏的版本更新就是对选手适应力的一大考验。目前而言，选手退役后仍然不难在电竞产业生态中找到就业空间，例如，转而从事教练、赛事解说、直播等工作，其中知名度高、有"粉丝"基础的选手，甚至可以进入娱乐业。

电竞是一个脱胎于电子游戏的职业运动，电竞选手的职业教育必不可少。根据从业者介绍，职业教育的首要目标是重新塑造选手的认知，"需要选手和运动员认识到，现在从事的是一个职业，不是随便玩玩而已，热爱之外还要有目标、有敬畏之情"（访谈资料 20200918）。此外，电竞选手还面临着巨大的压力和挑战。一方面，一旦成为顶级选手、明星选手，除了获得高额收入外，选手自身还会成为瞩目的焦点、"粉丝"追逐的对象。对于年轻的选手，这既是突如其来的嘉赏，也是考验。另一方面，作为公开比赛的选手，乃至公众人物，还可能承受巨大的舆论压力甚至是网络暴力。要培养选手面对巨大的变化和冲击的良好心态素质，需要贯穿其职业生涯的、全面的教育、关怀和引导。电竞选手的配套教育与管理模式仍在探索当中。由于电竞选手无法像传统体育运动员一样在体校接受配套文化素质和职业教育，目前配套教育通常由联盟和俱乐部进行。例如，目前，KPL 联盟逐渐认识到年轻的电竞选手在配套教育方面的缺失，尝试对选手的职业素养和体育精神进行培养，内容包括公平竞技、赛场纪律、精神面貌等，还包括爱国主义教育。

当前，针对电子竞技员的职业化，我国多地已经试行电竞选手注册管理办法，试图将其纳入运动员管理系统。一些城市陆续出台相关的管理政策，尝试对电竞运动员的职业身份作出规范。例如，2018 年，上海市电子竞技运动协会在市体育局法规处的指导下，推出《上海市电子竞技运动员注册管理办法（试行）》（以下简称《办法》），成为全国第一个实施电竞运动员注册的城市。在运动员权益方面，《办法》规定，运动员可获得协会运动员证书、获得协会组队的选拔资格和保障、出国出访相关证明、成长阶段的表彰奖励，以及各类学习、培训、社会公益活动参与机会等。紧随其后，四川省电子竞技运动协会在四川省体育局的支持下，也发布了《四川省电子竞技运动员注册管理办法（修订版）》，规定年满 18 周岁的运动员可在户籍所在地或常住地的省级体育主管部门申报注册。随后，针对运动员、教练员和裁判员三类角色的管理，四川省电子竞技运动协会分别发布《四川省电子竞技运动员注册与交流管理办法》《四川省电子竞技裁判员管理办法》《四川省电子竞技教练员培训管理办法》。《四川省电子竞技运动项目认定标准》则对电竞运动的项目作出官方分类。此外，湖北、内蒙古等地都相继出台竞技运动员注册管理办法。2020年，海南省的《海南自由贸易港高层次人才分类标准（2020）》及配套文件《海南自由贸易港高层次人才认定办法》将电竞人才纳入社会认可标准规定的五类体育专业人才之一。这些政策的出台意味着电子竞技运动员作为一种职业开始得到认同并被纳入管理体系。

（三）电子游戏陪练师、代练师的特征及职业状况

1. 电子游戏陪练师、代练师的定义及基本特征

2019年，我国人力资源和社会保障部职业技能鉴定中心发布了《关于拟发布新职业的公示通告》，将"从事电子竞技项目陪练的电子竞技员"列为待发布的新职业之一。2019年，中国国家标准化管理委员会（以下简称"中标委"）发布了《中国电子竞技陪练师标准》的公告。2020年，中标委发布了《中国电子竞技游戏代练师标准》的公告，从业者可以通过认定平台进行考核，通过者可被授予"游戏代练师"的官方职业技能认定。

电子游戏陪练师、代练师也是职业电子游戏玩家，以打游戏为全职或兼职工作，通过为客户服务获取薪酬收入。代练人员在电子游戏中代替客户完成游戏任务、实现游戏目标、角色升级等事项，并获得相应的劳动报酬。陪练则陪伴玩家进行游戏，以帮助玩家实现游戏目标、改善游戏体验、提升游戏技能等。陪练、代练师的门槛较之职业选手更低，工作时间、地点、方式都更为灵活，对于大量游戏爱好者而言是有吸引力的工作。陪练员的主力为20~30岁的年轻人，其中20~25岁占一半以上。[①] 有研究指出，游戏代练者

---

① 游戏研究社：《数据下的"陪玩"行业》，http：//web. anyv. net/index. php/article – 4008606 20201120，最后访问日期：2020年12月4日。

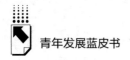
基本来自农村或乡镇，主要由 30 岁以下的青年构成，其学历多是初中或高中；"年龄小""喜欢打游戏""学历低""没有责任心"是工作室组织者眼中代练者最常见的形象。①

2. 电子游戏陪练师、代练师的职业状况

根据市场调查报告，2017 年我国游戏陪玩市场规模为 1.82 亿元，2018年达到 4 亿元。② 根据最大的陪练平台"比心"App 发布的数据，③ 我国陪练客户主要分布在各大城市，用户规模最大的城市依次为上海、北京、深圳、杭州、广州。而根据不完全统计，陪练、代练商家则更多地分布在三四线城市，乃至县城、乡镇，商家分布最多的省份包括黑龙江、陕西、湖北、广东、安徽、江苏。④

陪练、代练员既有全职也有兼职工作。既有个人接单的方式，也有代练工作室组织工作。代练工作室的规模从几人到几十人不等。个人接单的渠道为代练群、网站、游戏中、贴吧、网络店铺、直播平台等。从 2015年开始，专业的陪玩、代练 App 兴起，更多的服务通过此类 App 交易完成。平台对每一单服务酬劳进行抽成，比例一般在 10%～20%。陪练、代练的报酬则因游戏、服务、平台、陪练代练员的等级技术等多个因素而异，一般而言，"王者荣耀"的费用为 5～10 元/局（一般一局 15 分钟左右），"英雄联盟"为 25～40 元/小时（一般一局 40 分钟左右）。如果陪练结合直播，还需要为直播支付额外的礼物费用。陪练、代练员的实际月收入取决于工作时长。资深从业者基于个人经验估算，以"英雄联盟"游戏为例，层级较低的代练每个月收入为 2000～3000 元，中高级为 4500～

① 胡冯彬：《边缘的游弋：中国网络游戏代练者的日常生活实践》，《新闻记者》2020 年第7 期。

② 智研咨询：《2019－2025 年中国游戏陪玩行业市场深度调研及投资战略分析报告》，https：//www. chyxx. com/industry/202002/831860. html，最后访问日期：2020 年 12 月 4 日。

③ 游戏研究社：《数据下的"陪玩"行业》，http：//web. anyv. net/index. php/article－400860620201120，最后访问日期：2020 年 12 月 4 日。

④ 界面：《游戏业"灰色地带"的代练产业：从 C2C 到 B2C，再到日近千万出口海外》，http：//finance. sina. com. cn/chanjing/cyxw/2017－03－22/doc－ifycnikk1504731. shtml 20201120，最后访问日期：2020 年 12 月 4 日。

9000元，高端代练则每月上万元。[①]

工作室雇佣的全职代练人员与职业选手类似，也是工作和生活合二为一，吃住均在工作室，同样面临高强度、长时间的工作。全职代练员一般根据游戏进程完成相应的工作，每天工作时长可达十几个小时。与选手不同的是，代练者工作时不以提高游戏技能为主要目的，而是为客户提供相应的服务。有一些优异的代练人员可能脱颖而出，成为职业选手。还有的陪练和直播业务结合起来，兼任游戏主播，在陪玩中进行直播，以获取更多的打赏金额和点单量。不过，陪练、代练人员表面上看起来灵活就业，实际上也面临着工作时间过长、就业不稳定、非正式就业、职业身份得不到认可、被欠薪及其他劳动权益得不到保障等问题。

三　电子竞技新职业面临的挑战与对策建议

近年来，我国电子竞技产业稳步发展，产生了成熟、稳定的多项职业联赛，基于此，各项职业联赛开始拥有职业的比赛队伍和固定的观众群。随着电子竞技产业的发展，包括产业的完善、赛事的成熟、俱乐部的增长，对于年轻人而言，新的职业、工作机会也应运而生。特别是，伴随着全国各城市发布电竞落地发展计划，多个岗位都存在不同程度的人才空缺。不过，电竞产业方兴未艾，虽然有传统体育和文娱行业可供借鉴，但仍然面临一系列的问题和挑战。总体而言，电子竞技产业仍需在不断探索的基础上进一步规范化发展，行业中的新职业仍需进一步职业化。

首先，电竞行业尚处于发展的初期，行业运行的规范、标准仍在探索和建立的过程当中，相应的法律、规则仍不健全。特别是代练和陪练领域，其从业者灵活分散，加之新平台不断涌现，存在一定的违规甚至违法行为。因此，行业亟待规范管理。一方面，需要进一步健全针对性的法律法规，并予

[①] 《成为一名英雄联盟的代练的生活是怎样的?》，https://www.zhihu.com/question/28159770/answer/39808639 20201120，最后访问日期：2020年12月4日。

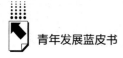

以适当的引导和监管。另一方面，需要进一步制订和完善行业规范和行业标准，做到具体问题有章可循。

其次，人才供给不足导致了赛事和俱乐部运营管理的专业化程度不高、不规范。例如俱乐部在法务、财务方面的不专业导致不规范运作乃至纠纷。电竞在发展之初，吸引了大量热爱电竞的青年加入。新兴电竞产业要走向正常化、规范化，相关从业者的专业化和职业化必不可少。需要从业者实现从"爱好者"到"专业人士"的转化。这就需要更多具备更高职业技能的专业人才加入。专业人才不一定是游戏爱好者，但是进入电竞领域仍然需要一定的知识准备。要吸引更多的传统行业专业人才加入，这就需要一方面打通行业壁垒，使得其他行业的人才可以更为顺畅地加入电竞领域；另一方面，鼓励大专院校、社会教育机构，为相关人才提供相应的电竞职业教育。

再次，电子竞技员的管理也因其特异性而面临挑战。电子竞技员普遍年轻、受教育程度偏低、赛训艰苦且伴随着职业伤病的困扰、职业生涯短暂，这就对电子竞技员的规范管理、人才培养、职业规划、权益保障提出了较大的挑战。此外，电竞选手一旦成为顶级、明星选手，则备受关注，被青少年视为偶像追捧，对于青少年具有示范作用。电竞选手乃至整个行业要更健康地发展，就需要进一步完善对于选手全面的教育方案和长远的职业规划。在联盟和俱乐部层次，需要效仿传统体育运动员的训练体系，进一步推进道德品质教育、知识文化教育、综合能力培训、体能训练等，对选手展开全职业生涯的教育和引导。

最后，电子游戏可能导致青少年的过度沉迷，长远来看，既不利于青少年个体的身心健康，也不利于我国提高总体人口素质。电子竞技不同于作为娱乐的电子游戏。但是，在电竞文化日益流行的环境下，青少年可能难以分辨其区别，在无法理性考量的情况下盲目追捧、入行。为了预防这样的问题，电子竞技员的"职业化"要尽快继续完善。需要通过电子竞技员的进一步职业化，使得更多青少年认识到，这是一个有门槛的、正式的、长久的职业，它需要相应的专业技能和职业素养。而电子竞技产业整体也需要进一步专业化、规范化，才能够更为长远、健康地发展。

参考文献

胡冯彬:《边缘的游弋:中国网络游戏代练者的日常生活实践》,《新闻记者》2020年第 7 期。

马中红、刘泽宇:《"玩"出来的新职业——国内电子竞技职业发展考察》,《中国青年研究》2020 年第 11 期。

张小平:《腾讯电竞:抵达梦想的另一种道路》,机械工业出版社,2020。

中华人民共和国人力资源和社会保障部:《新职业——电子竞技员就业景气现状分析报告》,http://www.mohrss.gov.cn/SYrlzyhshbzb/dongtaixinwen/buneiyaowen/201906/t20190628_321882.html,最后访问日期:2021 年 4 月 28 日。

中华人民共和国人力资源和社会保障部:《新职业——电子竞技运营师就业景气现状分析报告》,http://www.mohrss.gov.cn/SYrlzyhshbzb/dongtaixinwen/buneiyaowen/201907/t20190705_322555.html,最后访问日期:2021 年 4 月 28 日。

B.9
青年网络主播职业发展调查报告

高文珺 *

摘　要： 本研究通过对 18~45 岁青年网络主播的调查，分析青年网络主播的职业特征和职业心理。结果发现：（1）职业特点方面，青年网络主播全职率较高，工作具有一定强度，收入中等，社会保障有待完善。（2）职业满意度和认同方面，青年网络主播的工作满意度较高，主要的政策需求是希望主播职业规范化，能获得更多技能培训。对自己的职业比较认同，对未来阶层提升比较乐观。（3）职业发展方面，青年主播对整体的主播职业发展前景看好，但对自身的职业发展前景缺乏信心，担心自己随年龄增长被取代，收入上升空间小。但大部分人短期内还是打算继续从事网络主播的工作，做长期规划时，转行的人会有所增加。在上述研究结果基础上，本文提出三点建议：一是推动网络主播职业规范化，提高网络主播自律水平；二是协会-平台-公会三位一体，提供更多技能和规范培训，提升网络主播职业素养；三是拓展直播领域，延长网络主播职业周期。

关键词： 网络主播　青年　职业心理　职业发展

　　新传播媒介飞速发展，不仅在技术上实现了革新，并且从更深层面影响着人类的社会生活、文化形态和社会行为方式。伴随着互联网技术的发

---

　* 高文珺，中国社会科学院社会学研究所副研究员，中国社会科学院国情调查与大数据研究中心特邀研究员。

展，信息传播逐渐从单向传递走向了双向互动，可"读"可"写"的互联网技术让传统意义上被动的信息接收者和媒介消费者，都有机会在传播过程中变成主动的信息创造者、分享者和传播者，参与式文化随之发展起来。① 在参与式文化背景下，新的社会媒介不断涌现，也催生了一批新的职业群体，网络主播正是伴随着网络直播的蓬勃发展应运而生的新职业群体。本文将对青年网络主播的职业特征、职业心理和职业发展规划等一系列问题进行探讨。

一 网络主播群体的行业背景

（一）网络主播的职业化发展背景——中国网络直播发展的高速通道

2004~2012 年，一种"秀场"直播视频互动模式出现，在直播间内唱歌、跳舞、表演才艺的主播进入人们的视野之中。2013~2016 年，游戏直播强势崛起，直播行业快速发展，大量资本进入网络直播领域，游戏主播和秀场主播从业者开始增多。2016 年至今，随着网络直播在技术、内容和商业上的突破，特别是移动技术的应用，直播进入了移动直播时代。只需要一台手机、安装直播 App、符合法律法规，任何人在任何地方、任何时间，只要有网络就可以直播，人人都可以成为主播。直播的内容也不再局限于才艺或游戏，而是开始泛生活化，吃饭、逛街、运动、旅游、骑行、化妆、穿搭、购物、睡觉……几乎所有合法合规的内容都可以直播。在这一背景下，网络直播平台如雨后春笋般涌现，经过大浪淘沙后优胜劣汰，大量中小直播公司被洗牌出局，头部平台则凭借稳定的用户规模和运营模式，建立起差异化优势，直播行业逐步进入了理性、稳定发展时期。

根据中国互联网络信息中心（CNNIC）2018 年的报告，截至 2017 年

---

① 高文珺、何祎金、田丰：《网络直播：参与式文化与体验经济的媒介新景观》，电子工业出版社，2019；岳改玲：《新媒体时代的参与式文化研究》，武汉大学博士学位论文，2010。

末，我国开展或从事网络直播业务的公司较 2016 年末减少近百家，但同时网络直播市场整体营收规模较 2016 年增长近 40%。[①] 根据 2022 年 CNNIC 发布的报告，截至 2021 年 12 月，我国网络直播用户规模达到 7.03 亿个，多种形式的直播业态齐头并进。[②] 伴随着中国直播行业高速、稳定、理性的发展，越来越多人开始将网络主播作为一种职业选择。

（二）全民直播背景下的网络主播群体职业化

1. 网络直播的全民化与网络主播的职业化发展

在网络直播进入移动直播时代之后，参与者体现出了全民化的特点。在传统的电视直播领域，能够参与到直播现场中的人员，往往是专业媒体从业者或是具有一定知名度的人士。普通人要想进入这一领域，或是需要具备专业的媒体从业能力，或是要有符合直播节目需要的特定才能；否则，想要通过电视直播展现自己无疑具有一定难度。网络直播则为普通人提供了一个自我展示的传播渠道。网络直播的参与人员，无论是主播还是用户，几乎都没有身份（未成年人除外）或者是能力的限制。不管是普通民众还是名人明星，不管形象气质如何，不管学历高低，不管经济收入如何，不管是否具有某一方面的专业技能，只要人们想要让自己出现在直播镜头中，借助于各种移动端或 PC 端的网络直播平台，就能达到向观众展示自己的目的。主播作为网络直播的主要内容生产者，呈现多元化、专业与非专业并存的状态。

从媒体从业专业性角度讲，一方面，既有传统媒体的播音主持人，如专业体育解说、广播电台播音员进行直播；也有播音、表演、声乐等专业院校的师生加入主播行列之中。另一方面，网络直播的火热催生了互联网经纪公

---

① 中国互联网络信息中心：第 42 次《中国互联网络发展状况统计报告》，http：//www.cnnic. net. cn/hlwfzyj/hlwxzbg/hlwtjbg/201808/P020180820630889299840. pdf，最后访问日期：2021 年 6 月 12 日。

② 中国互联网络信息中心：第 47 次《中国互联网络发展状况统计报告》，http：//www.cnnic. net. cn/hlwfzyj/hlwxzbg/hlwtjbg/202102/P020220203114933787 15650. pdf，最后访问日期：2022 年 9 月 18 日。

司，各大直播平台的一定数量的签约主播构成了一个个组织，称为公会，或称为家族。从属于各大互联网经纪公司的主播一般都会经过专门的才艺或素质培训，具备一定的专业能力，体现出一定职业化特征。在非专业方面，很多网络主播都是普通民众，他们当中，有人具备一定才艺，希望展示出来被人欣赏，有人是某方面的"达人"，比如专业的游戏玩家、健身教练等，有人是想展示自己个性和品位，有人想分享自己的知识、获得肯定，有人只是为了聊天交友开直播，有人为了尝试新鲜事物接触直播，还有人是为了增加收入而直播。在这个全民直播的时代，白领、工人、学生、农民、自由职业者等大量普通用户加入了直播领域中，并逐渐将网络主播作为其主要职业。

2. 以青年为主力军的职业网络主播

根据《2018 主播职业报告》，主播群体以青年为主，其中，"90 后"占68.4%，"95 后"占 15.7%；而职业主播当中，"90 后"占比就达 72.5%。[①]《2019 主播职业报告》中的数据则表明，职业主播逐年递增，且以青年为主。具体而言，受访的 5000 多名主播中，33.4%为职业主播，2018 年这一比例为 31.0%，2017 年为 27.6%。"95 后"主播中 49.0%为职业主播，"90 后"主播中 38.3%为职业主播。[②] 这一结果表明青年也可能将网络主播作为其职业。

为此，本文对从事直播行业的青年网络主播进行调查，以勾勒出青年网络主播的职业特点，并针对青年网络主播的职业发展提出相关建议。本研究数据来源于全国新职业青年调查，该调查由中国社会科学院社会学研究所组织实施，调查对象是全国 18～45 岁的新职业青年，调查时间是 2020 年 10月。本研究选取了其中 45 岁以下的青年网络主播样本。由于本研究主要想了解青年网络主播职业化的特征，因此在抽样时，调查对象主要选择的是以

---

① 《〈2018 主播职业报告〉发布 21%职业主播月收入过万》，http://www.xinhuanet.com/info/2019-01/08/c_137725701.htm，最后访问日期：2021 年 6 月 12 日。

② 《〈2019 主播职业报告〉发布 33.6%的 95 后每天看直播超 2 小时》，https://www.chinanews.com/business/2020/01-08/9053918.shtml，最后访问日期：2021 年 6 月 12 日。

主播为主要职业的青年网络主播，在该群体内进行随机抽样，最后共获得有效问卷1103份。其中，女性746人，占67.6%；男性357人，占32.4%。年龄范围18～45岁，平均年龄27.35岁，"90后"占69.5%。大部分人（67.7%）处于未婚状态。这一取样与以往调查中显示的主播以女性居多、"90后"为主的结果相一致①。调查对象主要来自全国31个省、自治区和直辖市。调查对象具体情况参见表1。

表1　青年网络主播调查对象基本情况（N=1103）

属性	类别	人数（人）	百分比（%）
性别	男	357	32.4
	女	746	67.6
受教育程度	小学及以下	26	2.4
	初中	106	9.6
	高中/中专/职高/技校	253	22.9
	大专	291	26.4
	大学本科	388	35.2
	研究生及以上	39	3.5
年龄	70后	32	2.9
	80后	223	20.2
	90后	767	69.5
	00后	81	7.3
婚姻状况	未婚	747	67.7
	初婚有配偶	281	25.5
	再婚有配偶	22	2.0
	离婚	47	4.3
	丧偶	6	0.5

---

① 《〈2018主播职业报告〉发布　21%职业主播月收入过万》，http：//www. xinhuanet. com/info/2019-01/08/c_ 137725701. htm，最后访问日期：2021年6月12日；《〈2019主播职业报告〉发布　33.6%的95后每天看直播超2小时》，https：//www. chinanews. com/business/2020/01-08/9053918. shtml，最后访问日期：2021年6月12日。

二　青年网络主播的职业特点

（一）青年网络主播全职化情况和劳动关系特点

为调查主播职业化特征，本研究调查的都是以主播为主要职业的青年网络主播，受访的这些青年网络主播中，70.9%的人都表示目前将主播作为唯一的工作；29.1%的表示还有其他工作。在兼职其他工作的主播中，65.4%的有一份兼职，27.4%的有两份兼职，还有少部分人（7.2%）会有三份及以上的兼职。

受访网络主播合计有78.3%（见表2）都有签订工作合同，45.5%的与平台签约，20.9%的与现单位或雇主签约，11.9%的与人力服务商或第三方机构签约，根据前期访谈，这里的单位或第三方机构大部分为公会、演艺经纪公司或工作室。

表2　青年网络主播合同签订状况（N=1103）

单位：%

签约方	人数百分比
平台	45.5
人力服务商/第三方机构	11.9
现单位或雇主	20.9
没有签订合同	21.7

（二）青年网络主播的工作强度

在本研究的受访青年网络主播中，每周工作的天数平均为5.45天，每日的工作时长平均为6.27小时，具体的工作时长分布如图1和图2所示。总的来说，虽然网络直播相对其他职业来说，工作时间似乎更具弹性，但大部分网络主播（78.9%[①]）每周都会工作超过5天，近1/3的人（33.0%）

---

① 该数值为图1中选择工作5天、6天和7天的人数比例相加而得。

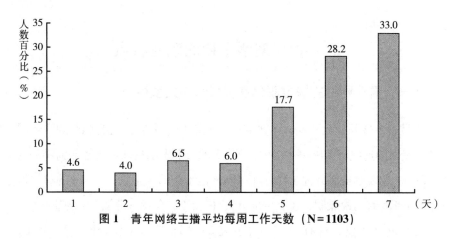

图 1　青年网络主播平均每周工作天数（N＝1103）

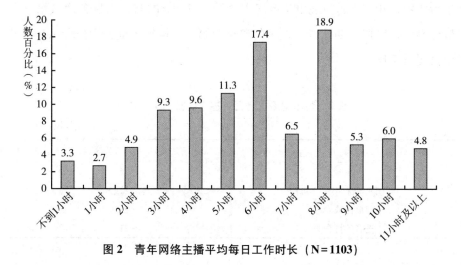

图 2　青年网络主播平均每日工作时长（N＝1103）

会 7 天都直播。每天的工作时长并不固定，超过四成的人（41.1%）工作时长在 5 个小时及以下，工作 6 个小时和 8 个小时的相对较多，有 16.1%表示每日工作时长在 9 个小时及以上。这一定程度上反映出直播的工作压力所在。根据前期对直播平台负责人、主播和公会负责人的访谈，由于竞争激烈、观众黏度低且流动性大，① 主播为了让观众不流失、吸引更多人关注，

① 高文珺、何祎金、田丰：《网络直播：参与式文化与体验经济的媒介新景观》，电子工业出版社，2019。

一方面要保持高频率直播状态，每天都直播并不少见；另一方面还要保证直播内容新颖、吸引人，为此，其工作时间并不限于直播时间，还要为设计和准备直播内容而花费不少时间。因此，网络主播的工作时长虽有一定灵活度，但也并不只是人们看到的两三个小时而已。

（三）青年网络主播的收入消费与社会保障

1. 青年网络主播的收入情况

受访青年网络主播 58.1% 通过主播工作获得报酬的一个重要形式就是按流量/收益提成，少部分人（15.3%）有固定工资（见图3）。进一步分析显示（见图4），调查中通过主播工作而月收入过万元的青年网络主播人数占比为 22.6%，大部分人（59.4%）的月收入在 6000 元以下，月收入在 2001~3999 元的占比最多，达到了 25.9%。整体来看，青年网络主播的收入并不是来源于稳定的薪金，按流量/收益提成是主要的收入源，收入多在中等水平。

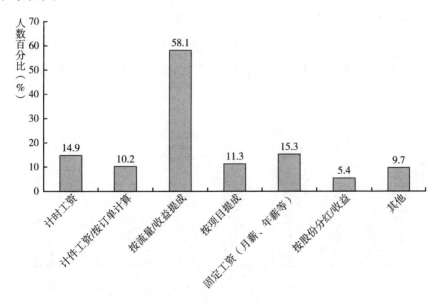

图3　青年网络主播收入计算方式（N=1103）

注：关于青年网络主播的收入来源调查题目为多选题，故百分比相加超过100%。

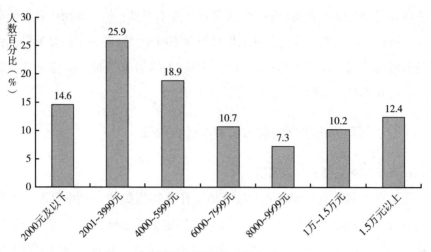

图4 青年网络主播平均月收入（N=1103）

2. 青年网络主播的家庭消费支出

本研究对青年网络主播每个月家庭的消费支出和借贷情况进行了分析，结果如图5和图6所示。受访青年网络主播大部分人（67.4%）每月家庭的消费支出在6000元以下，有13.8%每月家庭消费支出在万元及之上（见图5）。50.0%的受访网络主播表示个人或家庭目前有借款或贷款，其中，合计有50.4%借贷在10万元以下，合计有29.1%借贷在30万元及以上（见图6）。

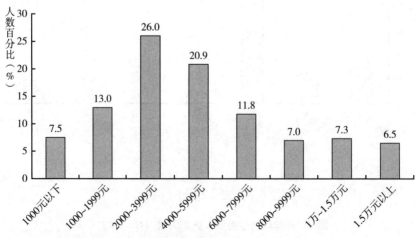

图5 青年网络主播家庭月消费支出（N=1103）

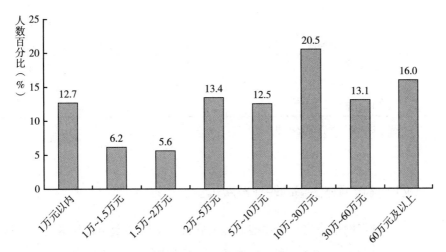

图6 青年网络主播个人/家庭借贷情况（N=551）

3.青年网络主播的社会保障情况

对受访青年网络主播的社会保障进行分析发现，常见的"五险一金"中，近半数青年网络主播（48.5%）都有医疗保险，30.2%有养老保险或退休金，近1/5有失业保险和工伤保险，15.9%有生育保险，而有住房公积金的仅有12.1%。超过1/3（34.0%）表示自己没有任何常见的社会保障（见表3）。从上述分析看，整体上，青年网络主播的社会保障并不完善，能具有"五险一金"或"三险一金"的人较少，除了医疗保险能覆盖较大一部分人之外，其他社会保障水平都不是很高。

表3 青年网络主播的社会保障情况（N=1103）

单位：%

社会保障类型	人数百分比
养老保险或退休金	30.2
医疗保险	48.5
失业保险	19.9
工伤保险	19.9
生育保险	15.9

社会保障类型	人数百分比
住房公积金	12.1
其他	11.5
以上保障都没有	34.0

注：本题为多选题，故百分比相加超过100%。

（四）青年网络主播的职业发展轨迹

为了解青年网络主播从事主播职业的轨迹，询问了受访青年网络主播从事主播工作之前的工作状态和具体职业，结果如表4和表5所示。

从表4看，受访青年网络主播在做主播工作之前，超过1/3（35.1%）有全职工作，33.9%从事自由职业/灵活就业/临时工，还有15.9%在学校上学。

表4　青年网络主播从事主播工作之前的工作状态（N＝1103）

单位：%

从事主播工作之前的工作状态	人数百分比
有全职工作	35.1
自由职业/灵活就业/临时工	33.9
务农	0.9
失业/下岗	3.5
在学校上学	15.9
毕业后一直未工作	4.9
料理家务	2.6
其他	3.2

如果将失业/下岗、在学校上学、毕业后一直未工作、料理家务都归为无工作，将全职工作、自由职业/灵活就业/临时工、务农、其他归为有工作，那就意味着受访的青年网络主播中，73.1%都是在之前有工作的状态下转行从事主播工作。进一步分析他们之前的具体职业发现（见表5），只有1.9%之前从事新职业，如网约配送员、短视频内容创作者等，其他98.1%

都是从传统职业转行而来。上述结果表明，青年网络主播大部分都是从其他传统职业转行而来，还有部分学生毕业后会选择网络主播为职业。

表5　青年网络主播从事主播工作之前的具体职业（N＝806）

单位：%

从事主播工作之前的具体职业	人数百分比
商业服务业职工(如销售人员/商店职员/服务员等)	17.5
普通工人(如工厂工人/体力劳动者等)	6.9
个体经营者/承包商	9.9
务农、干农活	1.2
政府/机关干部/公务员	3.2
企业管理者(包括基层及中高层管理者)	5.1
普通职员、一般办事人员(办公室/写字楼工作人员)	18.5
专业人员(如医生/律师/文体/记者/老师等)	6.6
自由职业者	25.2
其他新职业	1.9
其他	4.0

注：此处分析要去掉之前就业状态为没有工作的情形，具体包括在学校上学、毕业后一直未工作、失业/下岗、料理家务这几种情形，故此处分析样本为806人。

三　青年网络主播职业心理分析

（一）青年网络主播的从业动机

为了解青年网络主播的从业动机，本研究询问了受访青年网络主播选择主播工作时，主要考虑到哪些因素，分析结果如表6所示。受访青年网络主播从业动机最主要的还是看重直播能让自己的兴趣和才能得到施展，排在前三位的动机依次是符合自己的兴趣爱好、能展示自己的才干、能使自己得到更多锻炼。然后才是直播挣钱多、可以兼顾家庭等动机。还有部分主播选择这一职业是因为觉得入行要求比较简单，能接触一些朋友，工作轻松。由此看出，青年网络主播最主要的从业动机，还是因为直播可以提供与其兴趣相匹配的个人发展空间，收入、时间、工作灵活性等都是次要动机。

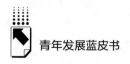

表6　青年网络主播的从业动机（N=1103）

单位：%

从业动机	人数百分比
符合自己的兴趣爱好	35.4
能展示自己的才干	23.2
能使自己得到更多锻炼	18.9
挣钱多,待遇好	18.8
能兼顾家务、照顾家人	18.0
入行要求比较简单	14.9
能接触一些朋友,增加社会关系	13.3
工作轻松不累	13.3
可以挣外快	12.8
有成就感,能够实现个人理想	11.9
能增长见识	10.8
一时间找不到更好的工作	10.2
能为社会做贡献	7.2
能够增加自己的名气	7.0
其他	5.3
工作体面	2.0

注：本题为多选题，故百分比相加超过100%。

（二）青年网络主播的工作满意度

1. 青年网络主播对工作的满意程度

让受访青年网络主播分别对工作环境、工作自由程度、收入及福利待遇、与领导及同事关系、晋升机会和未来职业前景、社会地位等方面做出满意度评价，10点计分，1分表示非常不满意，10分表示非常满意，1~2分可以理解为很不满意，3~4分表示不太满意，5~6分为中立，7~8分为比较满意，9~10分为很满意，结果如表7所示。受访青年网络主播对直播这份工作总体上比较满意，总体满意度平均得分为7.58分。具体到不同方面，受访青年网络主播对于工作自由度最为满意，平均分为8.16分，这也是直播工作的一个主要特点。其次对于工作环境、与领导和同事的关系也都表示比较满意，可能是因为主播的工作环境多为熟悉、按照自己喜好布置的环境，职场内关系也相对简单。对于晋升机会和未来职业前景、收入及福利待遇的评价也在比较满意的水平上，但是满意程度低于前述几个方面。相对来说，对于主播职业社会地位的满意度略低，但也高于中间水平。从这一结果看，青年网络主播对于主播这一职业最满意的是其工作的自由程度，无论是工作时间、工作地点还是工作内容都具有灵活性；其次比较满意的是与领导、同事的关系以及晋升机会和未来职业前景；对于职业社会地位的满意度低于其他各项。

表7　青年网络主播工作满意度评分（N=1103）

单位：分

满意度评估方面	满意度评分
工作的自由程度	8.16
工作环境	8.00
与领导、同事的关系	7.87
晋升机会和未来职业前景	7.14
收入及福利待遇	7.13
社会地位	6.70
总体满意度	7.58

2.青年网络主播在工作中的不愉快经历

在满意度基础上，本研究进一步询问了受访青年网络主播在工作中遭遇过的一些不愉快经历，结果如表8所示。首先，大部分受访网络主播（67.5%）[1] 在工作中或多或少都有过不愉快的经历，最多遭遇的问题是身体素质明显下降，29.4%表示有此情况，结合前期调研分析，主播工作虽具有灵活性，但因直播具有全天候、晚上更活跃的特点，维持用户黏性的压力，作息不规律、饮食不规律、久对电脑屏幕、长时间静坐成为很多主播面临的问题，身体状况变差因而成为主播面临的一个职业困扰。其次，超过1/5的受访网络主播表示遭遇过网络骚扰（22.2%）和网络暴力（20.8%），主播职业依托于网络互动，在一定程度上可以说是需要在网络上全面展示自

---

① 该数值为总人数减去选择"没有任何不愉快经历"的人数后，计算百分比所得。

己的特点、生活和价值观念，也就更容易在网络上受到评判和攻击。再次，有18.9%的主播表示因自己的职业而受到了歧视，直播行业发展之初，曾有过一些不规范的直播出现，导致一些公众对主播存在一定偏见。虽然直播行业日益规范，但公众态度改变需要一定时间，再加上仍然存在个别违规主播和平台以及由此产生的负面新闻报道，可能会加大改变公众态度的难度，因此主播可能会感受到部分人对其职业的不认可。最后，有12.8%的主播曾遭遇过同行恶意抄袭和模仿，直播内容很多都是比较容易同质化和模仿的，很多主播在前期访谈时都表示会观看其他主播来学习和借鉴，但还有少数人会开展不良竞争，直接抄袭和模仿。其他不愉快经历人数相对较少。

表8 青年网络主播工作中的不愉快经历（N=1103）

单位：%

不愉快经历	人数百分比
身体素质明显下降	29.4
网络骚扰	22.2
网络暴力	20.8
职业歧视	18.9
同行恶意抄袭和模仿	12.8
被客户/观众打骂	10.4
强制加班	6.2
性骚扰	5.1
拖欠工资	5.0
职场PUA(来自上级对下级的精神管控)	4.3
其他	2.8
遭遇人身伤害(除交通事故以外)	2.6
遭遇交通事故	2.0
没有任何不愉快经历	32.5

注：本题为多选题，故百分比相加超过100%。

（三）青年网络主播的社会支持感知

询问受访青年网络主播在工作上遇到困难时，会向哪些组织或个人求助，结果如表9所示。青年网络主播面临工作难题时，获得的社会支持主要来源于熟人和工作单位。超过四成（40.7%）的受访网络主播表示工作遇到困难时会向自己的私人关系网求助，比如朋友、同乡等，还有近四成（39.1%）会向工作单位求助。接近三成（29.8%）会向家人求助。少部分主播还会求助于网络、各级党委部门及工青妇组织和网友。总的来看，青年网络主播工作上的社会支持网络主要是由私人关系和工作关系构成。

表9　青年网络主播面临工作难题时的社会支持网络（N=1103）

单位：%

社会支持源	人数百分比
朋友、同乡、战友、生意伙伴等私人关系网	40.7
工作单位	39.1
家人（家族、宗族）	29.8
网络平台（比如微博等网络平台发帖）	15.8
各级党政部门及工、青、妇组织	14.4
网友	14.4
其他	12.6
新闻媒体	4.2
宗教组织	1.4
慈善机构	1.2

注：本题为多选题，故百分比相加超过100%。

（四）青年网络主播的生活压力源

询问受访青年网络主播其个人和家庭在哪些方面压力较大，95.3%[1]的人都表示承受了一定程度的生活压力。最大的压力来源于住房问题和收入，分别有35.6%和34.4%的受访者表示在这两方面压力比较大。其次，23.5%的青年网络主播的压力来源于自己或家人的健康问题。此外，婚恋、子女教育、物价和赡养老人问题也是部分主播的压力所在，不过由于受访青年网络主播整体年龄偏低，因此感受到相关压力的人数比例不高（见表10）。

---

[1]　该数值为总人数减去选择"没有任何压力"的人数后，计算百分比所得。

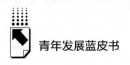

表 10　青年网络主播工作中的生活压力源（N = 1103）

单位：%

生活压力源	人数百分比
住房	35.6
自己或家庭收入	34.4
自己或家人的健康	23.5
婚姻/恋爱	16.8
子女教育	15.0
物价	14.9
赡养老人	14.1
工作或学业	13.6
医疗	11.7
自己或家人就业	9.7
没有任何压力	4.7
其他	3.7
通勤	3.2

注：本题为多选题，故百分比相加超过 100%。

（五）青年网络主播的社会认同

1. 青年网络主播的职业认同

受访青年网络主播对其职业的认同程度如图 7 所示，合计 93.0% 的主播都对自己的职业表示比较认同或非常认同，有 5.8% 不太认同，仅有 1.2% 很不认同。

2. 青年网络主播五年后的社会阶层预期

询问受访青年网络主播对其五年后所处社会阶层的预期，结果见图 8。从结果看，受访青年网络主播对自己五年后的社会阶层普遍持有乐观预期，大部分人的选择都在中上层和中层的位置。中上层认同人数占比最多，为 35.0%，其次是中层认同人数占比 33.4%，上层认同人数占 17.0%。从图 8 所示男女主播比例分布看，男女主播五年后的阶层预期都普遍集中在中层和中上层，但是在分布上，女性主播更多集中在中层和中上层，男性主播预期自己五年后会在上层的人数比例（选择 9 分和 10 分的人数比例合计

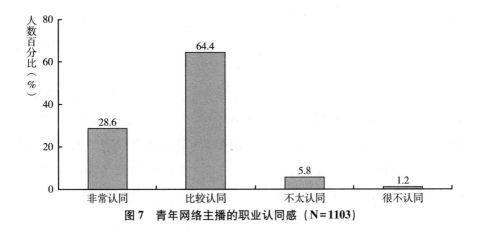

图7 青年网络主播的职业认同感（N=1103）

25.2%）明显高于女性主播（13.0%）。总体上，男性主播的社会阶层预期
要比女性主播更高。

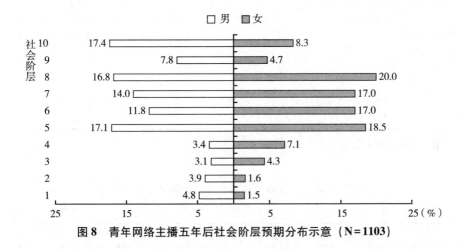

图8 青年网络主播五年后社会阶层预期分布示意（N=1103）

（六）青年网络主播的政策需求

分别询问青年网络主播最希望政府和雇用方能为其职业发展做些什么，分
析结果如表11和表12所示。受访青年网络主播对于政策的希冀居前三位的都是
关于职业规范化和完善的，分别是完善社会保险政策（39.8%）、完善相应就业
政策和服务（33.9%）和维护劳动权益（33.6%）。紧随其后，受访网络主播还

165

希望政府能对技能培训提供支持（31.1%）。对于雇用方工作的期待，居前两位的都与工资待遇相关，分别是增加工资（43.2%）和提供更人性化的福利（40.3%），而居第三、四位的是与职业发展有关的，希望雇用方提供更多职业技能与素质培训（34.7%）、拓宽晋升通道（26.4%）。从调查结果看，青年网络主播的政策需求主要集中在两点：一是职业规范化，二是技能培训。职业规范化的需求体现出主播作为一种新兴职业，需要更加完善的制度保障。而对技能培训的需求则可以说是主播职业的重要特点之一，在直播中生产有趣的内容才能吸引观众，而有趣内容的产出很大程度有赖于主播的个人素养和才艺技能。

表 11 青年网络主播对政府的政策需求 （N＝1103）

单位：%

对政府的政策需求	人数百分比
完善社会保险政策	39.8
完善相应就业政策和服务	33.9
维护劳动权益	33.6
支持技能培训	31.1
保障劳动报酬支付	29.0
提供法律援助	19.6
解决子女上学问题	6.3
其他	4.8

注：本题为多选题，故百分比相加超过100%。

表 12 青年网络主播对雇用方的政策需求 （N＝1103）

单位：%

对雇用方的政策需求	人数百分比
增加工资	43.2
提供更人性化的福利	40.3
提供更多的职业技能与素质培训	34.7
拓宽晋升通道	26.4
提供更好的纠纷处理机制	13.3
拓宽意见反映渠道	11.2
没有雇用方	10.3
其他	1.4

注：本题为多选题，故百分比相加超过100%。

（七）青年网络主播对于主播职业发展的预期

1.青年网络主播对于失业风险的评判

请受访网络主播评估自己未来 6 个月内失业可能性的大小，结果如图 9 所示。有 51.5% 认为自己未来 6 个月内不太可能或完全不可能失业，48.5% 感觉自己未来 6 个月内比较可能或完全有可能失业。整体来看，青年网络主播的失业风险感知还是比较高，约一半人对自己职业的稳定性信心不足。

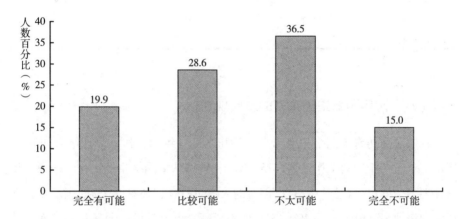

图 9 青年网络主播未来 6 个月内失业可能性 （N=1103）

2.青年网络主播职业发展前景展望

分别从职业前景信心、未来被取代危机感和未来收入大幅增加可能性三个方面来了解青年网络主播对于自己从事网络主播这一职业的前景展望。结果如表 13 所示。整体上，受访青年网络主播对于主播职业的发展前景比较有信心，对于网络主播职业前景充满信心的人数比例合计达到 84.4%。相较于对职业前景的乐观态度，受访主播对于自己个人的职业发展则并不乐观，合计有 74.2% 赞同或比较赞同自己随着年龄增大，可能会被取代。而认为自己未来收入不可能大幅度增加的人合计也有 60.1%[①]。上述结果表

① 此数值为该题目选择"不太同意"和"非常不同意"的人数比例相加而得。

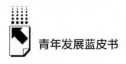
明，虽然青年网络主播对主播这一职业的发展前景信心十足，但是自己有较强的被取代焦虑感，对于收入大幅度增加的信心也较低。

表 13　青年网络主播职业前景展望（N=1103）

单位：%

赞同程度	对网络主播职业前景充满信心	随着年龄增大可能会被取代	未来收入可能大幅度增加
非常同意	25.3	25.9	6.1
比较同意	59.1	48.3	33.8
不太同意	14.0	21.7	47.5
非常不同意	1.6	4.1	12.6

（八）青年网络主播未来的发展规划

询问了受访青年网络主播未来一年和未来五年的工作计划，结果如表 14 所示。对于一年后的工作计划，75.8%选择继续从事网络主播工作。未来一年有计划当个体户/自己开店/自己创业的人占 10.0%，还有 8.1%的表示想上学或参加培训来充电，有 6.4%的表示说不清楚，也就是没有明确计划。而当计划未来五年的工作时，会继续从事主播工作的人数比例下降至 60.7%，想当个体户/自己开店/自己创业的人数比例上升到了 15.0%，想学习或参加培训充电的人数比例也增加到 9.1%，说不清自己未来五年工作计划的人数比例则增加到 10.2%。总体来看，青年网络主播短期内大部分人还都是计划继续从事主播工作，但做长期计划的时候，会有一些人选择放弃，或自己开店或创业，或是继续深造，还有一些人尚未考虑长期的工作规划。

表 14　青年网络主播未来工作计划（N=1103）

单位：%

工作计划	一年后	五年后
继续从事网络主播工作	75.8	60.7
换个类似的工作试试	7.9	6.8

工作计划	一年后	五年后
换个不同的工作试试	8.5	8.0
上学或参加培训，为以后找工作充电	8.1	9.1
当个体户/自己开店/自己创业	10.0	15.0
离职生育子女	1.0	2.3
没什么打算/没考虑过	3.1	4.4
不想工作，歇一段时间	2.3	2.4
说不清楚	6.4	10.2
其他	1.8	3.4

注：本题为多选题，故百分比相加超过100%。

四　研究结论和促进青年网络主播职业发展的建议

（一）研究结论

通过对调查数据的分析，得到了以下主要的研究结论。

职业特点方面：（1）青年网络主播很多人全职从事主播工作，大部分人和平台或公会、演艺经纪公司等机构签有工作合同。（2）工作时间灵活，但工作强度并不是很低，平均每周工作5.45天，每日工作时长平均为6.27小时。（3）收入并不稳定，大部分人月收入在6000元以下，社会保障并不完善。（4）大部分青年网络主播的职业轨迹是从传统行业转行从事主播工作。部分学生会在毕业后直接选择网络主播作为职业。

职业心理方面：（1）青年网络主播最主要的从业动机是符合个人兴趣爱好和利于才华施展，其次才是收入高和工作具有灵活性。（2）对工作的满意程度较高，最为满意的就是工作自由度，满意度相对较低的是职业的社会地位。在工作中的不愉快体验最主要是身体素质明显下降，以及网络骚扰和网络暴力。（3）最主要的生活压力来源于住房和收入。（4）当遇到工作困扰时，主要从私人关系网（朋友、家人）和工作关系网（工作单位）获得支持，较少向社会机构求助。（5）职业认同上，超过九成的青年网络主播对自己的职业表示认同；社会阶层认同集中在中层及偏下位置，而普遍对五年后自己的阶层提升持有乐观态度。（6）青年网络主播对政府工作最主要的需求是职业规范化和政策完善化的需求；对于雇用方，其需求则集中于提高收入和待遇；共同点是无论对于政府还是雇用方，都希望能够提供更多技能培训。（7）职业发展预期方面，大部分青年网络主播对于主播这一职业的发展前景比较有信心，但是对其个人作为主播的发展前景则不是很乐观。（8）职业未来规划上，大部分人都有短期（一年）计划，75.8%表示会继续从事网络主播职业。长期（五年）计划里，继续从事网络主播职业的人占比减少。

（二）促进青年网络主播职业发展的建议

1. 推动网络主播职业规范化，提高网络主播自律水平

本研究调查发现，青年网络主播虽然有签约机构，但社会保障并不完善。2020年6月，人社部联合国家市场监管总局、国家统计局正式向社会发布的9个新职业之中包括"互联网营销师"，并将"直播销售员"这一职业纳入其中，这让电商主播在一定程度上得到了官方认证。但对于其他网络主播，还没有较为清晰的职业认定。

在政府监管和行业自律共同作用下，网络主播所在的直播行业日趋规范化。[①] 为了促进直播行业的有序发展，政府部门出台了一系列规章制度，对于直播行业整体的规范化和良性发展起到了重要作用。在行业规范化的背景下，相关部门应当对网络主播的职业化给予更多关注，建议采用政府和行业相协作的模式推动网络主播职业规范化。比如中国演出行业协会网络表演（直播）分会是网络直播的行业协会，在制定行业标准规范的同时，也会致力于开展行业培训，提升从业人员的整体素质，并与各个直播平台和公会保持紧密联

---

① 高文珺、何祎金、田丰：《网络直播：参与式文化与体验经济的媒介新景观》，电子工业出版社，2019。

系。政府相关部门可以指导行业协会就网络主播职业化问题开展细致调查、研究和试点，再制定适宜的规章制度以推动网络主播职业的规范化。

2. 协会-平台-公会三位一体，提供更多技能和规范培训，提升网络主播职业素养

本研究受访的青年网络主播中，最常见的从业动机是能够符合自己的兴趣爱好、展示自己的才干，对政府和雇用方表达自己的需求时，支持和提供技能培训都是重要的需求之一。这都表明，青年网络主播日益重视自身才能的提升，这既是其职业选择时所看重的价值，也是推动其职业发展的重要力量。

对主播的职业培训并不是规定其直播内容的生产，而是对主播进行职业规范和技能的培训。通过职业规范培训让主播了解直播的相关法规制度和行为规范，通过技能培训提高主播自身的职业竞争力。而这一职业培训的形式，可在当前各直播平台与公会或经纪公司的合作模式之下，由行业协会发挥社会组织的积极作用，以协会组织的形式，联合各主要公会，对有意于以主播为职业的人群进行培训，并共同形成行规公约。此外，在技能培训方面，协会可以联合直播平台、公会，共同开发主播才艺的培训课程。目前，直播行业已经开始上述职业培训模式的一些具体实践，比如由中国演出行业协会网络表演（直播）分会协同相关平台开展直播行业培训班。如何能够推广并普及这些实践，让培训能够常态化，让更多网络主播受益，这应当引起有关部门的关注。

3. 拓展直播领域，延长网络主播职业周期

本研究发现，青年网络主播对于直播行业本身的发展都有积极的看法，在一年甚至五年的职业规划上也还是想继续从事网络主播的工作。但是，对于自己的职业发展却缺乏信心，担心自己会因年龄增大而被取代，认为自己不会再有更高的收入，短期内还会有失业风险。这种职业发展焦虑既在一定程度上反映出了网络直播行业内的竞争激烈、保持用户黏度不易的状态，可能也受主播是吃"青春饭"这样一种观点的影响。

缓解主播的这种焦虑，让主播的职业生涯能够更长久的途径至少有以下

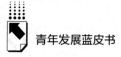

两种。一是上述的推广主播职业培训，提升其自身能力，树立信心，产出更优质的内容。二是要从直播行业发展入手，鼓励多元发展和创新，进一步拓宽直播领域，定位不同受众，让不同年龄层面、不同兴趣爱好的主播都能有充足的发展空间。虽然直播内容丰富多样，但平台和公会的推广重点可能往往还是限定于某些类型的主播，这就让很多主播不去思考符合自己的定位，而去模仿流行，限制了其场景调动能力，不易长久吸引观众，进而让主播产生焦虑，职业生涯也难以长久。从促进行业良性发展、延长主播职业生涯的角度出发，未来平台可以尝试将部分资源用于扶持不同类型的主播、帮助并鼓励主播自主定位，设定专门板块推广不同年龄段、不同风格的主播直播，尤其是对创新内容给予一定资源倾斜，真正实现直播内容的百花齐放。

参考文献

高文珺、何祎金、田丰：《网络直播：参与式文化与体验经济的媒介新景观》，电子工业出版社，2019。

人社部：《人力资源社会保障部办公厅 市场监管总局办公厅 统计局办公室关于发布区块链工程技术人员等职业信息的通知》，访问日期：2020 年 6 月 28 日。

《〈2018 主播职业报告〉发布 21% 职业主播月收入过万》，http：//www. xinhuanet. com/info/2019-01/08/c_ 137725701. htm，最后访问日期 2021 年 6 月 12 日。

岳改玲：《新媒体时代的参与式文化研究》，武汉大学博士学位论文，2010。

中国互联网络信息中心：第 42 次《中国互联网络发展状况统计报告》，http：//www. cnnic. net. cn/hlwfzyj/hlwxzbg/hlwtjbg/201808/P020180820630889299840. pdf，最后访问日期：2021 年 6 月 12 日。

中国互联网络信息中心：第 49 次《中国互联网络发展状况统计报告》，http：//www. cnnic. net. cn/hlwfzyj/hlwxzbg/hlwtjbg/202202/P020220311493378715650. pdf，最后访问日期：2022 年 9 月 18 日。

B.10
网店店主的职业发展状况

刘媛渊　赵联飞*

摘　要： 电子商务行业经过 20 余年的发展，已经成为国家经济发展的重要推动力，为解决就业以及脱贫攻坚提供了新思路。依托基础建设、相关行业的快速发展，以及国家政策的支持，越来越多的人迈入电商行业成为网店店主。不容忽视的是女性店主和来自农村地区的店主数量增多，这改变了劳动分工和区域的发展。网店能够帮助解决农产品的销售难题，是脱贫的有效手段。开网店的准入门槛低，但其发展受到来自消费者、快递行业等多方面的制约，这需要店主不断提高管理应变等能力。尽管国家出台相关政策鼓励电子商务行业的发展，然而政策层面对于从业人员的社会保障体系尚不健全，这也制约着网店店主的发展。

关键词： 电子商务　网店店主　职业状况

一　网店店主就业环境

（一）电子商务发展状况

1.历史发展脉络

《中华人民共和国电子商务法》规定，电子商务是通过互联网等信息网

---

* 刘媛渊，中国社会科学院大学社会与民族学院在校研究生，主要研究方向为互联网与社会、传媒学；赵联飞，中国社会科学院大学社会与民族学院教授，中国社会科学院社会学研究所研究员，中国社会科学院社会学研究所社会调查与数据处理研究中心主任。

络销售商品或者提供服务的经营活动。20 世纪 90 年代首次引入的 EDI（电子数据交换）成为我国电子商务发展的起点，此后我国电子商务经历了培育期（1999～2005 年）、创新期（2005～2015 年）和引领期（2015～2019年）三个阶段；从主流业态来看，我国电子商务经历了网站电商、平台电商和内容电商等阶段；而从交易内容上来看，则呈现从网站为王到基于网站的扩展服务，再到多元化、生活化的变化。① 根据国家统计局数据，2016～2020 年，我国电子商务交易额从 26.10 万亿元增长到 37.21 万亿元，年均增长率为 9.3%。② 截至 2021 年 6 月，我国网络购物用户规模达 8.12 亿人，且呈现逐年增长的趋势。③ 我国电子商务市场展现出巨大活力，并且带动相关市场加速发展。"十四五"电子商务发展规划指出我们的发展目标是：到2035 年，电子商务成为我国经济实力、科技实力和综合国力大幅跃升的重要驱动力，成为人民群众不可或缺的生产生活方式，成为推动产业链供应链资源高效配置的重要引擎，成为我国现代化经济体系的重要组成，成为经济全球化的重要动力。

2. 电商发展呈现新模式，市场准入门槛低

信息技术加速发展，电子商务不断发展出新模式，从网站电商、平台电商到社交电商、直播电商、生鲜电商等多种模式混合发展。模式的创新为电子商务行业开辟了新的进场渠道，从业者可以选择网站电商平台开店，也可以选择依靠社交平台、视频平台开店等。根据不同电商平台公开的开店流程来看，在其平台上注册成为网店店主的过程非常简单，且成本很低。团购电商拼多多提供"商家免费入驻"服务，注册、登录账号，完成相关资料的填写并且通过审核就可以在其平台开店，但需要缴纳一定数额的保证金。大部分电商平台在保证金之外还会向商家收取技术服务费，收取服务费的标准则由平台自定，如抖音平台收取的大部分类目服务费为订单总额的 5%，而

① 鞠雪楠、欧阳日辉：《中国电子商务发展二十年：阶段划分、典型特征与趋势研判》，《新经济导刊》2019 年第 3 期。
② 商务部电子商务和信息化司：《中国电子商务报告（2020）》，2021。
③ 中国互联网络信息中心：第48 次《中国互联网发展状况统计报告》，2021。

天猫平台收取的服务费以一个自然年为结算时期，总共分为 3 万元和 6 万元两档，同时还按照其规定标准给予商家一定折扣。随着移动终端的普及，网店管理经营的难度大大降低，大部分平台都为其平台注册的商家提供移动端操作的功能，如拼多多平台的商家可以通过"拼多多"商家版进行商品采买、订单处理、营销推广等工作。依托社交平台发展起来的电商，相较于其他模式的电商，开网店的准入门槛更低——一个注册的社交账号即可，而大部分社交账号如微信、QQ 等都是免费注册的。相比于开一家实体店，网店的成本要小得多，店主不需要承担高昂的店铺租金和装修费用，同时依托互联网平台打破时空限制，扩大了网店潜在消费者的覆盖面。

随着我国快递行业革新不断加速，服务质量不断提高，服务范围持续扩大，科技化水平持续提升，业务成本仍在降低，呈现降本增效的业务态势。[1] 快递行业的高质量发展，降低了网店销售的物流成本。2021 年上半年，全国快递服务企业业务量累计完成 493.9 亿件，同比增长 45.8%；业务收入累计完成 4842.1 亿元，同比增长 26.6%，平均每单均价低至 9.8 元。根据 2021 年 7 月业绩，单票平均收入 9.26 元，持续下降。[2]

电子商务行业不断吸引从业者加入，其发展规模也在不断扩大。拼多多 2020 年全年财报显示，截至 2020 年底，拼多多活跃商户从前一年的 510 万户增至 860 万户，年增长率高达 69%。[3] 而依赖社交生态平台的微商市场，2019 年的从业人数达到 0.6 亿人，交易规模超过两万亿元。[4]

3. 电商发展进入缓和期，竞争加大

电子商务经过 20 多年的发展，其模式、生态体系的建设日益完善，[5]

---

[1] 刘志勇、齐立云、原景成：《大数据时代我国快递业的发展现状与趋势》，《交通运输研究》2019 年第 5 期。

[2] 刘远举：《中国快递发展，差异化才是出路》，参见 https://mp.weixin.qq.com/s/EJRkkDyPZLE79Bj5hNleSw，最后访问日期：2021 年 11 月 20 日。

[3] 《拼多多发布 2020 年年报：年活跃买家达 7.88 亿！》，参见 https://mp.weixin.qq.com/s/b6Ud-Aq_ -aEC60Xmq2MOyg，最后访问日期：2021 年 11 月 20 日。

[4] 艾瑞咨询：《2021 年中国微商市场研究白皮书》，最后访问日期：2021 年 11 月 22 日。

[5] 鞠雪楠、欧阳日辉：《中国电子商务发展二十年：阶段划分、典型特征与趋势研判》，《新经济导刊》2019 年第 3 期。

逐渐从高速发展转向高质量发展。电子商务市场准入门槛低，吸引了大量店主和商家纷纷入驻，电子商务市场已经从当初的蓝海变为红海。淘宝相关数据显示，2020 年 3 月之后的几个月，疫情缓解后复苏的商业数字化转型带动了新一波"入淘潮"，当时每天平均新开店铺达到 4 万家，[①] 截至 2020 年底，仅拼多多一家平台的商户数就达到 860 万家，在如此庞大的店铺基数中想要获得突破性发展实属不易。同时随着人口红利进入尾声，线上获客成本已从 2000 年的 4 元/人暴涨至 2016 年的 213 元/人。[②] 在早期激烈竞争中发展起来的大电商获取了市场中的绝大多数流量，如苏宁、京东早已完成自身口碑、品牌知名度的积累，小微电商企图从中分一杯羹是非常困难的。根据拼多多 2020 年年报，截至 2020 年底，拼多多年活跃买家 7.884 亿个；《2020 抖音数据报告》显示，截至 2020 年 12 月抖音平台日活跃用户突破 6 亿个。各平台已吸引大量用户，但对于小微电商来说，这是机会又是挑战：一方面，平台上的活跃用户都是潜在的消费者；另一方面，尽管随着大数据技术的发展，能够较为精准地将商家和消费者进行匹配，但同一平台上有大量与自己竞争的同类商家，被替代性强。

电商凭借低成本低价，加之互联网平台能够提供丰富商品类目，不断挤压实体店的生存空间，在此情形之下，众多实体店为求发展，纷纷触网转型，在实体店的基础上发展网店。电商发展明显提高了线下经营企业的存活率，对于线下初创企业，随着电子商务指数的增加，存活率从 63.8% 提高到 70.5%。[③] 1984 年在深圳成立的天虹商场于 2010 年 3 月正式开启触网尝试，上线其自主开发的电商平台"网上天虹"；2013 年 10 月，"天虹微品"微店 App 上线；2014 年，微喔便利店上线，其定位为 O2O 模式下的社区综

---

① 《淘宝新增活跃商家数创 5 年来新高》，参见 https://baijiahao.baidu.com/s?id=1696454099601218199&wfr=spider&for=pc，最后访问日期：2021 年 11 月 20 日。
② 鞠雪楠、欧阳日辉：《中国电子商务发展二十年：阶段划分、典型特征与趋势研判》，《新经济导刊》2019 年第 3 期。
③ 阿里研究院：《〈数字经济助力小微企业创立与成长〉报告发布，数字经济助力"草根"家庭创业》，https://mp.weixin.qq.com/s/GSS-PjJwtvCk2iybhYTHKw，最后访问日期：2021 年 11 月 21 日。

合服务中心，同年10月天虹实体店入驻线上，首家"云店"在网上天虹开张；2015年8月，天虹发布App"虹领巾"，该App能为消费者提供购物、餐饮、美容、培训、医疗等服务。[①] 相较于纯网店而言，同时拥有线上网店和线下实体店的店铺具有更强的抗风险能力，并且能够保留住线上线下两方的客户流量。这对于线上电商来说是不容小觑的挑战。

（二）社会环境支持

1. 政府政策支持

电子商务是数字经济和实体经济的重要组成部分，能够拉动产业发展、提高人民生活品质，也是推动国民经济和社会发展的重要力量。2005年我国颁布第一个专门指导电子商务发展的政策性文件《国务院办公厅关于加快电子商务发展的若干意见》，结束了我国长期以来缺乏对电子商务发展明确指引的状况，并且从政策、法律、法规财税、投融资、信用、认证、标准、支付、物流、企业信息化、技术与服务体系、宣传教育培训、国际交流与合作等多个层面明确了国家推动电子商务发展的具体措施。[②] 此后，我国电子商务发展进入胜者为王的创新期，利用充分释放的互联网红利，逐渐形成了电子商务生态系统。[③]

根据《2020年电子商务报告》，我国政府已经出台多个文件，如《市场监管总局关于加强网络直播营销活动监管的指导意见》《关于加强网络秀场直播和电视直播管理的通知》等进一步规范电商市场秩序。各地各级政府积极开展电子商务产业公共服务探索，加快完善公共服务体系，并且深入开展国家电子商务示范基地创建活动，国家电子商务示范基地数量扩容至127家，在促进模式创新、推动电子商务高质量发展中发挥了重要作用。不少地

---

① 中国连锁经营协会：《史上最全：上市实体零售商触网大盘点》，https：//mp. weixin. qq. com/s/LQXWWtcUZGAIZiIGVdiBDw，最后访问日期：2021年11月21日。

② 阿拉木斯：《解读我国第一个关于电子商务的政策性文件——〈国务院办公厅关于加快电子商务发展的若干意见〉》，2005。

③ 鞠雪楠、欧阳日辉：《中国电子商务发展二十年：阶段划分、典型特征与趋势研判》，《新经济导刊》2019年第3期。

方政府出台了助推电子商务发展的具体措施，如浙江省嘉兴市海宁市商务局发布了《海宁市人民政府关于印发海宁市促进商务发展若干政策意见的通知》，其中提到为了做大做强电子商务产业，对符合要求的电子商务企业给予一次性现金奖励。[①] 安徽省芜湖市无为县商务局在 2018 年制定了《商贸扶贫工作方案》，同时县财政安排专项扶贫资金 110 万元用于电商扶贫，电商经营主体在采购贫困户农副产品时签订采购合同，将采购金额的 10% 奖励给经营主体，5% 奖励给贫困户；电商及物流快递企业吸收贫困户就业 3 个月以上并签订劳动合同的，给予吸收企业、贫困就业人员每人每月 200 元奖励。贫困户开展电商就业创业、新设网店销售额达到一定规模的给予一次性奖励 4000 元。[②]

　　未来较长一段时间内，国家对电子商务行业的政策支持还会继续。李克强总理在 2020 年的《政府工作报告》中指出，电商网购、在线服务等新业态在抗疫中发挥了重要作用，要继续出台支持政策，全面推进"互联网+"，打造数字经济新优势。[③]

　　2. 网购需求大

　　电子商务的出现改变了大众的消费方式，并且随着个人移动终端的普及和电商生态系统的完善，网络购物变得更简单，支付更便捷。数字经济在我国快速发展，"互联网+"席卷了各行各业，消费者的消费习惯和购物需求也在不断变化。依托互联网发展起来的电商利用大数据捕捉到消费者更精确的消费需求，还能够提供丰富的商品供消费者选择。线下实体店纷纷触网，O2O 模式深入发展、广泛应用到多领域，同时快递物流行业的高速发展降低了消费者获取信息、消费试错的成本。垂直化电商主要通过经营某一领域的同类产品，满足特定人群的消费需求。随着电商领域被越来越精细划分，

[①] 《海宁市人民政府关于印发海宁市促进商务发展若干政策意见的通知》（海政发〔2018〕1号），参见 https://zj87.jxt.zj.gov.cn/zlzq/web/views/policy/benefit/detail.html? id = 711，最后访问日期：2021 年 11 月 21 日。

[②] 芜湖发布：《【脱贫攻坚】贫困户开起淘宝店电商精准扶贫见实效》，参见 https://mp.weixin.qq.com/s/bBumd0WNCfARJHxpBFKi9g，最后访问日期：2021 年 11 月 21 日。

[③] 商务部电子商务和信息化司：《中国电子商务报告（2020）》，2021。

如以钢铁为主的电商平台找钢网、定位为"女装特卖"的唯品会、以生鲜为主的叮咚买菜等电商的发展，较大程度上满足了消费者各种消费需求，新的购物习惯也由此建立起来。

新冠肺炎疫情突发以来，生产生活秩序受到了严重的影响，人们的消费模式也发生较大改变，线下消费场所营业具有不稳定性，并且其聚集可能产生疫情传播风险，原本的线下消费被迫迁移至线上，导致网络购物行为更加活跃，网购需求持续上涨。2020 年 1~3 月，网络购物类 App 平均月总有效使用时长达 259509.1 万小时，与上年同期相比，增长了 15.2%。[1] 电商自然而然成为维持国民生活正常运转的重要社会支持。[2] 疫情期间各大生鲜电商的数据显示，原本春节期间是零售业淡季，但京东到家销售额同比增长约 374%，叮咚买菜的用户基本每天增长 4 万多人，永辉到家日单量首破 30 万单，美团买菜北京地区的日销售量最高为节前的 2~3 倍。[3]

二 网店店主特征及工作状况

（一）网店店主特征

1.网店店主从业业态与动机

根据"十四五"电子商务发展规划，预计全国电子商务行业从业人员将从 2020 年的 6015 万人上涨到 2025 年的 7000 万人。在国家大力发展数字经济的背景下，越来越多的人加入电子商务行业，试图在这个行业中大展身手。

网店店主将开网店作为谋生渠道。对于店主来说，开一家网店的成本远远低于实体店，而随着行业的高速发展与互联网人口红利的加持，低成本的

---

[1] 艾瑞咨询：《2020Q1&2020Q2e 中国电子商务市场数据发布报告》。

[2] 施琦：《新冠肺炎疫情下物流业发展分析》，《中国物流与采购》2020 年第 16 期。

[3] 卢宝宜：《生鲜电商"疫"外崛起》，参见 https：//mp. weixin. qq. com/s/fX_ MoXaj8sFxq8t MicLYwA，最后访问日期：2021 年 11 月 22 日。

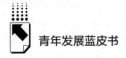

网店能带来巨大的利润。互联网解构了传统的线性话语模式，传播范围更广、传播效率更高的网络媒体持续发展壮大，这让网民获得消息的成本下降、渠道增多，也让更多的人认为开网店就等于赚钱。市场准入的低门槛，以及对利益的追逐成为众多店主开网店的重要原因之一。依靠互联网发展的网店相较于实体店铺，对店主、售卖货物在客观上的约束较少，能够为参与普通工作受限的人群提供谋生的渠道。2016 年 8 月至 2019 年 5 月，共有17.41 万残疾人在淘宝天猫注册网店，这些网店创下了 298.4 亿元销售额。[①]

网店店主将开网店作为提高收入的手段。国家统计局数据显示，2020年居民人均可支配收入 32189 元，同比增长 4.7%，其中城镇居民人均可支配收入为 43834 元，农村居民人均可支配收入为 17131 元。[②] 尽管相关数据表明，人们的收入在不断增加，但是高昂的房价和上涨的物价仍然给人们的生活带来很大压力。2019 年我国住宅商品房平均销售价格为 9287 元/平方米。[③] 贝壳研究院公布的《2021 新一线城市居住报告》显示一线城市居住负担指数算术平均数约为 89.1，新一线城市约为 65.2，二线城市约为 63.5，三线城市约为 59.3，四线城市约为 55.1。城市级别越高，居住负担相应越大。2018 年淘宝数据报告显示，淘宝上年入超百万元的卖家有 43.7 万个。压力之下，不少从业者选择开网店，以此作为提高自己收入的副业。而对于实体店来说，开网店是开拓营收的新渠道。网店不受实地限制，能够扩展销售覆盖面，在一定程度上还能解决实体店的库存问题。

店主将开网店作为满足心理需求的重要手段。互联网用户比传统"受众"更具能动性，他们会主动选择信息渠道和信息种类，决定自己的网络

① 阿里研究院：《阿里巴巴发布助残报告：17 万残疾人在淘宝天猫开店，三年创造销售额近300 亿》，参见 https：//mp. weixin. qq. com/s/wbjtgW4oPn5O－QXtCh4A3Q，最后访问日期：2021 年 11 月 19 日。
② 资料来源：https：//data. stats. gov. cn/easyquery. htm？cn＝C01&zb＝A0A01&sj＝2020，最后访问日期：2021 年 11 月 19 日。
③ 资料来源：https：//data. stats. gov. cn/easyquery. htm？cn＝C01&zb＝A051L&sj＝2020，最后访问日期：2021 年 11 月 19 日。

消费行为。[①] 数字化技术提供了丰富的信息接口，有着相同喜好、需求但规模较小的消费者被聚集，形成了具有消费潜力的小众群体。部分网店店主正是因为有着较小众的喜好而产生开网店的想法，如 2013 年还在北京服装学院念大二的黄乔恩出于兴趣，将自己手工制作的衣服放到网络售卖，由于融合了古典汉元素、旗袍民国风，吸引了大批传统服饰爱好者，其品牌川黛销售额不断增长，2018 年销售额已突破 4000 万元，原本的小作坊网店也成长为规模化、规范化的公司。[②] 电商平台对各种各样的网店具有很强的包容度，不论是实物还是虚拟物品都可以通过网店进行销售。淘宝平台上有一家卖"云"的网店，汇集了很多"云友"，这些人有着共同的爱好，那就是喜欢赏云，该网店店主通过滴胶建模制作"云"进行售卖，2020 年销售量多达 20 万单。对于喜好同样亚文化的群体来说，店铺所售卖的不仅仅是商品，更多时候商品成为一个能够表达自己、具有丰富内涵的符号，其承载的是关于亲情、关于爱情又或者是关于友情的具体故事。在销售—购买过程中，网店店主和消费者之间形成的认同关系使得双方都能得到心理上的满足感，这种满足感对人的生活来说至关重要。

2. 农村网店店主增多

国务院扶贫办、国家发改委、农业部等 16 个部门于 2016 年出台的《关于促进电商精准扶贫的指导意见》中提出，不断提升贫困人口利用电商创业、就业能力，拓宽贫困地区特色优质农副产品销售渠道和贫困人口增收脱贫渠道，让互联网发展成果惠及更多的贫困地区和贫困人口。政府政策对农村电子商务行业的倾斜，农村基础设施、公共服务体系的完善，使得农民网上开店的成本进一步降低，同时获得了良好的经营、销售指导。

大部分农村店主开网店受到传统小农经济的影响，以家庭模式进行运营，销售的商品主要为自家的农产品，如橘子、苹果等。农村熟人社会的关

---

① 徐智、胡晓洁:《社群经济视角下垂直化纸媒的数字品牌建设路径探析》，《中国出版》2021 年第 13 期。

② AI 财经社:《90 后淘宝开挂物语》，参见 https://mp.weixin.qq.com/s/QF1EniNiP0U-JaZcP_i4JA，最后访问日期:2021 年 11 月 20 日。

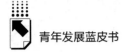

系网络将家族、宗亲等联系起来，能够进行知识资源的共享，已经成为网店店主的农民能够引导带动乡邻亲戚加入网店经营的行列。随着网店经营户的增多，连锁效应引起快递物流业等服务业发展，在"淘宝村"发展壮大过程中不可避免由于同质性产生商户间竞争，但同时这一竞争效应也促进了产品经营的差异化。此外，协会/支部对经营户的表彰与约束行为，以及社会间的道德约束均对农民商户起到了不同程度的激励作用。① 农村电商家庭化经营模式能够机动性地调动家庭劳动力和家庭资源，将其作用发挥到最大，并且能够利用最大限度的自我剥削和开发的方式扩展生存弹性，以此在运营上获得优势。② 同一个地区生产的农作物差异较小，在当地政府主导的农村电商扶贫过程中能够进行集约化的销售，加快农村网店的发展。但由于农村网店售卖的商品差异不大，容易陷入同质化发展的困境。

电商平台也为农村电商的发展提供了相应支持，助推乡村振兴。拼多多平台首创的"互联网+农业"模式，指导农民在线开店并为农民提供运营培训，同时推动小农户直连消费者，使农民减少对批发商的依赖，进而提高整个供应链的效率，让农民赚得更多。③

据统计，2020 年全国农村网络零售额达 1.79 万亿元，同比增长 8.9%。其中，农村实物商品网络零售额为 1.63 万亿元，占全国农村网络零售额的 91.06%。④ 农村电商的特殊发展模式，使其在空间上产生了较大的集聚效应。2021 年，全国 28 个省（自治区、直辖市）共出现 7023 个淘宝村，较上年增加 1598 个。阿里研究院制定的淘宝村标准为，在农村地区，以行政村为单元，电子商务年销售额达到 1000 万元，本村活跃网店数量达到 100

---

① 周应恒、刘常瑜：《"淘宝村"农户电商创业集聚现象的成因探究——基于沙集镇和颜集镇的调研》，《南方经济》2018 年第 1 期。

② 聂召英、王伊欢：《后疫情时期青年农民网商的生存困境及策略》，《当代青年研究》2021 年第 1 期。

③ 海峡都市报：《拼多多发布 2020 年年报：年活跃买家达 7.88 亿，陈磊称创建全球最大农产品零售平台》，参见 https://mp.weixin.qq.com/s/TJeFl40SGKLLqj48C4DNiw，最后访问日期：2021 年 11 月 20 日。

④ 商务部电子商务和信息化司：《中国电子商务报告（2020）》，2021。

家或当地家庭户数的10%。① 农村电子商务的发展，带动了广大农民参与到新的经济发展模式当中，农村店主数量的不断增加，使得我国农村地区经济焕发出新的活力，有利于缩小城乡之间差距、加快现代化进程。

3. 网店店主中女性店主数量上涨

第一财经商业数据中心发布的《2021女性品质生活趋势洞察报告》显示，女性消费市场规模破10万亿元，女性用户在综合电商领域渗透率达84.3%，②"她经济"已成为重要的经济市场组成部分。女性意识在社会进步发展过程中不断觉醒，女性在经济消费层面获得了较大的自主性。在国家综合国力增强和经济条件改善的同时，女性的消费能力呈现上涨趋势。2020年中国女性消费市场规模已经达到4.8万亿元。在电商领域，女性更是表现出绝对的购买力，垂直电商70%~80%的用户为女性，化妆品、食品、育儿用品、服饰、珠宝首饰、医疗保健等绝大多数消费也由女性主导。③ 女性消费市场的崛起推动着商家越来越关注女性消费心理需求，也推动着女性参与到各行各业的创业之中。根据天猫她力量报告数据，在美妆、个护、母婴等行业新品牌中，女性创业者占比约四成，在服饰行业超五成，女性创业撑起了半边天。④ 女性消费者和女性创业者共同推动社会中"女性"的改变，在经济发展过程中以展现有力的女性力量来对抗已有的刻板形象，传统的劳动分工形式也被不断改变着。

互联网的发展使得农村女性能够更容易地获得知识、信息和技术等，在外界信息的影响下，农村妇女学习到现代化的思维方式、建立起新的自我价值体系。农村电商为农村妇女参与农业经营提供了方法，不受时空限制的电

---

① 阿里研究院：《2021年淘宝村名单出炉 全国淘宝村数量已突破7000！》，参见 https：// mp. weixin. qq. com/s/vG5mBKsA9NB_ WiWN55KT-w，最后访问日期：2021年11月20日。

② 第一财经商业数据中心：《2021女性品质生活趋势洞察报告》，参见 https：//cbndata.com/ report/2574/detail？ isReading＝report&page＝2，最后访问日期：2021年11月20日。

③ 《去年中国女性消费市场达4.8万亿元 她们把钱花哪了》，参见 https：//baijiahao. baidu. com/s？ id=1694164234001749233&wfr＝spider&for＝pc，最后访问日期：2021年11月20日。

④ 浪潮新消费：《为什么说女性消费创业者的春天来了？》，参见 https：//mp. weixin. qq. com/ s/3Roqdm-BJMjedEsvjL8MPA，最后访问日期：2021年11月20日。

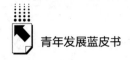

商能使农村女性在照顾家庭和创业谋生计之间找到平衡点。随着互联网农业向加工端、零售端的不断延伸，部分女性劳动力也能直接被吸纳至加工端企业、零售端企业实现就业，这种情况下，女性劳动力通过培训掌握相关业务技巧，便能融入互联网农业的发展中。① 截至2019年底，拼多多销售农产品的活跃店铺中，女性店主占51.8%，男性店主占49.2%。与此同时，女性农产品电商商家的数量仍在快速增长，截至2019年全平台女性活跃商家数量增长速度超过161.8%，成团订单量增速超过89.9%，成团GMV（商品交易总额）增速达到99.4%。②

在市场化、商品化的社会发展过程中，以男性为主导的文化认知被冲击。从农产品销售情况看，2019年拼多多农产品销售额的59.0%来自女性店主的商铺，41.0%来自男性店主的商铺，女性在农产品销售中起到了关键作用。③ 尽管女性在电子商务行业获得了较多关注和发展，但传统两性分工的观念仍然影响甚至是制约着女性的发展。农村青年妇女将自身的工作地点、时间安排以及职业性质等个人化选择和规划完全嵌入家庭之中，根据家庭内部生产和再生产的刚性需求进行动态调整，具有明显的家庭中心主义倾向。④

（二）工作状况

1. 网店发展受到多方掣肘，对店主能力素质要求高

在国内综合化电商平台淘宝上，以兼职为主的店家占比70%。⑤ 以兼职

---

① 中国人民大学中国扶贫研究院：《我院发布〈新电商与新女性——互联网农业中女性经营主体参与度报告〉》，参见 https://mp.weixin.qq.com/s/gPHHpJ6dbHS-ifsXh4Al2A，最后访问日期：2021年11月21日。

② 中国人民大学中国扶贫研究院：《我院发布〈新电商与新女性——互联网农业中女性经营主体参与度报告〉》，参见 https://mp.weixin.qq.com/s/gPHHpJ6dbHS-ifsXh4Al2A，最后访问日期：2021年11月21日。

③ 中国人民大学中国扶贫研究院：《我院发布〈新电商与新女性——互联网农业中女性经营主体参与度报告〉》，参见 https://mp.weixin.qq.com/s/gPHHpJ6dbHS-ifsXh4Al2A，最后访问日期：2021年11月21日。

④ 聂召英、王伊欢：《复合型排斥：农村青年女电商边缘化地位的生产》，《中国青年研究》2021年第9期。

⑤ 阿里巴巴集团研究中心：《谁在开网店》，2012年。

为主的职业状态使得店主在管理上具有较大的随意性，但是随着电商行业竞争加大、人口红利衰退，市场对店主的管理水平提出了新要求。依靠个人、家庭化模式运行的店铺，在工作分工上具有弹性，且对店铺运营的各方面有较直接掌控能力。网店在发展过程中，规模扩大，订单数上升，对店铺原有的物流、供应、销售、宣传以及售后等方面产生了较大冲击力，进而对店主的管理能力提出了更高要求。

对于消费者来说，网店是购物的直接渠道。但对于网店店主来说，商业上的考量是多维、复杂的，除了进行推广销售活动之外，还需要协调商品的供应端、快递，关注所在电商平台的规则以及同行之间的竞争。不同平台针对的消费者群体、推广机制和准入标准不尽相同，拼多多是根据其研发的农产品批量上行算法，以商品流的方式，精准匹配消费者，同时以团购的方式在时间、空间上集合消费端分散、临时的需求，对店家的订单数量起到一定的保障作用。网店店主选择开店的互联网平台，要与自身想要售卖的商品进行匹配。随着垂直电商的发展，不同平台逐步在消费者心中建立起独特的属性，拼多多、京东虽是综合化的电商，但是对于消费者来说，拼多多是买农产品的首要选择，而京东则是 3C 产品的首要选择。这种属性既培养了消费者的消费习惯，又影响了店主对入驻平台的选择。在网店数量持续上涨的同时，网购人数的增长却趋于和缓，抓住互联网人口红利发展起来的店铺积累了较大流量，但对于其他店铺来说，想要发展就需要争夺流量，而这需要花费大量的资金成本。对于网店来说，推广是非常重要的环节。互联网产生了太多的"噪音"信息，想要让网民在"噪音"中准确地找到网店店铺并且将其转化为网店的潜在消费者，就需要进行宣传推广。推广机制是多种多样的，淘宝站内流量渠道包括自然搜索排名、直通车、淘宝客、淘宝活动、钻石展位等；淘宝站外流量渠道包括百度推广、百度网盟、软文推广、硬广等。[①] 网店店主需要了解不同渠道的推广方式，判断选择的推广方式是否能够为店铺带来实际效用，是否能够提供足够的资金用于推广。网店所销售的

---

① 邓丽：《淘宝自媒体营销策略研究》，《商场现代化》2014 年第 22 期。

产品是通过快递物流的方式送到消费者手中的，网店需要和快递公司进行合作。尽管是快递公司在负责商品的运输，但是网店店主作为快递的上游，不仅直接与消费者进行沟通，还需要为快递行为担责。在快递运输环节出现任何问题时，网店需要及时协调沟通双方，并且提出合理的解决方案。

网店店主与电商平台之间存在博弈关系，平台为网店提供生存的基础空间，但双方并非完全平等的关系。平台作为规则的制定者、技术服务的提供者，对网店有着较大的掌握权。作为网店的店主，为了保障网店的正常运行，需要对平台规则的变化有较强的应变能力。天猫平台的商家入驻规则共有7章20条，其中涉及《淘宝平台总规则》《淘宝平台争议处理规则》《淘宝平台违禁信息管理规则》《淘宝平台价格管理规则》《淘宝交互信息规则》等近20条平台规则，涉及价格、发票、营销等多个方面，而网店店主对平台制度几乎没有议价能力。"双11""6·18"等大型购物节时，平台也会发布相关的活动规则，商家则需要根据规则调整自己的销售方案。对于商家来说，网络操作技术能力也至关重要，操作不当、设置错误在互联网平台上将被放大，进而造成相关损失。因操作失误，天猫商家"果小云旗舰店"将4500g/26元的橙子误设置成4500斤/26元，导致数万消费者共计下单700万元但是商家却无法发货，只能根据平台相关规则进行赔偿。①

2. 工作时间地点不固定

对于家庭化、个人经营的网店来说，工作时间和地点具有很强的机动性。开网店对工作硬件设施要求较少，通过能够接入互联网的智能移动终端就能实现商品的上架、回复咨询等业务。家庭化、个人经营的网店并没有形成界限分明的分工，对时间的安排也不具有强制性，消费者的购物时间通常是不固定的，《阿里巴巴夜经济报告2020》显示淘宝天猫全国夜间消费占全天消费的40%,② 因此其工作时间呈现不固定的态势。

---

① 《羊毛党薅倒一家店后，还会发生什么？》，参见 https：//mp.weixin.qq.com/s/pwbf0dCLsqNMB4impoktAA，最后访问日期：2021年11月22日。
② 《阿里巴巴夜经济报告：北京夜间消费总额排名全国第二》，参见 https：//mp.weixin.qq.com/s/0MKQsG0k5B_ sqwTwJFeekw，最后访问日期：2021年11月22日。

而企业化经营的网店则有相对固定的办公时间和办公地点，规模的扩大使得网店的分工界限更加明确，不同的分工有着不同的工作时间，公司则是更具集聚性的工作场地。网店的发展需要协调对接多方，如电商平台、快递公司、消费者以及供应商，而店主作为店铺负责人，其工作的时间和地点很大程度上受到各方制约。时间、地点的不确定性给店主的工作带来较大压力，尤其是那些将网店作为全职工作谋生的店主。

3. 店主角色多元化

网店店主作为店铺的所有者，对店铺的总体发展负责，在这个过程中店主作为一个管理者，需要协调多方面的事务并且对店铺成员分工做出安排。在管理之外，店主也是自己的员工，需要去处理细节上的事情，如作为客服回复消费者对商品的咨询、作为主播进行直播带货等。店主兼任店员角色的原因有两个：一是由于店铺发展规模较小，团队成员较少，要弥补人手的不足；二是"店主"身份所具有的权威性有利于获得消费者的好感和认同感。

店主向大众呈现出来的形象体现的是店铺的品牌形象和风格特征，通过媒介被不断构建和传播，此时的"店主"成为店铺的标志化符号，成为店铺的代言人，具有品牌 IP 的属性。因此，店铺的发展与店主所呈现的形象紧密相连，店主的个人特质影响到店铺形象的表达。品牌的目标就是获得持久稳定的商业利润。[1] 店主形象的良好呈现对店铺的收益起到正向作用，消费者与店主形象产生共情，进而对店主产生信任感，这种信任度会转移到店铺的商品上，于是产生购买行为。拼多多店主陈凯在面对浙大研究生咨询买橘子的过程中，展现出的爱国情怀受到广泛关注，大量消费者涌入其网店，店铺的销量从每天的 100 箱上涨到 2000 多箱。[2] 随着社交电商、内容电商不断增加，网店越来越关注口碑、品牌的建立。不少网店试图通过 KOL（Key Opinion Leader）、KOC（Key Opinion Consumer）推广获得关注、增加销量，

---

① 孔令顺、宋彤彤：《从 IP 到品牌：基于粉丝经济的全商业开发》，《现代传播》2017 年第 12 期。

② 《为国家出点力！大学生和蜜橘商家的聊天记录火了》，参见 https：//mp. weixin. qq. com/s/ JbgKpJji4VHvCPHNx8EYng，最后访问日期：2021 年 11 月 22 日。

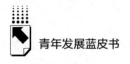
不过相较于 KOL、KOC 推广，将网店店主作为品牌代言人推到前台进行宣传的性价比更高。

4. 社会保障制度不完善

根据上海市人力资源和社会保障局的公开资料，按灵活就业办法参保的人员需要满足以下三个条件：具有本市户籍，男性未满 60 周岁、女性未满 55 周岁，有合法经济收入的自雇人员、无雇工个体工商户及未在用人单位参加基本养老、医疗保险的非全日制从业人员以及其他灵活就业人员；本市户籍人员的外省市配偶，在本市灵活就业并有合法经济收入，男性未满 60 周岁、女性未满 55 周岁的，可参照执行；本市户籍人员在农民合作社、家庭农场和合作联社就业期间，经协商一致，可通过集体参保方式，在办理就业登记手续后参照灵活就业人员的规定缴费。灵活就业的人群可以参加城镇职工基本养老、医疗保险。对于具有营业执照的网店来说，店主可以缴纳职工社保，但对于处在非户籍所在地又没有营业执照的网店店主来说，参加社会保险则更为困难。42%的个人网店店主、32.7%的企业店主没有参加过社会保险，75.6%的个人网店员工、52.4%的企业网店员工没有参加过社会保险，对社会保险"不了解""社会保险费用高""外地户口无法参保""办理手续太复杂"是主要原因。① 尽管电子商务行业在不断地发展，政府也给予了不同程度的政策支持，但是在社会保障方面仍有待完善。

三　小结

电子商务行业在过去 20 多年获得了高速发展。作为新经济形式的电子商务得到了国家政策的大力支持，在脱贫攻坚促发展方面起到了良好的作用。但与此同时，电商行业的竞争也在不断加剧，线上获客成本上升，大电商占据大量流量，线下实体店利用 O2O 模式抢夺电商市场。可以预见的是，电子商务行业在持续的竞争中将不断更新其发展模式，并推动社会发展。

---

① 中国就业促进会等：《网络创业就业统计和社保研究项目报告》，2014。

网店店主作为依托于互联网平台产生的新就业群体值得重视。电子商务深度参与脱贫攻坚当中，农村网店店主数量增多，农村经济发展展现出新的活力。农村店主增多在一定程度上解决了当地就业问题，也带动了乡村地区的现代化建设。同时不容忽视的是女性消费力量和女性网店店主的崛起。

网店店主在当前面临着自身能力提升、社会保障不足等多方面的挑战。未来的电子商务发展将给网店店主带来更为激烈的竞争。关注这一群体的生存状态、提升这一群体的社会保障水平是促进未来电子商务行业健康发展的重要议题。

参考文献

中国互联网络信息中心：第48次《中国互联网发展状况统计报告》，2021。

鞠雪楠、欧阳日辉：《中国电子商务发展二十年：阶段划分、典型特征与趋势研判》，《新经济导刊》2019年第3期。

刘志勇、齐立云、原景成：《大数据时代我国快递业的发展现状与趋势》，《交通运输研究》2019年第5期。

施琦：《新冠肺炎疫情下物流业发展分析》，《中国物流与采购》2020年第16期。

徐智、胡晓洁：《社群经济视角下垂直化纸媒的数字品牌建设路径探析》，《中国出版》2021年第13期。

周应恒、刘常瑜：《"淘宝村"农户电商创业集聚现象的成因探究——基于沙集镇和颜集镇的调研》，《南方经济》2018年第1期。

聂召英、王伊欢：《后疫情时期青年农民网商的生存困境及策略》，《当代青年研究》2021年第1期。

聂召英、王伊欢：《复合型排斥：农村青年女电商边缘化地位的生产》，《中国青年研究》2021年第9期。

邓丽：《淘宝自媒体营销策略研究》，《商场现代化》2014年第22期。

孔令顺、宋彤彤：《从IP到品牌：基于粉丝经济的全商业开发》，《现代传播》2017年第12期。

B.11
北京市网约快递员初期发展状况调查报告*

张成刚　辛茜莉**

摘　要： 本研究通过定性和定量相结合的方法，讨论了以网络平台进行组织的网约快递员的职业特征与劳动保障现状，并在此基础上提出促进青年网约快递员发展的政策建议。数据显示，网约快递员是以青年男性从业者为主的职业。该职业增加了低收入劳动者的月收入，也提升了从业者的收入满意度。同时，从业者对于该职业的担忧主要体现在担心平台收入不稳定、客流不稳定以及工作不稳定上，也担心发生交通事故、治安事故、工伤事故或其他意外事故。缺乏社会保障是该职业所有年龄段群体共同担心的风险，但未缴纳社会保险的从业者比例仍然偏高。

关键词： 新就业形态　新职业　网约快递员　网约配送员

2020 年下半年，一则"快递小哥将获百万购房补贴"消息引起人们的广泛热议。2019 年 8 月，"90 后"快递员李庆恒获得浙江省第三届快递职业技能竞赛快递项目的第一名，被授予"浙江省技术能手"称号，并于2020 年被评为杭州市 D 类高层次人才。按杭州市人才引进政策，该类人才

---

* 本文是国家社会科学基金项目"新就业形态对去产能职工就业帮扶机制与政策评估研究"（项目编号：17CJY069）的阶段性成果。

** 张成刚，首都经济大学劳动经济学院副教授，主要研究方向为劳动经济；辛茜莉，首都经济贸易大学劳动经济学院硕士研究生，主要研究方向为社会保障。

将享有 100 万元购房补贴。这则新闻打破了人们对快递员的刻板印象，让人们重新认识快递员这一职业。

随着数字经济的快速发展，快递员这一职业开始与互联网平台结合，快递员可以通过互联网平台组织，成为网约快递员。现实生活中，网约快递员职业与快递员、网约配送员①职业密切相关，主要工作任务都是将客户的物品送达指定地点和指定人员。网约快递员和网约配送员的工作都是通过移动互联网平台等获取订单，一般都会按照平台智能规划路线，在一定时间内将订单物品递送至指定地点。因此在概念范畴上，快递员职业包含了网约配送员职业，而网约配送员职业中，又包含了外卖骑手和城市即时配送服务人员（即网约快递员）。

网约快递员的用工模式一般可以分成两类，一类是利用社会闲散运力的众包模式，另一类是以自营的形式招募人员的自建模式。前者运力招募迅速，平台化模式轻，可实现物流配送劳动力的增加以及配送效率的提升，但运营门槛高、难度大。后者管控力度强，服务品质、服务时效均有保障，但运营成本高，需要高订单量维持运力规模。总体上看，研究网约快递员的文献还非常缺乏。目前国内对快递配送领域的研究关注对象是传统快递员，而对该领域新就业形态的主要关注对象为骑手。对以同城配送业务为主的网约快递员还缺乏基本的研究。

随着网约配送服务量的增长，对网约配送员，特别是网约快递员的需求也不断增长。网约快递员工作易上手，从业门槛低，多劳多得，也成为新蓝领的热门职业选择。网约快递员多为"80 后""90 后"，并逐步向低年龄层加速渗透。不过，随着消费升级，市场对网约快递员的个人专业素质和服务提出了更高的要求，对网约快递员进行有效管理，提高服务质量和服务效率成为该业务竞争关键。本研究通过定性②和定量③相结合的混合方法，讨论

①　网约配送员为 2020 年 1 月由人社部公布的 16 个新职业之一。

②　本文深度访谈了 6 位青年网约配送员和网约配送平台管理者。

③　北京市交通运输工会、政法卫生文化工会、市总工会工运史和劳动保护研究室、北京市互联网行业工会联合会于 2017 年 3~5 月联合开展了平台劳动者就业状况、劳动权益状况调查，本文以此样本为依据进行定量分析。

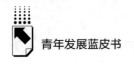

了以网络平台进行组织的网约快递员职业的特征与劳动保障现状，并在此基础上给出促进青年网约快递员发展的政策建议。

一 网约快递员的基本情况

从个人特征看，网约快递员以青年男性为主，男性占比为3/4。尽管女性占比仅为25%，但该比例显著高于外卖骑手中女性的比例①。网约快递员学历水平以高中及以下学历为主。从家庭情况来看，网约快递员多为已婚，大部分已育有子女（见表1）。

表1　网约快递员人口统计变量

单位：%

变量			占比
个人特征	性别	男	75
		女	25
	年龄	24岁及以下	12.50
		25~34岁	50.89
		35~44岁	25.89
		45~54岁	10.71
	户籍	本地户口	26.79
		非本地户口,但持有居住证	39.29
		非本地户口,没有居住证	33.93
	学历	初中及以下	31.25
		高中或中专	37.50
		大专或高职	20.54
		大学本科	8.92
		硕士及以上	1.79

---

① 美团研究院（2018）研究认为女性外卖骑手占比为8%。

续表

变量			占比
家庭特征	婚姻	已婚	71.43
		未婚	28.57
	子女数	没有	33.93
		1	44.64
		2	21.43

资料来源：作者根据样本统计。

网约快递员中 24 岁及以下的青年占比 12.5%，是网约快递员的新生力量；25～34 岁占 50.89%，是目前网约快递员的主力军；45～54 岁占比仅为 10.71%。总体上来说，网约快递员是以青年劳动者为主力的新兴职业。

网约快递员大部分是城市外来务工人员，73.22% 的网约快递员没有本地户口。网约快递员中 68.75% 的就业者为高中及以下学历，其中，高中或中专学历人员占 37.5%，初中及以下学历占比 31.25%。值得关注的是，31.25% 的网约快递员是大专及以上学历。这也意味着网约快递类的新职业成为大学生就业的一种选择。

网约快递员中有 71.43% 的就业者处于已婚状态，其中，44.64% 的就业者养育 1 个孩子，33.93% 的就业者目前没有孩子，21.43% 的就业者已养育 2 个孩子。

二 网约快递员的就业状况

国内学者对快递员的就业状况进行了大量的研究，从就业优势来看，网约快递员的收入相对较高，同时入职门槛较低。赵莉、刘仕豪通过网络调研和实地访谈调研了 180 多名网约快递员，发现网约快递员的收入总体是比较可观的，高于普通行业的从业人员，[1] 遇到类似"双 11""元旦节"这样的

---

① 赵莉、刘仕豪：《"风雨急速人"——北京市快递员生存现状及角色认同研究》，《中国青年研究》2017 年第 6 期。

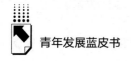

网购促销时期，由于快递数量剧增，他们月收入会"爆发式"增加。① 另外，大部分网约快递员的学历不高且多为外来务工人员，导致他们在劳动力市场竞争中处于劣势地位，而网约快递员的入职门槛较低，这为他们在城市中立足提供了一个很好的"跳板"。②

但是，网约快递员也面临很多问题。首先，网约快递员的工作时间长、工作强度大、生活不规律。大多数网约快递员的日工作时间远远超过法定工作时间，月休息时间也非常少，即使企业规定了休息时间，但网约快递员为了增加收入还是会主动放弃休息时间。③ 其次，公众对网约快递员缺乏社会认可。歧视、不尊重网约快递员的现象时有发生，比如不允许网约快递员使用电梯，由于快递小哥频繁用电梯被要求缴纳电梯费。④ 最后，网约快递员的职业发展受限。网约快递员很少主动接受职业技能培训，也缺乏明确的职业发展规划。⑤

本文通过对样本数据进行定量分析，研究发现网约快递员以兼职为主，多数在私营企业工作。大部分青年网约快递员从事网约快递员工作时间较短。网约快递员每周和每日的工作时间可以自由安排。从收入水平看，大多数网约快递员的月收入增加，他们对当前的收入较为满意。尽管劳动者对从事网约工作会有一些担忧，但很多人还是对网约工作比较满意的。

（一）专职、兼职网约快递员同时存在，以兼职为主

网约快递员多数是兼职，有两种情况。第一种是有本职工作，兼职做网约工；第二种是以做网约工作为主，兼职做其他工作。有本职工作，兼职做

① 方奕、王静、周占杰：《城市快递行业青年员工工作及生活情境实证调查》，《中国青年研究》2017年第4期。
② 周占杰、朱晓宇、张肖婧：《快递员的工作激情与工作-家庭平衡关系研究》，《中国青年研究》2017年第4期。
③ 方奕、王静、周占杰：《城市快递行业青年员工工作及生活情境实证调查》，《中国青年研究》2017年第4期。
④ 张艳斌：《为梦负重前行：快递小哥的成就及其限度》，《北京社会科学》2019年第7期。
⑤ 王星、韩昕彤：《新兴职业群体的权利保障与社会排斥——基于天津市"快递小哥"的调查分析》，《江海学刊》2020年第3期。

网约快递员的模式占比最高，达到 56.24%。有本职工作的网约快递员，多数是在私营企业工作或是个体经营户，仅 16.96% 的人是在行政机关、事业单位、国有或集体企业等相对稳定的单位工作（见表 2）。

表 2　网约快递员就业背景

就业情况	变量	人数（人）	占比（%）
专职做网约工		40	35.71
有本职工作，兼职做网约工	行政机关	1	0.89
	事业单位	8	7.14
	国有、集体企业	10	8.93
	私营企业	26	23.21
	外商及港澳台商投资企业	0	0
	个体经营户	18	16.07
以做网约工为主，兼职做其他工作		9	8.04

资料来源：作者根据样本统计。

本职工作稳定，兼职做网约快递员工作的就业方式反映了新就业形态灵活性强、进入退出成本低的特点，这也是新就业形态可以增加劳动者供给的重要原因，同时也为劳动者提供了获得更多收入的来源。闪送快递员孙师傅的本职工作是永安门一片公寓小区的夜班保安，他说"因为本职工作比较闲，兼职做快递，不觉得累，趁着年轻多干点"。"对现在的工作相对比较满意，大部分闪送的快递员都有本职工作，趁着下班干兼职。"

（二）网约快递员普遍从业时间较短，工作时间自由

网约快递员等新就业形态是近几年依托互联网技术发展起来的，兴起时间较短。因此，从业两年以上的网约快递员仅占 16.07%，约 60% 的网约快递员从业时间都在 1 年及以下（见表 3）。新就业形态虽兴起较晚，但发展迅猛，越来越多的人已进入新就业形态，未来还会有更多的人加入。

网约快递员的时间相对自由，80% 以上的受访者都认为从事网约快递员的工作可以自主安排工作时间和生活时间，日工作时间和周工作时间都可以

根据自己的实际情况进行安排。日工作时间在 4 小时及以下、4~8 小时
（含）、8~11 小时（含）的网约快递员各自占比都在30%左右，日工作时间
超过 11 小时的网约快递员占比较低。超过 50% 的网约快递员每周 6 天或 7
天都会工作。闪送快递员孙师傅认为"在闪送做快递员，比原先的快递工
作自由，原先的快递工作比较忙"。

表3 网约快递员的工作时间

工作时间	变量名	人数（人）	占比（%）
从事网约工作的时间	半年及以下	40	35. 71
	半年~1 年（含）	29	25. 89
	1~2 年（含）	25	22. 32
	2 年以上	18	16. 07
每周工作时间	7	34	30. 36
	6	23	20. 54
	5	19	16. 96
	4	4	3. 57
	3	15	13. 39
	2	9	8. 04
	1 天及以下	8	7. 14
每天工作时间	4 小时及以下	33	29. 46
	4~8 小时（含）	34	30. 36
	8~11 小时（含）	32	28. 57
	11 小时以上	13	11. 61
自主安排时间	能	91	81. 25
	不能	21	18. 75

资料来源：作者根据样本统计。

（三）网约快递员收入满意度较高

本次调研中，专职网约快递员月收入水平主体为 4000~5000 元，10%
左右劳动者的月收入在 5000 元以上。有本职工作、兼职做网约工的网约快
递员月收入基本在 4000 元以下，1890 元及以下的居多，6000 元及以上的极

少（见表4）。以网约快递员工作为主，兼职做其他工作的网约快递员的收入分布相对分散，工资水平取决于两份工作工资之和。在访谈中，闪送快递员孙师傅认为"（做闪送快递员后）收入比以前光干快递的时候高，因为保安每月2000多的工资，加起来一个月7000~8000元"。

表4　网约快递员的月收入情况

单位：%

变量名		专职做网约工	有本职工作，兼职做网约工	以做网约工为主，兼职做其他工作
月收入	1890元以下	2.68	25.00	1.79
	1890~3000元	5.36	16.96	1.79
	3001~4000元	6.25	8.93	0.89
	4001~5000元	10.71	2.68	1.79
	5001~6000元	5.36	1.79	1.79
	6001~7000元	2.68	0.00	0.00
	7001~8000元	1.79	0.00	0.00
	8001~9000元	0.89	0.89	0.00

注：2017年，北京市月最低工资标准为1890元。
资料来源：作者根据样本统计。

由于大部分劳动者是从其他职业进入网约快递员工作的，本次调研同时询问了网约快递员收入变化情况和劳动者的收入满意度。从收入变化来看，62.5%的劳动者在进入网约快递员职业后的收入有所提高，仅12.5%收入减少。从收入满意度来看，48.21%的网约快递员对其当前的收入比较满意，不足10%对当前收入不满意（见表5）。

表5　网约快递员的收入变化

单位：%

指标	变化	占比
月收入变化	增加了	62.5
	基本持平	25
	减少了	12.5

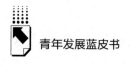

续表

指标	变化	占比
收入满意度	非常满意	18.75
	比较满意	29.46
	一般	41.96
	比较不满意	5.36
	非常不满意	4.46

资料来源：作者根据样本统计。

本研究同时分析了不同收入水平从业者在进入网约快递员工作后收入的变化情况。总体上看，不同月收入水平劳动者都有一定比例收入增加，且月收入水平越低的从业者中，月收入增加的比例越高。月收入4000元及以下劳动者中，样本中45.53%的从业者月收入水平都增加了（见表6）。网约快递员职业给劳动者，特别是低收入劳动者带来了月收入的增加。

表6 网约快递员月收入及其变化

单位：%

月收入	增加了	基本持平	减少了
1890元以下	17.86	8.04	3.57
1890～3000元	16.96	5.36	1.79
3001～4000元	10.71	2.68	2.68
4001～5000元	6.25	4.46	4.46
5001～6000元	6.25	2.68	0.00
6001～7000元	0.89	1.79	0.00
7001～8000元	1.79	0.00	0.00
8001～9000元	1.79	0.00	0.00
总占比	62.5	25.01	12.5

资料来源：作者根据样本统计。

（四）对网约快递员职业的认可与担忧

绝大多数网约快递员做网约工的原因首先是他们认为该职业可以增加收

入。兼职网约快递从业者也希望在寻求稳定的全职工作时可以有一定的收入或者是在本职工作以外获得额外收入。网约快递员认为该职业的自由度相对较高，劳动者可以自由安排工作时间和生活时间，可以平衡工作和家庭生活。此外，网约快递员认为该职业的进入门槛相对较低，平台相比传统方式能够提供更多就业机会。以平台作为组织基础的网约快递新就业形态也为下岗失业工人、城市务工农民工等就业重点群体提供了就业机会。

同时，劳动者在从事网约快递员工作时也存在担忧。劳动者的担忧主要来源于两个方面。一方面，网约快递员担心平台收入不稳定、客流不稳定以及工作不稳定。新就业形态下，劳动者的工作与消费者需求直接对接。劳动者的工作量、收入水平与消费者的需求稳定性（客流稳定）直接相关。因此，对客流不稳定的担忧和对收入不稳定、工作不稳定的担忧直接相关。另一方面的担忧来源于劳动者发生交通事故、治安事故、工伤事故或其他意外事故的可能。网约快递员主要活动范围在交通道路上，发生各类事故的概率较大，同时由于该类风险未得到相关保险保障，因此成为网约快递员主要的担忧来源。本次调研了解了网约快递员对社会保障的理解，约30%的被调查者认为平台未为劳动者缴纳社会保险应承担部分，因此存在后顾之忧。从比例上看，担忧社会保障的网约快递员比例相对较低，这也许与该群体以青年就业者为主、对未来保障担心较少有关。此外，45岁以上的对社会保障的担忧占比较小。

总体上看，网约快递员的主观工作满意度较高。网约快递员对网约工作存在一些担忧，但还是有44.64%的人对网约快递员工作表示满意和比较满意，只有4.47%对网约工作不满意，50.89%的网约快递员的工作满意度一般（见表7），说明该职业的就业质量还有较大改善空间。

表7　网约快递员对做网约工作的态度

选项		人数（人）	占比（%）
认可	增加收入	81	72.32
	平衡工作和家庭生活	19	16.96
	下岗失业后再就业	14	12.5
	自由度更高	43	38.39

续表

	选项	人数（人）	占比（%）
认可	平台就业机会多，传统方式机会少	23	20.54
	进入门槛较低	32	28.57
	一边挣钱一边寻求稳定的全职工作	22	19.64
	在本职工作以外获得额外收入	28	25
担忧	客流不稳定	52	46.43
	收入不稳定	70	62.50
	没有缴纳社保，存在后顾之忧	33	29.46
	交通事故、治安事故、工伤事故或其他意外事故	59	52.68
	职业发展	28	25
	工作不稳定	35	31.25
网约工作满意度	非常满意	14	12.5
	比较满意	36	32.14
	一般	57	50.89
	比较不满意	3	2.68
	非常不满意	2	1.79

资料来源：作者根据样本统计。

本研究分析了不同年龄段群体中，对于未缴纳社保而产生对网约快递员职业担忧群体的比例。表8显示，四个年龄段从业者群体中，对社保担忧的比例基本相同，甚至24岁及以下群体中，对社保担忧的比例更高。这反映了对于社保的担忧并不仅仅存在于年龄较大、更接近退休年龄的从业者群体，而是普遍存在于所有年龄段群体。年轻的从业者群体更看重社会保障，可能是由于具有更清晰的社会保障意识。

表8　有社保担忧的年龄分布

单位：%

变量	占比
24岁及以下	35.7
25~34岁	28.1
35~44岁	27.6
45~54岁	33.3

资料来源：作者根据样本统计。

三 网约快递员的劳动者保障现状

虽然网约快递员参加社会保险的情况好于一般农民工，但也不容乐观，能为员工提供社会保险的企业总体上是少数，为员工缴纳社会保险对于大多数的小微企业来讲并不现实。[①] 此外，网约快递员在工作中容易遭受意外伤害，然而快递员由于缺乏劳动合同和工伤保险，以致工伤认定难，出现事故之后合法权益难以被保护。[②] 同时，网约快递员的维权意识较弱，对相关法律和维权渠道的了解少，一旦发生争议，多会选择自认倒霉、私了，或者以其他偏激的手段来解决问题。[③]

新就业形态的典型特征是以平台作为工作的组织基础。因此网约快递员与平台企业的关系是决定劳动者就业质量和劳动关系的重要方面。本文通过定量分析发现专职网约快递员或以网约快递工作为主、兼职做其他工作的网约快递员中有两成多与平台签订了协议。有本职工作的兼职人员多数是与本职工作单位或原单位签订劳动合同。平台会为网约快递员提供多种多样的服务，但同时也会对网约快递员提出管理要求。平台为了更好地管理网约快递员会制定一些评价考核与奖惩机制，但大部分平台在制定这些机制或一些其他规章制度时很少征集网约快递员的意见。总体上看，网约快递员对平台管理的满意度较高。

（一）网约快递员劳动关系现状

专职网约快递员或以网约工作为主、兼职做其他工作的网约快递员部分与平台签订了劳动协议；有本职工作的兼职人员更多的是与本职工作单位或

[①] 赵莉、刘仕豪：《"风雨急速人"——北京市快递员生存现状及角色认同研究》，《中国青年研究》2017 年第 6 期。
[②] 王秋文、邵旻：《快递员社会保障存在的问题及对策研究》，《劳动保障世界》2018 年第 9 期。
[③] 柳娟：《快递员劳动权益保障方式比较研究》，《经济研究导刊》2020 年第 26 期。

原单位签订劳动合同；当然也有26.78%的网约快递员未签订任何合作协议或劳动合同（见表9）。

表9　网约快递员劳动关系相关情况

单位：%

变量		专职做网约快递员	有本职工作，兼职做网约快递员	以做网约快递员为主，兼职做其他工作
签订劳动合同或合作协议的情况	与平台签订合作协议	13.39	6.25	2.68
	与平台签订劳动合同	2.68	4.46	0
	与本职工作单位或原单位签订劳动合同	1.79	25.00	0.89
	与第三方签订劳动合同	2.68	5.36	0.89
	什么都没签	10.71	9.82	3.57
	不清楚签的是什么	4.46	5.36	0.00
社会保险缴纳情况	全部自己缴纳	9.82	12.50	2.68
	个人与本职工作单位或原单位共同缴纳	4.46	29.46	1.79
	个人与平台共同缴纳	1.79	2.68	0.89
	均未缴纳	19.64	11.61	2.68

资料来源：作者根据样本统计。

社会保险缴纳方面，约25%的专职网约快递员是自己缴纳全部社会保险；有本职工作的兼职人员基本是个人与本职单位或原单位共同缴纳；平台基本不会为网约快递员缴纳社会保险。闪送快递员孙师傅说"与保安公司签订的合同，给上三险，但是自己觉得跟没有一样（刚开始的时候说保安公司没有给上保险）。平台20%的佣金里每一单有3毛的人身意外伤害险。自己朋友是卖保险的，自己在朋友那里买了大病商业险。"

（二）平台对网约快递员的要求与提供的服务

平台为了让网约快递员更好地工作，会为他们提供多种多样的服务。首先，大多数网约快递员在上岗前会接受上岗培训，日常工作中也需要进行线上学习。其次，网约快递员发生交通事故的概率较大，一些平台会为他们提供商业保险。最后，有些平台也会实行积分奖励、奖品、奖金、奖励性旅游等一些激励性措施；有些网约快递员过年过节也会收到平台发放的米、面、油等福利；极少数还会收到平台提供的生产工具、劳动保护用品等一些工作必需品。因此，网约快递员对平台服务的满意率也较高，达到53.57%。

表10　平台为网约快递员提供的服务及要求

单位：%

变量	分变量	占比
平台服务	上岗培训	81.25
	日常线上学习	37.50
	生产工具	8.04
	劳动保护用品	6.25
	商业保险(意外险)	30.36
	积分奖励、奖品、奖金、奖励性旅游	22.32
	年节发放米面油等福利	5.36
平台要求	在线时间	32.14
	接单量	35.71
	服务质量	59.82
	生产工具	10.71
	服务用语	49.11
	服务用品	19.64
	着装	31.25
	配备或佩戴有平台名称、LOGO的衣、物、标牌等	32.14
	持证上岗	44.64
服务满意度	非常满意	19.64
	比较满意	33.93
	一般	33.93
	比较不满意	8.93
	非常不满意	3.57

资料来源：作者根据样本统计。

平台在为网约快递员提供服务的同时相应地也会对他们提出一些要求。首先，最基本的要求是拥有相应的证件，持证上岗；其次，要有服务用品或

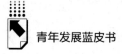

生存工具，在提供服务的时候使用服务用语，提高服务质量；再次，有些平台会对在线时间和接单量进行约束；最后，还有一些平台会要求网约快递员配备或佩戴有平台名称、LOGO 的衣、物、标牌等。

闪送快递员孙师傅说："在平台注册，有一天的培训，经过考试，平台给发工牌，工牌上有照片、姓名、编号以及闪送的标志和服务口号等。还有一件闪送专用的绿色的夏天的马甲。摩托车是自己买的，花了 4900 元，平台不提供车。"

美团外卖员王师傅称："自己买的电瓶车。服装、送餐包（价格 300 多元）以及雨衣都由平台发，但需交押金 500 元。辞职走人时，餐包可退，但雨衣只要用了就不退，衣服脏了，也不退。"美团陈站长在餐包上打出的招聘广告称"工资 3000+绩效，月入 8000 元"。饿了么外卖员刘师傅称："车是自己买的，每月拿工资，刚来半个月，还没领到工资。服装平台发，有两套，一套饿了么，一套蜂鸟配送。"

（三）平台对网约快递员的管理方式

网约快递员在通过平台进行服务时，平台往往会抽取一定的提成。34.82%的网约快递员会被平台抽取 15%~20%的提成，1.78%会被抽取 30%以上的高额提成，当然也有 4.46%不会被平台抽取提成（见表 11）。

表 11　平台对网约快递员的管理

变量		人数（人）	占比（%）
平台抽取 的提成	10%以下	17	15.18
	10%~15%（含）	17	15.18
	15%~20%（含）	39	34.82
	20%~30%（含）	20	17.86
	30%~50%（含）	1	0.89
	50%以上	1	0.89
	没有提成	5	4.46
	不清楚	12	10.71

续表

变量		人数(人)	占比(%)
平台的评价考核 与奖惩机制	有	87	77.68
	没有	15	13.39
	不清楚	10	8.93
平台制定各项规章 制度时征求意见	会	38	33.93
	不会	74	66.07
对平台管理 的满意度	非常满意	19	16.96
	比较满意	30	26.79
	一般	41	36.61
	比较不满意	13	11.61
	非常不满意	9	8.04

资料来源：作者根据样本统计。

平台为了更好地管理网约快递员会制定一些评价考核与奖惩机制，但大部分平台在制定这些机制或一些其他规章制度时很少征集网约快递员的意见，会引起一些网约快递员的不满。不过从整体来看，网约快递员对平台的管理还是比较满意的。

闪送快递员孙师傅说："平时在外面跑，基本不回公司，回去也没事。有专门的城市专员负责培训、与快递员联络，没有工作群，有事直接打电话。"

四　结论

总体上看，网约快递员是以青年从业者为主的职业。但相比网约配送员中另一个主要群体——外卖骑手，该职业中女性参与的比例更高。专职、兼职网约快递员同时存在，以兼职为主，这也给该职业的劳动关系认定和社会保障等带来了困难。

网约快递员职业增加了低收入劳动者的月收入，也提升了从业者的收入满意度。网约快递员，特别是兼职从业者，看中了该职业工作自由灵活、可以自由安排工作的优势。网约快递员对职业既有认可，也有担忧。认可主要表现在该职业可以增加收入，该职业的自由度相对较高以及进入退出门槛相对较低，这些都可以增加网约快递员的工作满意度与就业机会。对于该职业的担忧主要体现在担心平台收入不稳定以及客流不稳定、工作不稳定，也担心发生交通事故、治安事故、工伤事故或其他意外事故。缺乏社会保障是该职业所有年龄段群体共同担心的风险。年轻的从业者群体更看重社会保障。

青年网约快递员在发展中也面临一些亟待解决的问题。

第一，缺乏学习与技能提升机会。尽管大部分网约快递平台都为青年从业者提供了上岗培训，但除上岗培训外，能够提供日常培训的平台占比仍然较低。网约快递员缺乏职业技能评价标准，职业技能提升缺乏体系和方向。

第二，网约快递员在平台各项规章制度制定中缺乏声音。平台为了更好地管理网约快递员会制定一些评价考核与奖惩机制，但大部分平台在制定这些机制或一些其他规章制度时很少征集网约快递员的意见，会引起一些网约快递员的不满。

第三，网约快递员与平台企业之间的关系问题尚待厘清，未缴纳社会保险劳动者占比仍然较高。接近20%的专职网约快递员未缴纳社会保险，有26.78%的网约快递员未签订任何合作协议或劳动合同。

参考文献

美团研究院：《城市新青年——2018外卖骑手就业报告》，2018。

方奕、王静、周占杰：《城市快递行业青年员工工作及生活情境实证调查》，《中国青年研究》2017年第4期。

梁振华、刘志敏：《最熟悉的陌生人——太原市快递员生存现状与社会融入研究》，《山西高等学校社会科学学报》2019年第3期。

柳娟：《快递员劳动权益保障方式比较研究》，《经济研究导刊》2020年第26期。

王秋文、邵旻：《快递员社会保障存在的问题及对策研究》，《劳动保障世界》2018年第9期。

王星、韩昕彤：《新兴职业群体的权利保障与社会排斥——基于天津市"快递小哥"

的调查分析》，《江海学刊》2020 年第 3 期。

张艳斌：《为梦负重前行：快递小哥的成就及其限度》，《北京社会科学》2019 年第 7 期。

赵莉、刘仕豪：《"风雨急速人"——北京市快递员生存现状及角色认同研究》，《中国青年研究》2017 年第 6 期。

周占杰、朱晓宇、张肖婧：《快递员的工作激情与工作-家庭平衡关系研究》，《中国青年研究》2017 年第 4 期。

B.12
青年网约配送员研究报告

朱迪 王卡*

摘　要： 网约配送员职业以其灵活的就业形态吸纳了大量农民工和大学生等青年群体，对促进就业做出了重要贡献。本报告通过全国调查数据，考察网约配送员的总体人口特征，工作、家庭和生活状况，社会态度与价值观等，了解该群体面临的压力与困境以及利益诉求等，目的是促进新职业青年的成长与发展。研究发现，网约配送员职业有力地促进了就近就业，八成被访者当前在省内就业，月收入集中在4000~8000元，但是工作强度普遍较高、1/4没有任何福利保障，大多来自农村、父母文化程度较低、养育多子女的家庭，超六成有负债，本人预期向上流动的比例低于全国在职青年平均水平，呈现对职业和未来的焦虑，未来五年转向创业开店和上学充电的比例增加，超七成未来可能返乡工作。本报告强调应当从落实福利保障和劳动权益保护、加强职业技能培训、规范职业晋升渠道、拓展职业发展空间、完善各个层面的社会支持体系等方面，扶持和促进这群新职业青年的职业发展和生活保障，促进社会认同和社会融入。

关键词： 青年　新职业　平台经济　职业发展　社会支持

近年来，互联网技术进步与大众消费转型升级催生了一大批形态多样、

* 朱迪，中国社会科学院社会学研究所研究员，中国社会科学院大学社会学院教授；王卡，中国社会科学院大学社会学院博士研究生。

分工精细的新兴职业，这些新就业的主要特征是借助互联网平台从事生活消费类服务，以非标准就业、打零工、自我雇佣等多种形式灵活就业。《中长期青年发展规划（2016-2025 年）》明确指出，要扶持发展现代服务业、战略性新兴产业、劳动密集型企业和小微企业，吸纳青年就业。加强对灵活就业、新就业形态的支持，促进青年自主就业，鼓励多渠道多形式就业。

数据显示，新职业从业人员已经成为我国当前以及未来劳动力市场中不容忽视的就业群体，以网约配送员为代表的新业态和新职业对促进中青年农民工和大学生就业有重要作用。2020 年初，"外卖小哥"有了官方认证，以"网约配送员"的名称正式成为新职业，被纳入国家职业分类目录。网约配送员的学历呈走高趋势，2020 年饿了么平台的大学生网约配送员占比接近两成[①]，美团平台大专及以上学历网约配送员占比达到 24.7%。[②] 同时，这些新职业对于整体改善农民工的就业形势，也具有重要意义。数据显示，饿了么平台网约配送员平均年龄 31 岁，"90 后"占比 47%，八成来自农村；在美团平台就业的外卖骑手中，有 25.7 万人是建档立卡贫困人口，占网约配送员总量的 6.4%，2019 年共有 56.8%的网约配送员通过外卖骑手工作实现本省就业[③④]。

本报告试图通过网约配送员这一群体来解读新职业青年的特征与发展状况。报告通过问卷调查、[⑤] 调研访谈等方式，考察网约配送员的总体人口特征，工作、家庭和生活状况，社会态度与价值观等，了解该群体面临的压力

---

① 阿里研究院：《2020 饿了么蓝骑士调研报告》，https：//mp. weixin. qq. com/s/dsGM1eC KGDbVBcrklDSVVA。

② 美团研究院：《美团：2020 年上半年骑手就业报告》，https：//mp. weixin. qq. com/s/cMEfsTfLfvSxF88dLN8LIw。

③ 阿里研究院：《2020 饿了么蓝骑士调研报告》，https：//mp. weixin. qq. com/s/dsGM1eC KGDbVBcrklDSVVA。

④ 美团研究院：《2019 年及 2020 年疫情期间美团骑手就业报告》，https：//about. meituan. com/research/report。

⑤ 数据来源于网约配送员群体的全国调查。该调查由共青团中央维护青少年权益部、中国社会科学院社会学研究所共同组织实施，调查对象是 18~45 岁的网约配送员，来自全国 31 个省/自治区/直辖市，调查时间是 2020 年 10 月，根据网约配送员的地区分布形成配额抽样方案，经过数据清理后，共获得有效样本 6196 个。

与困境以及利益诉求等，目的是促进新职业青年的成长与发展。

调查总样本为 6196 个。93.3% 的网约配送员主要在一个平台工作，其他样本在两个或三个平台工作，比例分别为 3.5% 和 3.2%。可见在我们的样本中，绝大多数为专送骑手。样本中，男性占 90.8%；女性占 9.2%；年龄主要集中在 21~30 岁，占 51.0%，其次是 31~40 岁，占 37.1%，41~45 岁与 18~20 岁群体分别占 6.5% 和 5.4%；农业户口占 70.3%，非农业户口占 29.7%；已婚占 53.8%，未婚占 40.2%，离婚或丧偶的占 6%；有 18 岁以下子女的占 53.5%，没有未成年子女的占 46.5%。样本的受教育程度集中在高中、中专或职高学历，占 47.1%，初中学历占 24%，小学及以下学历占 5.0%，此外，大学专科学历占 16.8%，大学本科及以上学历占 7.1%，可以看出调查样本中的网约配送员受教育程度与其他已有调研发现类似。

一 工作状况

（一）八成当前省内就业，高于农民工平均水平

调查通过对网约配送员家乡所在省份和工作所在省份的交互分析发现，目前在家乡所在省内就业的网约配送员有 5018 人，占 81.0%，高于农民工总体的省内就业比例，① 根据国家统计局发布的《2019 年农民工监测调查报告》，② 农民工省内就业比例为 56.9%。

网约配送员省内就业比例最高的五个省份为：青海省、广东省、新疆维吾尔自治区、福建省、山东省，均超过 90.0%，省内就业比例超过 50.0% 的省份共 21 个。网约配送员跨省就业比例最高的 5 个省份为：云南省、四川省、海南省、吉林省、宁夏回族自治区，其中四川和吉林也通常是劳动力

---

① 由于近七成网约配送员样本为农村户籍，从事的工作以半体力劳动为主，因此跟农民工群体具有一定可比性。

② 《2019 年农民工监测调查报告》，http://www.stats.gov.cn/tjsj/zxfb/202004/t20200430_1742724.html。

输出大省。

从全国六大区①来看，选择在本地区内就业的有 5503 人，占 88.8%。网约配送员地区内就业比例从高到低依次为：华东地区（95.5%）、华中南地区（93.4%）、华北地区（83.7%）、西北地区（76.0%）、东北地区（68.8%）、西南地区（61.0%）。可以看出，地区内就业比例较高的通常是经济发展水平较高的区域，同时地区内就业比例较高，说明网约配送员即使没有选择本省份就业，也更倾向于选择邻近省份就业。与全国农民工整体相比，调查发现网约配送员工作更有利于就近就业。

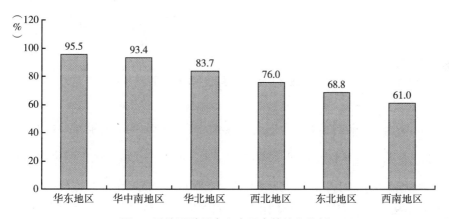

图 1　网约配送员在六大区内的就业比例

（二）六成月收入在4000~8000元，1/4没有任何福利保障

网约配送员的月收入在 2000 元以下的占 4.3%，2000~3999 元的占 25.4%，4000~5999 元的占 44.3%，6000~7999 元的占 19.2%，8000~9999 元的占 4.8%，1 万元及以上的占 2.0%（见图2）。可见，近一半网约配送员的月收入在 4000~5999 元，超过六成月收入在 4000~8000 元，月收入

---

① 六大区划分为：东北（黑龙江、吉林、辽宁）、华北（北京、河北、天津、内蒙古、山西）、华东（山东、江苏、安徽、浙江、江西、福建、上海）、华中南（河南、湖北、湖南、广东、广西、海南）、西南（四川、重庆、云南、贵州、西藏）、西北（陕西、甘肃、宁夏、青海、新疆）。

8000 元及以上的高收入比例不到 7%。通过用组中值赋值每个收入组，同时对最低组赋值为 1000 元，最高组赋值为 20000 元，来估算平均收入，网约配送员的平均月收入大约为 5079.6 元。

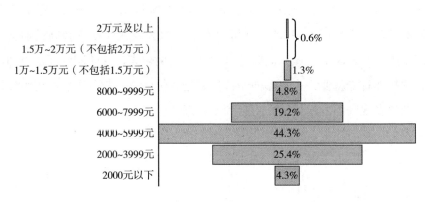

图 2 网约配送员月收入分布

一线城市①的网约配送员收入整体更高。工作地为一线城市的网约配送员中，月收入在 6000~7999 元的占 34.8%，而非一线城市该比例为 17.6%；在一线城市中，月收入在 8000~9999 元的占 12.6%，而在非一线城市仅为 4.0%；从均值来看，在一线城市工作的网约配送员月收入均值约为 6133.6 元，在非一线城市工作的网约配送员月收入均值约为 4970.7 元。

从各年龄组的收入分布情况来看，31~40 岁群体的收入相对高于其他群体，其次是 21~30 岁群体，再次是 41~45 岁群体，18~20 岁群体相对最低。具体来说，31~40 岁网约配送员的月收入在 6000 元及以上的比例为 27.7%，均值约为 5188.4 元，21~30 岁的月收入在 6000 元及以上的比例为 25.9%，均值约为 5088.9 元，41~45 岁与 18~20 岁的月收入在 6000 元及以上的比例分别为 22.5%、19.1%，均值约为 4725.9 元、4671.6 元。

从不同户籍的收入分布情况来看，农业户口的网约配送员收入略高，其收入在 6000 元及以上的比例为 27.5%，均值为 5149.4 元，高于非农业户口

① 一线城市指北京、上海、广州、深圳四个城市。

的网约配送员的 23.0% 和 4947.3 元，农业户口网约配送员工作时间更长、收入相对较高，这主要反映了网约配送员职业"多劳多得"的属性。

同时发现，网约配送员的收入不存在明显的受教育程度差异。这与我们 2019 年进行的城市快递员调查发现类似，以经验和学历为代表的人力资本因素对于快递员工资没有显著影响。[1] 这当然与快递和网约配送的职业技能不一定与学历挂钩有关，但也意味着快递员和网约配送员的职业上升空间有限，很大程度上也会制约快递和网约配送行业的发展。

调查中发现，9.4% 的网约配送员不只拥有一份工作，还存在其他兼职。在有兼职的网约配送员中，有 1 份兼职的占 64.7%，有 2 份兼职的占 30.4%，有 3 份兼职的占 4.9%。同时发现，不同年龄组的兼职情况存在明显差异，年龄越大拥有兼职的比例越高，且兼职的份数更多，反映其经济压力与工作压力更大。

在做网约配送员之前，样本中有正式全职工作的占 46.2%，自由职业者占 33.1%，失业/下岗人员占 6.7%，在学校上学的占 4.1%，务农的占 2.6%，其他（如毕业后一直没有工作、料理家务、退休等）为 7.3%。对于之前有全职工作或为自由职业的网约配送员，其前一份工作的职业主要为普通工人、商业服务业人员以及自由职业者，比例分别为 31.2%、17.4% 和 17.4%，此外，个体经营者/承包商占 10.8%、普通职员占 8.6%、企业管理者占 3.7%、务农占 3.6%、新职业占 1.4%。[2]

调查显示，90.3% 的网约配送员在目前这份工作的就业身份是雇员或工薪收入者，5.8% 的为自营劳动者，2.2% 为雇主/老板。与平台、雇主或第三方机构签订了合同的占 94.3%，没有签订任何合同的比例为 5.7%。

不管是社会保险还是商业保险，网约配送员拥有医疗保险的比例是最高的，为 44.8%，拥有工伤保险的比例也很高，为 43.3%，拥有养老保险、失业保险、住房公积金的比例分别为 27.2%、20.5%、6.3%，任何福利保

---

[1] 朱迪等：《2019 年中国城市快递员调查报告》，《2021 年中国社会形势分析与预测》，社会科学文献出版社，2020。

[2] 此外还有一些职业，包括专业人员占 1.3%、政府机关干部/公务员占 0.9%、其他占 3.8%。

障都没有的比例为 24.9%。

除工伤保险和城乡最低生活保障外，农业户口网约配送员的各项福利保障拥有率都低于非农业户口，且农业户口网约配送员总体福利保障拥有率略低于非农业户口网约配送员。

（三）主要工作动机是就业门槛低和兼顾家庭，存在一定的年龄和户籍差异

网约配送员的就业动机排在前三位的是：入行要求比较简单（28.2%）、能兼顾家务及照顾家人（24.0%）、一时间找不到更好的工作（24.0%）（见表 1）。不同年龄组在就业动机上略有差异。以最重要的工作考虑因素为例，18~20 岁群体选择"能使自己得到更多锻炼（27.5%）"、21~30 岁群体选择"入行要求比较简单（28.4%）"、31~40 岁群体选择"能兼顾家务、照顾家人（31.2%）"、41~45 岁群体选择"入行要求比较简单（31.6%）"。这种年龄差异一方面反映了年轻人希望增加社会经验的动机，另一方面也反映了 40 岁以上人群有较大的就业压力，而颇具灵活性的网约配送职业能够为满足这些多样化的需求和动机提供一种选择。

表 1 网约配送员的就业动机

单位：%

选项	比例
挣钱多,待遇好	18.5
可以挣外快	8.7
工作体面	2.4
能接触一些朋友,增加社会关系	13.1
能够增加自己的名气	1.2
有成就感,能够实现个人理想	5.0
入行要求比较简单	28.2
有发展空间,能展示自己的才干	9.0
符合自己的兴趣爱好	11.8
工作轻松不累	8.7

选项	比例
能兼顾家务、照顾家人	24.0
能为社会做贡献	10.3
能使自己得到更多锻炼	21.3
能增长见识	9.7
一时间找不到更好的工作	24.0
其他	11.8

就业动机的户籍差异并不显著，但非农业户口网约配送员在"挣钱多，待遇好"和"可以挣外快"的选择上均高于农业户口网约配送员，而在"能兼顾家务、照顾家人"的选择上，则是农业户口网约配送员选择比例更高。

（四）高强度工作较普遍，不愉快主要来自人身安全和社会认同

根据调查数据，网约配送员每周平均工作6.4天，每天平均工作9.8个小时。其中，61.6%平均一周7天都在工作；55.1%平均每天工作时间在8~10小时，还有36.7%平均每天工作时间超过10小时。说明网约配送员的工作压力相当大。在每周平均工作天数和每天平均工作小时数上，不存在明显的年龄、户籍和是否一线城市的差异，可见，网约配送员高强度的工作是普遍现象。

网约配送对于自己在未来6个月内失业的可能性评估，有49.5%认为完全有可能或有可能，50.5%认为完全不可能或不太可能。2019年中国社会状况综合调查（CSS）数据显示，18~45岁有工作的青年群体中，认为自己在未来6个月内完全有可能或有可能失业的比例为21.8%。可以看出网约配送员群体对失业可能性的主观评估明显高出其他青年群体。此外，41~45岁群体认为自己未来6个月失业可能性为57.8%，明显高于其他年龄组。

网约配送员在工作中遭遇的不愉快经历选择比例最高的是"职业歧视（36.0%）""遭遇交通事故（29.3%）""被客户打骂（25.7%）"，表

明网约配送员在工作中的主要压力和风险来自自身安全和社会尊重两方面（见图3）。另外，还有29.6%的网约配送员表示在工作中没有任何不愉快经历。

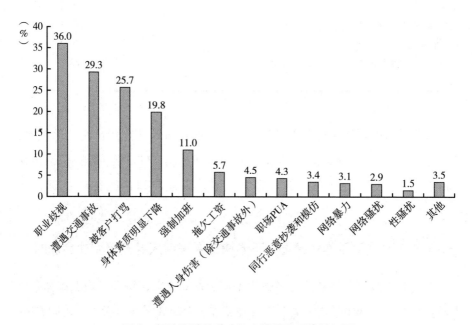

图3　网约配送员在工作中遭遇的不愉快经历

二　职业发展

（一）工作满意度略低于在职青年平均水平，利益诉求集中于福利保障和劳动权益

在工作满意度方面，请网约配送员用1~10分对工作环境、工作的自由程度、收入及福利待遇、与领导和同事的关系、晋升机会和未来职业前景、社会地位、总体满意度七个方面分别进行打分。调查发现，网约配送员总体满意度平均为7.14分，属于比较满意，得分最高的是"与领导和同事的关系"（8.10分），然后从高到低依次为"工作的自由程度"（7.55分）、"工

作环境"（7.42 分）、"收入及福利待遇"（6.99 分）、"晋升机会和未来职业前景"（6.47 分），得分最低的是"社会地位"（6.00 分）（见图4）。

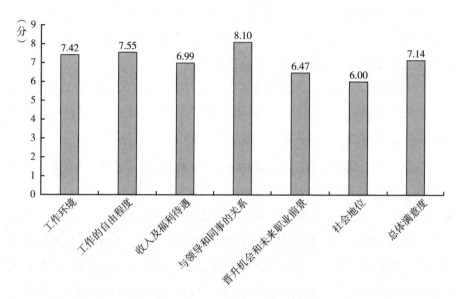

图4　网约配送员工作满意度自评

如果将6分及以上定义为"满意"，网约配送员总体评价工作满意的占比为72.5%，其他六个方面评价满意的比例依次为"与领导和同事的关系"（84.6%）、"工作的自由程度"（77.3%）、"工作环境"（75.7%）、"收入及福利待遇"（70.9%）、"晋升机会和未来职业前景"（61.6%）、"社会地位"（54.0%）。2019 年中国社会状况综合调查（CSS）数据显示，18~45 岁群体认为工作满意的比例为 76.2%。可见，虽然网约配送员职业具有一定灵活性、收入也较高，但是其工作满意度要低于青年的平均工作满意度。

总体上，越年轻的群体，对工作的满意度越高，18~20 岁、21~30 岁、31~40 岁、41~45 岁四个群体表示工作满意的比例依次为 74.3%、72.9%、72.4%、67.9%。21~30 岁群体对"工作环境""工作的自由程度""晋升机会和未来职业前景"满意的比例均高于其他年龄组，分别为 76.4%、78.3%、62.5%；31~40 岁群体对"收入及福利待遇"满意的比例高于其他

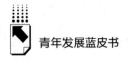

年龄组，为71.4%；41~45岁群体对"与领导和同事的关系"满意的比例高于其他年龄组，为85.4%。研究发现也反映了不同年龄群体的就业动机，30岁以下群体更看重工作自由和职业发展，31~40岁群体面临诸多生活压力，因而更看重收入，而40岁以上群体工作经历比较丰富，与其他工作比较起来更看重网约配送员职业的人际关系简单。

从不同收入水平的工作满意度来看，在月收入1.5万元以下，收入越高总体工作满意度也越高，但当月收入达到1.5万元及以上，满意度出现下降。工作满意度没有体现出明显户籍差异。

当被问到"当您工作上遇到困难时，通常您会向哪些组织或个人寻求帮助？"，网约配送员选择比例最高的三个选项是："工作单位"（62.9%）、"朋友、同乡、战友、生意伙伴等私人关系网"（34.1%）、"家人、家族、宗族"（27.0%），而选择"各级党政部门及工、青、妇组织"的比例为12.1%，选择网络平台（比如在社交媒体发帖）的比例为4.5%，选择新闻媒体的比例为3.3%，说明在遇到困难时，网约配送员向公共服务机构求助的比例相对较低。

网约配送员们希望政府为他们做的事情（多选），排在前三的是："完善社会保险政策"（48.7%）、"维护劳动权益"（45.1%）、"保障劳动报酬支付"（34.8%）；希望雇用方为他们做的事情（多选），排在前三的是："增加工资"（64.4%）、"提供更人性化的福利"（56.7%）、"提供更好的纠纷处理机制"（24.4%）。从上述选择可以看出，网约配送员在福利保障和劳动权益方面的诉求较为强烈。尤其在对社会保险政策的诉求方面，拥有一定福利保障的网约配送员希望完善社会保险政策的比例为46.5%，而没有任何福利保障的网约配送员对应的该比例为55.4%，反映网约配送员整体对完善社保体系有较强诉求。

（二）七成近期会继续做骑手，未来五年转向创业开店和上学充电的比例增加

网约配送员在对未来一年的工作规划上，如果将"现在工作不错，继

续好好干""找不到更好的工作,先这么干下去再说""现在干得不是很好,但这个工作前途不错,会想办法干好"合并为"继续从事当前的工作",那么选择继续从事当前的工作比例高达82.9%,可见多数网约配送员在未来一年还会继续从事现在的工作;而对于五年后的工作,选择继续从事现在的工作比例有所下降,为59.8%。相比于未来一年的工作规划,五年后规划选择"当个体户/自己开店/自己创业"的比例明显上升,由14.2%增至26.1%;同时,"上学或参加培训,为以后找工作充电"的比例也有所上升,增加了1.8个百分点(见表2)。

表2 网约配送员未来一年和五年后工作打算

单位:%

未来的工作打算(多选,限三项)	未来一年	五年后
现在工作不错,继续好好干	44.2	31.8
找不到更好的工作,先这么干下去再说	24.0	15.7
现在干得不是很好,但这个工作前途不错,会想办法干好	14.7	12.3
当个体户/自己开店/自己创业	14.2	26.1
换个不同的工作试试	11.0	11.1
上学或参加培训,为以后找工作充电	6.6	8.4
换个类似的工作试试	5.5	5.7
不想工作,歇一段时间	1.7	1.4
离职生育子女	0.6	1.1

(三)超七成未来可能返乡工作,未来五年更多选择去二、三线城市发展

网约配送员中目前有39.8%在家乡工作,非农业户口网约配送员有51.1%目前在家乡工作,农业户口网约配送员该比例为35.1%,可见城镇青年在家乡就业的比例较高。

在工作地非家乡的网约配送员中,有71.1%认为自己未来很有可能或有可能返回家乡工作,有28.9%认为自己不太可能或完全不可能返回家乡

219

工作，显示出大部分网约配送员有未来返乡工作的打算。

在工作地非家乡的网约配送员中，来自农村、较年轻、对工作地归属感较弱、一线城市工作的网约配送员，其返乡意愿更加强烈。具体来看，非农业户口网约配送员未来可能返乡工作的比例为 66.4%，农业户口网约配送员该比例为 72.3%。21~30 岁群体的返乡意愿最强烈，有 72.2% 认为未来可能返乡工作，其次是 18~20 岁群体，为 71.0%，31~40 岁群体为 70.5%，相对最弱的是 41~45 岁群体，为 66.0%。对目前所在城市/地方的归属感强度与未来返乡意愿之间存在负相关，认为"自己不属于这个城市/地方"的网约配送员中，有 78.0% 选择未来可能返乡工作，而选择不同意"自己不属于这个城市/地方"的网约配送员中，只有 63.7% 认为未来可能返乡工作。目前在一线城市工作的网约配送员的返乡意愿更强烈，有 79.3% 选择未来可能返乡工作，而在非一线城市工作的网约配送员中，这一比例为 69.7%。

此外，来自西南地区的网约配送员返乡意愿较强，有 82.2% 的表示未来可能返乡工作，其次是华中南地区和华东地区，分别有 71.8% 和 71.5% 表示未来可能返乡工作，返乡意愿相对较弱的是华北、东北和西北地区，分别有 67.1%、65.1%、57.1% 表示未来可能返乡工作。

对于未来五年会去到哪里发展的问题，约五成网约配送员选择二线、三线城市，包括经济发达的非省会城市（27.9%）和非北上广深的其他直辖市或省会城市（22.5%），也有 22.5% 选择其他城市/地区/自治州/盟，而选择北上广深一线城市的比例较低，为 21.7%，选择农村的比例最低，仅为 11.9%。

在未来五年的发展方向上，存在户籍、婚姻、现工作地点等差异。农业户口网约配送员选择到县城/乡镇和农村发展的比例明显高于非农业户口的网约配送员，比例分别为 44.1% 和 31.6%，但是在选择北上广深一线城市发展的比例上无显著差异。未婚的网约配送员更倾向未来去经济发达地区或者大城市发展，选择一线城市、其他直辖市或省会城市、经济发达的非省会城市的比例均高于其他群体，而有配偶（包括初婚和再婚）的网约配送员选择未来去县城/乡镇发展的比例相对更高。

目前已经在一线城市工作的网约配送员，选择未来五年继续在一线城市发展的比例为 44.1%，而目前不在一线城市的网约配送员，有更高比例选择经济发达的非省会城市、其他城市/地区/自治州/盟、县城/乡镇，选择一线城市的比例为 19.4%。从这群青年网约配送员的未来规划可看出，一线城市虽然仍有较强的吸引力，但由于其生活成本高昂，当前的"90后""95后"青年也考虑在其他城市发展，一线城市的"虹吸"效应可能在这批年轻人身上逐渐减弱。

三　生活状况

（一）家庭生活压力较大，30岁以上有配偶和子女群体的消费支出较高

网约配送员大多家庭支持能力较差。属于农业户口的占 70.3%；父母最高受教育程度绝大多数在高中及以下，"高中、中专或职高"占 30.6%，初中占 37.9%，小学及以下占 24.8%，大学专科及以上占 6.7%；已婚或结过婚的网约配送员中，没有未成年子女的比例为 14.6%，有 1 个未成年子女的比例为 48.5%，有 2 个未成年子女的比例为 32.5%，有 3 个及以上未成年子女的比例为 4.4%。可见近四成的已婚网约配送员拥有多个未成年子女，其生活压力可见一斑。

近四成网约配送员家庭生活消费支出每月在 2000~3999 元，30 岁以上有配偶和子女的网约配送员支出更高。家庭生活消费支出每月在 999 元及以下的占 6.2%，在 1000~1999 元的占 17.7%，2000~3999 元的占 38.3%，在 4000~5999 元的占 23.6%，6000~7999 元的占 7.9%，8000 元及以上的占 6.3%（见图 5）。

家庭生活消费支出与年龄、婚姻状况和 18 岁以下子女数量密切相关。在所有网约配送员中，每月家庭生活消费支出在 4000 元及以上的比例为 37.8%。如果将月支出 4000 元及以上定义为中高消费水平的话，分析发现，有 42.5% 的 31~40 岁群体、38.8% 的 41~45 岁群体、35.3% 的 21~30 岁群

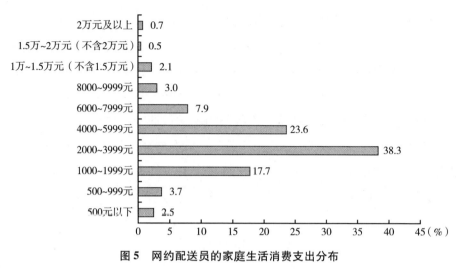

图5　网约配送员的家庭生活消费支出分布

体、28.4%的 18~20 岁群体属于该支出范围；有 44.3%的已婚（含初婚和再婚）群体、28.9%的未婚或同居群体、40.8%的离婚群体和 25.0%的丧偶群体也属于该中高消费水平；也有 48%的 3 个及以上未成年子女家庭、47%的 2 个未成年子女家庭、42.4%的 1 个未成年子女家庭和 30.4%的无未成年子女家庭属于该支出范围。可以看出，年轻未婚无未成年子女的网约配送员生活消费支出相对较低，而 30 岁以上有配偶有未成年子女的网约配送员生活消费支出明显高于平均水平和其他群体。

（二）超六成有负债，负债比例和金额高于全国平均水平

根据调查数据，网约配送员个人或家庭目前有借款或贷款的比例为60.8%。负债情况存在明显的年龄、婚姻状况与子女数量上的差异。各年龄组中，负债比例最高的是 31~40 岁（63.8%），其他年龄组的负债比例为21~30 岁 59.8%、41~45 岁 58.3%、18~20 岁 52.5%；不同婚姻状态中，离婚或丧偶群体负债比例最高，为 69.2%，其次是已婚（包括初婚和再婚）群体，负债比例为 64.6%，未婚或同居群体的负债比例为 54.4%；未成年子女数量越多负债比例越高，没有未成年子女的为 56.2%，有 1 个的为64.5%，有 2 个的为 65.1%，有 3 个及以上的为 65.7%。可见，31~40 岁、

有未成年子女的群体负债比率相对更高，与前述家庭消费支出情况一致，说明这一群体是网约配送员中经济压力最大的。

在有借款或贷款的网约配送员中，负债金额在"1万元以内"的比例为14.1%，在"1万~1.5万元（不含1.5万元）"的比例为7.6%，在"1.5万~2万元（不含2万元）"的比例为6.7%，在"2万~5万元（不含5万元）"的比例为14.8%，在"5万~10万元（不含10万元）"的比例为15.3%，在"10万~30万元（不含30万元）"的比例为22.0%，在"30万~60万元（不含60万元）"的比例为13.1%，在60万元及以上的比例为6.4%（见图6）。负债金额在10万元及以上的网约配送员比例为41.5%。如果将负债金额在10万元及以上定义为高负债水平，分析发现，31~40岁群体的高负债率（48.3%）高于其他年龄组，已婚（包括初婚和再婚）群体的高负债率（47.8%）高于其他婚姻状态组，有1个未成年子女的高负债率（48.2%）高于其他子女数量组。

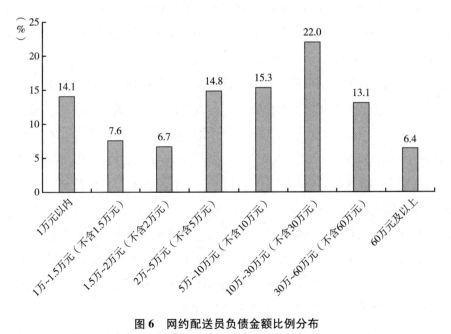

图6 网约配送员负债金额比例分布

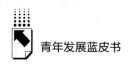

根据 2018 年中国家庭追踪调查（CFPS）数据，我国城乡家庭有 33.7% 有尚未偿还的负债，在持有负债的家庭中，家庭平均负债金额为 73947.8 元，65.0% 的家庭负债额度在 5 万元以内，负债 10 万元及以上的占 17.9%，负债 60 万元及以上的只占 1.1%。与网约配送员的调查数据相比，可以看出网约配送员个人或家庭的负债比例和负债金额都高于全国平均水平。

（三）健康状况总体良好，收入低、住房困难与子女教育是主要生活压力

网约配送员的健康状况总体比较好。网约配送员自评中，11.3% 认为自己的健康状况非常差或比较差，有 37.1% 认为不好不坏，有 31.9% 认为比较好，还有 19.8% 认为非常好。网约配送员健康状况自评较好，可能职业本身对健康状况有一定的选择性。

但是，网约配送员之中也存在一些慢性病或职业病。有 51.2% 选择没有慢性病或职业病，其余群体中，14.2% 表示有颈椎病，12.8% 表示有肠胃病，11.9% 表示有咽喉炎或鼻炎，10.8% 表示有腰椎间盘突出，9.3% 表示有手机综合征，8.6% 表示有慢性疲劳综合征。随着年龄增长，健康自评中非常差和比较差的比例也随之升高，且慢性病或职业病的发生率也更高。

网约配送员个人和家庭所面临的压力较大的三方面是：自己或家庭收入低（42.0%）、住房困难（33.3%）、子女教育（29.5%）。不同年龄组的压力略有差异。30 岁以下群体压力来源依次为自己或家庭收入低、住房困难、自己或家人的健康；而 30 岁以上群体的压力来源依次为子女教育、自己或家庭收入低、住房困难。

此外，有未成年子女的网约配送员，感受到子女教育的压力明显高于没有子女的网约配送员，尤其是有 2 个未成年子女的网约配送员，感受到子女教育压力的比例高达 55.3%。而未婚或同居群体和丧偶群体除了收入压力外，感受到婚姻恋爱的压力比例均超过 30.0%。

网约配送员在过去一个月闲暇时间经常做的事情中，排在前三的是：看短视频（36.3%）、打游戏（29.2%）、听音乐（28.2%）。各个年龄组选择

看短视频和听音乐的比例都较高，有所不同的是，30岁以下群体更喜欢打游戏，30岁以上群体更喜欢上网看新闻。

四　社会态度

（一）本人的职业认同度较高，而家人的职业认同度较低

网约配送员本人对当前的职业选择非常认同或比较认同的占87.0%，选择很不认同或比较不认同的仅占13.0%，可见个人的职业认同度较高。月收入在7999元以内时，随着收入的增加，个人的职业认同度也随之上升，在月收入6000~7999元时达到顶峰，有92.6%表示认同。有一定福利保障的网约配送员的职业认同度要高于没有任何福利保障的网约配送员，比例分别为90.9%和75.1%。

相比之下，网约配送员的家人对网约配送员的职业认同度要低于本人，网约配送员认为家人非常认同或比较认同的比例为76.1%，很不认同或比较不认同的比例为23.9%。月收入在7999元以内时，随着网约配送员收入的增加，家人对网约配送员的职业认同度也随之上升，月收入在6000~7999元的网约配送员表示家人认同的比例为83.4%，高于其他收入组的该比例（见图7）。同时，非农业户口网约配送员的家人对该职业的认同度要高于农业户口的网约配送员，比例分别为78.6%和74.9%；有一定福利保障的网约配送员，其家人的职业认同度要高于没有任何福利保障的网约配送员，比例分别为81.2%和60.8%。可见，本人和家人对网约配送员职业的认可程度与网约配送员的经济收入和福利保障有紧密关系，同时家人的认可程度也一定程度取决于家庭背景，涉及对网约配送员这种新职业的认知。

（二）对未来社会经济地位较乐观，但预期向上流动的比例低于全国平均水平

用1~10分代表社会经济地位等级，网约配送员对目前的社会经济地位

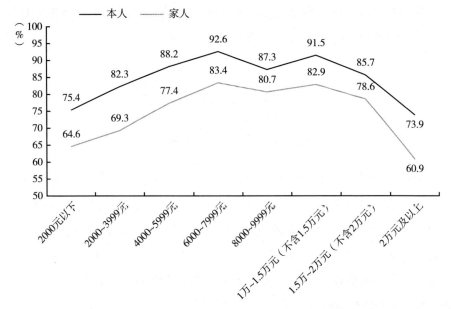

图7　不同收入组下的本人和家人对网约配送员职业的认同度

自评平均分为4.86分，对五年后社会经济地位自评的平均分为5.94分，可见网约配送员对未来的向上社会流动持较积极态度。

具体来看，就目前社会经济地位自评而言，选择7分及以上的比例为24.5%，选择5分和6分的占32.6%。对于五年后的社会经济地位自评而言，选择7分及以上的比例为41.1%，选择5分和6分的占33.6%。同时，五年后和目前的社会经济地位相比来看，认为会向上流动的网约配送员则占49.5%。

虽然相比当前社会经济地位，网约配送员对未来的社会经济地位更乐观，但是相比全国青年对未来社会经济地位的预期，却是略显消极。2019年中国社会状况综合调查（CSS）数据显示，18～45岁有工作的群体中，对比评价当前与五年后的社会经济地位，58.7%选择向上发展。可见，网约配送员自评向上发展的比例低于全国在职青年平均水平。

（三）呈现对职业和未来的一定程度焦虑，一线城市网约配送员归属感较弱

对于职业前景和社会态度的相关问题，76.1%的网约配送员表示对职业

前景充满信心，但也有 73.2% 的人认为收入不会有大幅增加。同时，80% 的人认为随着年龄增大自己可能会被取代。此外，约半数网约配送员呈现一些焦虑状态，认为这份工作与自己的梦想或理想不一致，或者认为在这个城市总是低人一等。

网约配送员对所在地的归属感存在户籍差异，农业户口网约配送员认为自己不属于这个城市或地方的比例（43.0%）要高于非农业户口的网约配送员（38.2%）。同时，在一线城市工作的网约配送员归属感更低，同意自己不属于这个城市或地方的比例为 59.1%，而在非一线城市的网约配送员的该比例为 40.0%。

五　研究总结与政策建议

本报告分析了网约配送员这一青年群体的工作、生活、未来规划等问题，主要研究发现包括如下方面。

工作方面，有八成在省内就近就业，月收入集中在 4000~8000 元，但是工作强度普遍较高、1/4 没有任何福利保障，工作满意度略低于全国在职青年平均水平，工作动机主要是就业门槛低和兼顾家庭，利益诉求集中在福利保障和劳动权益保护。

生活和家庭方面，大多来自农村、父母文化程度较低、养育多子女的家庭，超六成有负债，30 岁以上有配偶和子女群体的消费支出较高，生活压力主要来自收入、住房和子女教育。

社会态度方面，本人对网约配送员的职业认同度较高、对未来社会经济地位较乐观，但是家人对该职业的认同度相对较低，本人预期向上流动的比例低于全国在职青年平均水平，呈现对职业和未来的焦虑，一线城市网约配送员的归属感较弱。

未来规划方面，七成近期会继续从事网约配送员的工作，未来五年转向创业开店和上学充电的比例增加，超七成未来可能返乡工作，未来五年更多选择去二线、三线城市发展。

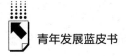

基于研究发现，本报告提出一些政策建议。首先，落实网约配送员的福利保障和劳动权益保护，扶持和促进新职业青年更好发展，这需要政府和企业共同的改革创新。其次，加强职业技能培训、将职业技能与工资水平挂钩，不仅有利于提升从业者素质，也为网约配送员职业晋升体系的规范化提供了依据，同时为这部分青年拓展职业发展空间奠定了基础。最后，加强新型城镇化建设，鼓励新经济、新业态发展，促进就近就业模式，同时推进城市户籍制度改革，提升教育、住房、社保等公共服务的均等化水平，家庭和社会层面加强对网约配送员这种新职业的理解，从多个层面增强该群体的归属感和认同感，促进该群体的社会融入。

参考文献

阿里研究院：《2020 饿了么蓝骑士调研报告》，https：//mp. weixin. qq. com/s/dsGM1eCKGDbVBcrklDSVVA。

美团研究院：《美团：2020 年上半年骑手就业报告》，https：//mp. weixin. qq. com/s/cMEfsTfLfvSxF88dLN8LIw。

美团研究院：《2019 年及 2020 年疫情期间美团骑手就业报告》，https：//about. meituan. com/research/report。

朱迪等：《2019 年中国城市快递员调查报告》，《2021 年中国社会形势分析与预测》，社会科学文献出版社，2020。

B.13
青年网约车司机群体的工作和生活

——基于滴滴网约车司机调查数据

赵联飞[*]

摘　要： 青年网约车司机以男性为主，"90后"和"90前"各占一半左右，近1/5拥有高等教育学历，学历分布较为集中。青年网约车司机子女抚养压力处于中等水平，收入稳定程度低于网约车司机整体水平，从事该工作的目的主要是增加收入，同时追求工作时间自由。青年网约车司机社会责任感较强；就社会对其职业的尊重程度感知而言，青年网约车司机感知的社会尊重程度高于非青年网约车司机；近半数青年网约车司机认为开网约车可以作为长期工作选择。政府在完善相应就业政策和服务方面还有较大提升空间。

关键词： 青年网约车司机　人口特征　就业政策

网约车经营服务，是指以互联网技术为依托构建服务平台，整合供需信息，使用符合条件的车辆和驾驶员，提供非巡游的预约出租汽车服务的经营活动。[①] 该项应用由美国 Uber 公司首创。2012 年，中国开始出现网约车的雏形，经过约 10 年的发展，目前网约车已经进入千家万户的日常生活。根

---

* 赵联飞，中国社会科学院大学社会与民族学院教授，中国社会科学院社会学研究所研究员，中国社会科学院社会学研究所社会调查与数据处理研究中心主任，主要研究方向为互联网与社会、社会研究方法、青年研究、港澳研究。

① 《网络预约出租汽车经营服务管理暂行办法》，http://xxgk.mot.gov.cn/2020/jigou/fgs/202006/t20200623_3307798.html，最后访问日期：2021 年 2 月 8 日。

据中国互联网络信息中心（CNNIC）最新统计报告，截至 2021 年 6 月，我国网约车用户规模达 3.97 亿人，较 2020 年 12 月增长 3123 万人，占网民整体的 39.2%；2021 年上半年，网约车已经覆盖全国 400 多个城市，总订单量超过 43.1 亿单。① 交通运输部下属全国网约车监管信息交互平台统计，截至 2021 年 11 月 11 日，全国共有 251 家网约车平台公司取得网约车平台经营许可，较前一月增加 3 家，较 2021 年 1 月的 218 家增加了 33 家。各地共发放网约车驾驶员证 375.4 万本、车辆运输证 145.5 万本，较上月环比分别增长 4.4%、2.6%。② 上述数据表明，网约车在人们的日常生活中正占据越来越重要的位置。同时，网约车行业的管理也正在向规范化快速迈进。

目前，国内的网约车主要有滴滴出行、高德打车、美团打车、享道出行、曹操出行等多个平台。限于数据获取问题，本文以滴滴平台为案例对网约车司机这一群体进行分析。根据滴滴平台统计数据，成立 9 年多来，已经有累计超过 3100 万网约车司机在平台获得收入。如果加上在其他平台注册的司机，这一规模足够引起人们的关注。本文利用滴滴平台的短信抽样调查数据，③ 对 35 岁及以下的青年网约车司机群体进行社会人口画像，并刻画他们的日常生活和工作情况。

一　青年网约车司机的社会人口特征

（一）青年网约车司机的年龄、性别和学历

根据本次调查样本，青年网约车司机的平均年龄为 30.11 岁。其中 25

---

① 中国互联网络信息中心：第 48 次《中国互联网络发展状况统计报告》，http://www.cnnic.net.cn/hlwfzyj/hlwxzbg/hlwtjbg/202109/P020210915523670981527.pdf，最后访问日期为 2021 年 11 月 13 日。

② 《交通运输部：至 10 月底共发放网约车驾驶员证 375.4 万本 环比增 4.4%》，参见 https://baijiahao.baidu.com/s? id=1716112771846945980&wfr=spider&for=pc，最后访问日期为 2021 年 11 月 13 日。

③ 本次调研在 2020 年 7 月开展，面向滴滴平台上的网约车司机，在全国各省份抽取订单量排名上、中、下的城市各 1~2 个，随机选取当地活跃司机总量的 30% 发放问卷，回收样本 13164 份，其中，青年（35 岁及以下）样本量为 5121 份，比例为 38.90%。

岁及以下的占 12.99%，26~30 岁的占 36.24%，31~35 岁的占到整个青年网约车司机的 50.77%。这一数据表明，青年网约车司机群体中，"90 后"和 "90 前"基本上各占一半（见表 1）。由这一数据可以推算，31~35 岁的网约车司机约占整个网约车司机群体的 20.00%（即 50.77% * 38.90%）。

表 1　青年网约车司机的年龄分布

单位：%

年龄	频次	百分比	累积百分比
25 岁及以下	665	12.99	12.99
26~30 岁	1856	36.24	49.23
31~35 岁	2600	50.77	100.00
总计	5121	100.00	

本次抽样调查数据显示，青年网约车司机中，男性占 98.09%，女性仅占 1.91%。这一调查数据符合大多数人在日常生活中的观感，即大部分活跃的网约车司机是男性（见表 2）。

表 2　青年网约车司机的性别

单位：个，%

数量及占比＼性别	男	女	总计
计数	5023	98	5121
在群体内的占比	98.09	1.91	100.00

从青年网约车司机学历看，众数为"职业高中/中专/技校"层次，拥有大学专科及以上学历的比例为 30.99%（即 21.93%+8.44%+0.62%），接近青年网约车司机的 1/3，而初中及以下学历的则占比 25.39%。与网约车司机整体相比，青年网约车司机的学历总体上来说要高一些，大专及以上学历层次的比例高于非青年群体的相应比例（见表 3）。

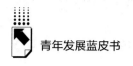
表3　网约车司机的学历

单位：个，%

群体 数量及占比	学历	初中及 以下	职业高中/ 中专/技校	高中	大学 专科	大学 本科	研究生 及以上	总计
青年	计数	1300	1523	711	1123	432	32	5121
	群体内的占比	25.39	29.74	13.88	21.93	8.44	0.62	100.00
非青年	计数	2219	2089	1713	1383	601	38	8043
	群体内的占比	27.59	25.97	21.30	17.20	7.47	0.47	100.00
总计	计数	3519	3612	2424	2506	1033	70	13164
	群体内的占比	26.73	27.44	18.41	19.04	7.85	0.53	100.00

另外，全国统计数据测算表明，在22~35岁的城镇就业人口中，具有大专（高职）以上教育文化水平的占46.85%，初中及以下学历的占比为30.08%，这两项比例均高于青年网约车司机群体的相应比例。[①] 因此，总的来看，青年网约车司机和同龄人相比，其受教育水平处于中等略偏下的水平，但其受教育程度的分布相对更加集中在"职业高中/中专/技校"层次。

（二）青年网约车司机的从业时间和固有职业

在青年网约车司机中，80%以上的人从业时间不超过4年，从业5年及以上的仅占青年网约车司机的19.68%。在2019年以后才开始从事网约车服务的人占到了约一半的比例（29.60%+20.78%）。这一结果表明，近年选择从事网约车工作的青年人数有增加的趋势（见表4）。

在有其他工作的青年网约车司机中，其他工作为"私有/民营全职"的占比最高，达到57.62%；其他工作为"政府机关/事业单位/国有企业全职"的占14.25%；其他工作为"外资企业/合资企业全职"的比例为8.01%。而在有其他工作的非青年网约车司机中，其他工作为"私有/民营全职"的排位第一（52.13%），但这一比例比青年网约车司机的相应比例低了约5.5个百分点；其他工作为"政府机关/事业单位/国有企业全职"的比例比青年网约车司机的相应比例则高了近5个百分点，这是两个群体之间最明显的差异（见表5）。

---

①　根据中国人民大学调查与数据中心主持的中国社会综合调查（CGSS）2017年数据计算。

表 4　网约车司机从业时间的长短

数量及占比 群体	从业时长	您加入滴滴的时间为					总计
		2016 年及之前	2017 年	2018 年	2019 年	2020 年	
青年	计数	1008	729	804	1516	1064	5121
	群体内的%	19.68	14.24	15.70	29.60	20.78	100.00
非青年	计数	2510	1518	1341	1921	753	8043
	群体内的%	31.21	18.87	16.67	23.88	9.36	100.00
总计	计数	3518	2247	2145	3437	1817	13164
	群体内的%	26.72	17.07	16.29	26.11	13.80	100.00

表 5　有其他收入的网约车司机工作状况

数量及占比 群体	其他工作类型	您的其他工作的类型是					总计
		政府机关/事业单位/国有企业全职	外资企业/合资企业全职	私有/民营全职	其他互联网平台兼职	其他	
青年	计数	457	257	1848	202	443	3207
	群体内的%	14.25	8.01	57.62	6.30	13.81	100.00
非青年	计数	912	364	2489	244	766	4775
	群体内的%	19.10	7.62	52.13	5.11	16.04	100.00
总计	计数	1369	621	4337	446	1209	7982
	群体内的%	17.15	7.78	54.33	5.59	15.15	100.00

二　青年网约车司机的生活状况

（一）青年网约车司机收入稳定程度受疫情影响较为严重①

本次调查数据表明，受疫情影响，63.76%的青年网约车司机表示自己

———————

① 本项调查没有调查网约车司机的具体收入数目，只是询问了收入稳定性的情况。

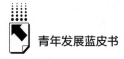

收入不稳定,"大部分月份的收入都不一样",而表示自己收入非常稳定的仅占 9.41%,表示自己收入稳定的占 26.83%。与非青年网约车司机比起来,青年网约车司机群体的收入稳定程度相对较低(见表6)。

表6 网约车司机的月收入稳定情况

数量及占比群体 \ 月收入稳定情况		近一年,您认为自己的月收入是否稳定?			总计
		非常稳定,每个月的收入基本一样	稳定,虽然不同月份的收入会有差别,但是相差不多	不稳定,大部分月份的收入都不一样	
新青年	计数	482	1374	3265	5121
	群体内的%	9.41	26.83	63.76	100.00
非青年	计数	884	2337	4822	8043
	群体内的%	10.99	29.06	59.95	100.00
总计	计数	1366	3711	8087	13164
	群体内的%	10.38	28.19	61.43	100.00

(二)增加收入和时间自由是吸引青年网约车司机从业的主要原因

多重应答分析的结果表明,55.38%的青年网约车司机选择开网约车的目的是"赚点辛苦钱,补贴家用",而 51.59%的则是觉得开网约车具有"工作时间灵活,弹性比较大"的优点,这两项成为人们选择从事网约车司机职业的最主要原因。在剩下的原因中,"暂时处于失业状态,需要一份工作维持生活""更能发挥自己的专长和能力""找不到更好的工作"占据了相对较高的比例。这说明网约车新就业形态的就业蓄水池作用明显,吸纳了一部分暂时找不到工作的青年使其获得收入。非青年网约车司机群体选择开网约车的前两位原因和青年网约车司机群体相同,但排第一位的是"工作时间灵活,弹性比较大"(52.02%),"赚点辛苦钱,补贴家用"(50.39%)则是第二位的原因(见表7)。

表7　青年网约车选择开网约车的原因

| 您选择开网约车的原因是 | 群体 | | | | 总计 |
| | 青年 | | 非青年 | | |
	计数（人）	群体内的占比（%）	计数（人）	群体内的占比（%）	计数（人）
符合个人职业发展规划	963	18.80	1447	17.99	2410
更能发挥自己的专长和能力	1195	23.34	2079	25.85	3274
暂时处于失业状态，需要一份工作维持生活	1342	26.21	1962	24.39	3304
工作时间灵活，弹性比较大	2642	51.59	4184	52.02	6826
赚点辛苦钱，补贴家用	2836	55.38	4053	50.39	6889
按劳取酬，收入较为可观	984	19.21	1086	13.50	2070
工作相对简单，压力小	1057	20.64	1873	23.29	2930
喜欢体验多样的工作	851	16.62	1238	15.39	2089
找不到更好的工作	1084	21.17	1950	24.24	3034
其他	73	1.43	139	1.73	212

（三）青年网约车司机具有中等的子女抚养压力

从养育子女的数量看，青年网约车司机中以养育1个和2个子女这两类情况居多，分别占到了44.14%和41.08%的比例，没有养育子女和养育三个（含）以上子女的比例较低。非青年网约车司机养育子女数量的分布与青年网约车司机相似，不同的是，青年网约车司机中，养育两个子女的比例高于非青年网约车司机，如果合计养育2个及以上孩子的比例，则青年网约车司机养育2个及以上孩子的比例略高（见表8）。

本项调查数据推算可以近似估算，青年网约车司机家庭平均养育子女数约为1.45个，非青年网约车司机家庭平均养育子女数约为1.44个。而根据

表8 青年网约车司机抚养的子女数量

数量及占比 群体	未成年子女数	您有几个未成年子女需要抚养（包括继子继女、养子养女在内）？					总计
		0个	1个	2个	3个	4个及以上	
青年	计数（人）	348	1700	1582	179	42	3851
	群体内的占比（%）	9.04	44.14	41.08	4.65	1.09	100.00
非青年	计数（人）	741	3553	3054	454	81	7883
	群体内的占比（%）	9.40	45.07	38.74	5.76	1.03	100.00
总计	计数（人）	1089	5253	4636	633	123	11734
	群体内的占比（%）	9.28	44.77	39.51	5.39	1.05	100.00

有关研究，2005~2017 年的总和生育率大约在 1.1~1.69。[①] 根据这一数据，青年网约车司机群体和非青年网约车司机群体的子女抚养压力均处于中等水平。

三 青年网约车司机的职业发展

（一）对就业前景的判断较为多元

在回答对就业前景的看法时，青年网约车司机群体呈现明显的分化，选择"形势乐观，对就业有信心"的占 27.12%，选择"形势乐观，但就业前景堪忧"的占 23.22%，选择"形势严峻，但对就业有信心"的占 22.57%，选择"形势严峻，就业前景迷茫"的占 27.08%。如果仔细考虑一下，则不

---

① 关于中国的生育率水平存在较大的争论。北京大学郭志刚教授基于 2015 年 1% 人口抽样调查数据、2010 年"六普"数据以及 2005 年的 1% 人口抽样调查数据分析认为，中国的总和生育率为 1.265~1.654（根据不同的人口范围口径），参见郭志刚《中国低生育进程的主要特征——2015 年 1% 人口抽样调查结果的启示》，《中国人口科学》2017 年第 4 期。而中国人民大学的陈卫等人利用国家原卫生计生委组织的 2017 年全国生育状况抽样调查，认为中国 2006~2017 年的总和生育率为 1.62~1.77。参见陈卫、段媛媛《中国近 10 年来的生育水平与趋势》，《人口研究》2019 年第 1 期。

难发现，不管是对形势的判断还是就自身的感受来说，青年网约车司机群体的反映都是喜忧参半。就形势判断来说，认为就业形势乐观的合计占50.34%，与认为形势严峻的比例49.65%（即22.57%+27.08%）相差无几；从就业信心来看，对就业有信心的比例为49.69%（即27.12%+22.57%），而认为前景堪忧或者前景迷茫的比例合计为50.30%（即23.22%+27.08%）。上述调查结果表明，青年网约车司机对前景看法明显分化，在这个问题上不存在主流性的看法。非青年网约车司机对这个问题的反映和青年网约车司机基本上一致（见表9）。

表9 网约车司机对未来就业的看法

数量及占比 群体 \ 对未来就业的看法		您对目前的就业前景怎么看？				总计
		形势乐观，对就业有信心	形势乐观，但就业前景堪忧	形势严峻，但对就业有信心	形势严峻，就业前景迷茫	
青年	计数（人）	1389	1189	1156	1387	5121
	群体内的占比（%）	27.12	23.22	22.57	27.08	100.00
非青年	计数（人）	2342	1796	1925	1980	8043
	群体内的占比（%）	29.12	22.33	23.93	24.62	100.00
总计	计数（人）	3731	2985	3081	3367	13164
	群体内的占比（%）	28.34	22.68	23.40	25.58	100.00

（二）近半数青年网约车司机认为开网约车可以作为长期职业选择

在今后的工作打算方面，45.93%的青年网约车司机打算继续开网约车，这表明，网约车作为一项新的职业受到相当一部分青年的认同。不过，有19.55%的被调查对象也表示只是将开网约车作为临时的就业，未来还是打算找一份正式、稳定的工作。另有10.51%的人则在策划自主创业。值得注意的是，有18.57%的人表示"还没想好"。与非青年网约车司机相比，青年网约车司机打算继续开网约车的比例要低9.01个百分点（54.94%~45.93%），而打算"找一份正式、稳定的工作"的比例则高出大约5个百分点（19.55%~14.58%），打算"策划自主创业"的比例也高出大约 4.5 个百分点（10.51%~6.03%）。这表明，青年网约车司机的职业变动可能性相对来说更大（见表 10）。

表 10　网约车司机对今后工作的打算

| 您对今后工作的打算是 | 群体 | | | | 总计 | |
| | 青年 | | 非青年 | | | |
	计数（人）	群体内的占比（%）	计数（人）	群体内的占比（%）	计数（人）	群体内的占比（%）
继续开网约车	2352	45.93	4419	54.94	6771	51.44
找一份正式、稳定的工作	1001	19.55	1173	14.58	2174	16.51
策划自主创业	538	10.51	485	6.03	1023	7.77
上学或参加培训，为以后找工作充电	111	2.17	121	1.50	232	1.76
退出劳动力市场	35	0.68	38	0.47	73	0.55
还没想好	951	18.57	1656	20.59	2607	19.80
希望跳槽到其他就业平台（如阿里巴巴、美团、抖音等）	133	2.60	151	1.88	284	2.16
总计	5121	100.00	8043	100.00	13164	100.00

（三）社会对网约车职业的尊重程度有待提高

调查中询问了"您认为外界对您目前开网约车的看法是?"，调查结果显示，有 52.9%的网约车司机认为"有个别人不尊重我的职业"，而认为"非常尊重我的职业"和"对我的职业普遍缺乏尊重"的比例分别为23.02%和24.07%。如果从群体内部的分化来看，青年网约车司机认为外界非常尊重自己的比例仅为 25.33%，认为"有个别人不尊重我的职业"的比例占到 50.58%，而认为"对我的职业普遍缺乏尊重"的比例为 24.10%。总的来看，青年网约车司机感受到的职业尊重程度要高于非青年网约车司机（见表 11）。

表 11　网约车司机对职业尊重的感受

数量及占比　看法　群体		您认为外界对您目前开网约车的看法是？			总计
		非常尊重我的职业	有个别人不尊重我的职业	对我的职业普遍缺乏尊重	
青年	计数（人）	1297	2590	1234	5121
	群体内的占比（%）	25.33	50.58	24.10	100.00
非青年	计数（人）	1734	4374	1935	8043
	群体内的占比（%）	21.56	54.38	24.06	100.00
总计	计数（人）	3031	6964	3169	13164
	群体内的占比（%）	23.02	52.90	24.07	100.00

（四）网约车司机整体具有较强社会责任感

总的来看，网约车司机具有较强的社会责任感，在问及"疫情期间，在卫生保障、安全且有一定补偿的情况下，如果可能您是否愿意加入医疗/社区保障车队"时，86.20%的网约车司机明确回应了这一问题，在回答该问题的司机中，85.42%的网约车司机表示愿意加入。青年网约车司机群体中，79.22%的被调查者明确回答了这一问题，其中有86.67%表示愿意加入（见表12）。

（五）近八成的青年网约车司机期望政府完善相应就业政策和服务

调查中，青年网约车司机也提出了对政府的期待。从多重应答的结果看，平均每位被调查者提出了3.46项建议，其中，排在首位的是"完善相应的就业政策和服务"，占观察案例的78.13%，这也就是说，近八成的被调查者认为当前有关网约车司机的就业政策和服务还有改进的空间。此外，调查结果明确显示，青年网约车司机对政府的政策需求全方位地高于非青年网约车司机群体，这是值得引起高度关注的一个现象，表明了青年网约车司机对就业政策有更多需求。

表 12　愿意在疫情期间加入医疗/社区保障车队的情况

数量及占比 \ 群体 \ 选项		疫情期间,在卫生保障、安全且有一定补偿的情况下,如果可能您是否愿意加入医疗/社区保障车队?		总计
		愿意加入	不愿意加入	
青年	计数(人)	3516	541	4057
	群体内的占比(%)	86.67	13.33	100.00
非青年	计数(人)	6177	1113	7290
	群体内的占比(%)	84.73	15.27	100.00
总计	计数(人)	9693	1654	11347
	群体内的占比(%)	85.42	14.58	100.00

　　期待所在,往往也就是当前问题所在。从上述结果可以看出,当前不管是政府还是网约车平台,在网约车司机的职业保障方面还存在一定的问题,在未来有进一步改善和发展的空间。近年来,政府和社会对网约车司机群体的生存状况关注度日益提高。从政策制定角度来说,网约车司机的劳动权益保障已经开始进入议事日程。例如,重庆市推出有关灵活就业人员从事网约车运营在缴纳社保时可以得到补贴的措施。[①] 从平台角度来看,部分平台根据自身的运营方式、平台企业与司机的关系定位,尝试以不同方式为网约车司机群体提供相关劳动保障。[②] 从商业机构看,有银行在疫情期间为网约车司机提供中转贷款。[③] 上述举措应该说都是值得鼓励和赞赏的。

四　小结和建议

　　网约车是随着互联网的发展而出现的新型出行方式,代表了未来交通出

---

① 《重庆网约车司机,列为社会保险补贴对象》,参见 https://www.sohu.com/a/285395809_442726,最后访问日期:2021 年 1 月 25 日。

② 赵倩、邓永辉:《网约车司机劳动保障方式比较研究》,《经济研究导刊》2019 年第 32 期。

③ 《微众银行推出"网约车司机专项贷款"纾困产品》,参见 https://baijiahao.baidu.com/s?id=1659590319790664382&wfr=spider&for=pc,最后访问日期:2021 年 1 月 25 日。

行的发展方向，其健康发展关系到庞大网约车司机群体的就业安全，更涉及居民出行质量。从网约车出现的实际进程来看，其发展历史还相对较短，从政策制定的角度来说，网约车司机仍然是一个新的政策对象。从全国范围内的政策来看，大部分地区在 2017 年前后出台了规范网约车运营的相应管理办法，但这些办法主要是针对市场秩序和业务规范的，在网约车司机劳动权益的保护方面仍然有提升的空间。未来应进一步完善网约车司机管理的政策法规、加强网约车平台对司机的服务工作。同时，要增进社会对网约车司机这一新型职业的了解，提高对网约车司机的职业认同，从而构建健康的网约车业务发展格局，更好地发挥其服务社会的作用。

参考文献

郭志刚：《中国低生育进程的主要特征——2015 年 1% 人口抽样调查结果的启示》，《中国人口科学》2017 年第 4 期。

陈卫、段媛媛：《中国近 10 年来的生育水平与趋势》，《人口研究》2019 年第 1 期。

徐浙宁：《城市发展对青年生活满意度的影响》，《青年研究》2020 年第 5 期。

赵倩、邓永辉：《网约车司机劳动保障方式比较研究》，《经济研究导刊》2019 年第 32 期。

专题篇

Reports on Special Subjects

B.14
促进新就业形态发展的政策进展

曹　佳*

摘　要： 新就业形态的不断涌现是供给侧与需求端合力作用的结果。政府为了创造优良的营商环境，促进新就业形态的发展，在宏观经济、劳动社保、新职业发布、社会治理等方面不断完善政策，这些政策的出台均有一个从初步认识到加深理解再到明确支持的过程，是以人民为中心、依法治国理念的充分体现。虽然放眼国际，我国新就业形态的发展处于世界前列，但也存在政策制定滞后于实践的现象，如部门之间需加强统筹协调、加强形势预判、新职业政策范围过窄、劳动关系及社保政策仍在探索等。为有效应对，建议提升部门间统筹协调治理能力、提前预备政策规范、遵循市场化导向、调整劳动关系与社保体系等。

---

* 曹佳，中国劳动和社会保障科学研究院副研究员、博士，主要研究方向为就业创业理论与政策。

关键词： 新就业形态　新职业　青年就业

近年来，随着"互联网+"信息技术的飞速发展，新业态不断涌现，它正在重构人类的工作、交往、价值创造和分配方式，其蓬勃发展是必然趋势。而新就业形态作为适应新业态的就业形式，也正在成为扩大就业的重要渠道之一，未来新业态的发展，将给就业生态带来革命性的变革。

从经济学供需平衡的角度来看，新就业形态的不断涌现是供给侧与需求端合力作用的结果。就供给侧而言，以互联网信息技术为核心突破的第四次技术革命，带来很多新就业形态岗位的供给，这也是我国步入新发展阶段，供给层面不断涌现技术创新的结果；就需求端而言，新就业形态脱胎于市场化程度的提升，消费者对于生活便捷程度的要求不断升级，由此衍生出新就业形态和新职业。而政策的作用则是穿针引线、引导嫁接，创造优质的营商环境，让更多市场主体发挥自身优势，服务新行业、新产业，不断释放经济活力。

青年是我国乃至全球都比较关注的就业群体。新就业形态中大部分就业群体为青年，新就业形态的出现并蓬勃发展，有助于我国青年群体更加充分、更高质量地就业。

基于此，本文从促进新就业形态发展的角度，梳理国家层面出台的政策、统筹分析政策特点、针对存在的问题提出对策建议，以促进各部门之间协同治理。

一　促进新就业形态发展的政策综述

政府对新就业形态发展一直本着"鼓励创新、包容审慎"的原则，鼓励和支持新就业形态以及新职业的发展，这被形象地称为"放水养鱼"。政府部门从宏观经济、就业社保等人社领域、新职业发布、社会治理等方面，出台了多项政策措施，有力地促进了新就业形态的发展。

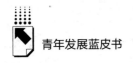
（一）宏观经济领域政策

新就业形态的催生得益于"互联网+"下的新经济蓬勃发展，政府部门对于新经济的政策有一个从初步认识到加深理解再到明确支持的过程，在这一历程中，明确了包容审慎的态度。

在初步认识阶段，我国正处于经济新常态下新旧动能转换期，2016年《政府工作报告》中首度明确提出"加快发展新经济"，"十三五"规划建议也要求"发展分享经济，促进互联网和经济社会融合发展"。

随着新经济的逐步发展、对新经济认识的逐渐加深，政府部门对新经济的理解也逐渐清晰，2017年国家发展改革委等八部门联合印发《关于促进分享经济发展的指导性意见》，首次对分享经济这种新经济形态的表现作出明确表述。这说明政府部门顶层设计也会从便于基层操作的角度进行考虑，明确新概念、新表现。

新经济的出现和发展，对政府监管和法律政策框架都提出新的挑战。面对挑战，政府多次明确提出"包容审慎"四字，提出降低企业合规成本、鼓励发展平台经济新业态、优化完善市场准入条件、强化平台经济发展法治保障，为新经济未来发展之路保驾护航。如2019年的《政府工作报告》中提出"坚持包容审慎监管，支持新业态新模式发展，促进平台经济、共享经济健康成长"。2019年8月，国务院办公厅印发《关于促进平台经济规范健康发展的指导意见》，进一步要求营造公平竞争市场环境，聚焦平台突出问题，落实包容审慎监管要求。为预防和制止平台经济领域垄断行为，引导平台经济领域经营者依法合规经营，促进线上经济持续健康发展，2020年11月市场监管总局起草了《关于平台经济领域的反垄断指南（征求意见稿）》，以通过反垄断监管维护平台经济领域公平有序竞争，优化资源配置，推进技术进步，促进效率提升，支持和促进实体经济发展。

（二）劳动社保领域政策

新经济的发展投射到劳动社保领域，表现为新就业形态，以及与之相伴相生的劳动用工、劳动关系、权益保障等问题。人社部门主要从劳动力市场监管的角度，出台就业、劳动关系、社会保障、工资收入等相关政策。劳动力市场监管的核心问题集中在促进新业态就业创业、保护新就业形态从业者的权益、减少从业者的风险、提升新就业形态从业者的就业质量等方面。

新就业形态的政策与宏观领域新经济政策的步调保持一致，坚持包容审慎的原则，从理性认识到合理监管再到支持规范。特别是在新冠肺炎疫情期间，新就业形态的表现亮眼，为稳就业做出了积极贡献。

在理性认识阶段，面对新生事物的发展，提出"新就业形态"概念，但对其具体内容、内涵和外延均未作明确界定，学界的研究也刚刚开始。如2015年党的十八届五中全会提出要"加强对灵活就业、新就业形态的支持，促进劳动者自主就业"，"十三五"促进就业规划中提出"支持发展共享经济下的新型就业模式"。

在合理监管阶段，面对就业形态迅速发展对完善就业政策提出的新要求，政府部门肯定了新就业形态解决部分劳动者就业的积极作用，并开始尝试应对其在劳动关系、社会保障等方面对传统监管提出的挑战。如《国务院关于做好当前和今后一段时期就业创业工作的意见》中提出"改进新兴业态准入管理，加强事中事后监管"。

在支持规范阶段，经历了新就业形态的野蛮生长，以及工作层面和学界对新就业形态的初步研究之后，政府部门对于新就业形态的利弊都有了更加清晰的认识，提出更加具体化、更具操作性的政策措施。如《国务院关于进一步做好稳就业工作的意见》要求支持劳动者通过多种形式实现就业，研究相关政策措施，启动职业伤害保障试点，清理、取消不合理限制规定。

新冠肺炎疫情期间，新就业形态在"稳就业"和"促就业"方面的表现亮眼，国家对新就业形态的支持力度更大。《国务院办公厅关于应对新冠肺炎疫情影响 强化稳就业举措的实施意见》更是明确提出"支持多渠道灵活就业，平台就业人员可申请创贷及贴息，引导平台与劳动者建立常态化沟通协调机制"。2020年7月《国务院办公厅关于支持多渠道灵活就业的意见》出台，首次明确提出"支持发展新就业形态，推动新职业发布和应用，

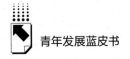
探索建立新就业形态统计监测指标"。《中华人民共和国国民经济和社会发展第十四个五年规划和 2035 年远景目标纲要》（以下简称《规划纲要》）中明确提出"支持和规范发展新就业形态"。这些都为新就业形态的规范、可持续发展奠定了政策基础。

（三）新职业发布制度

建立新职业信息发布制度是国际通行做法，也是职业分类动态调整机制的重要内容。从对新职业发布制度的梳理中可以发现，我国的新职业发布制度经历了三个阶段。

第一阶段：诞生阶段。

1999 年，我国颁布了《中华人民共和国职业分类大典》，这是我国首部职业分类大典。当时共收录了 1838 个职业。进入 21 世纪后，随着我国经济社会的快速发展、互联网技术的广泛运用，出现了大量新业态新职业，亟待在国家层面得到认可规范，新职业信息动态发布制度应运而生。2004 年 8 月，首次新职业信息发布工作开始，截至 2009 年，累计发布了 12 批次 120 多个新职业。

第二阶段：修订阶段。

2010 年后，由于经济社会的不断发展，我国职业构成发生很大改变，为了与时俱进，我国启动了职业分类大典修订工作。2015 年 7 月，颁布了 2015 年新版《中华人民共和国职业分类大典》，按照以"工作性质相似性为主、技能水平相似性为辅"的分类原则，将我国职业分类体系调整为 8 个大类、75 个中类、434 个小类、1481 个职业，并列出了 2670 个工种，标注了 127 个绿色职业。与 1999 年旧版大典相比，2015 年版大典维持了 8 个大类，增加了 9 个中类和 21 个小类，减少了 547 个旧职业。职业分类上更科学规范、结构上更清晰严谨、内容上更准确完整，客观反映了当时社会的职业构成、特点和规律。

第三阶段：重启阶段。

2015 年版大典颁布后的几年，正是我国"互联网+"技术迅猛发展、新经济新模式新业态大量涌现的时期，新产业新业态新模式滋生孕育出新职业，亟须重启新职业信息发布工作。2019 年，人社部、市场监管总局、国家统计局正式向社会发布了数字化管理师、人工智能工程技术人员、大数据工程技术人员等 13 个新职业。这是自 2015 年版职业分类大典颁布以来发布的首批新职业。在此后的两年间，人社部会同有关部门发布了 4 批共 56 个新职业。2021 年 4 月，人社部、市场监管总局、国家统计局再次联合启动对 2015 年版大典的修订工作。2022 年 6 月，人社部向全社会公示机器人工程技术人员、数据安全工程技术人员、碳汇计量评估师等 18 项新职业信息，涉及数字经济、双碳目标下的绿色产业等多个新兴领域。这说明近些年来社会发展带来的行业结构性调整，也涉及职场本身，引起我国就业岗位的结构性调整。

在这一阶段，国家在实施就业优先政策时，也会关注强调新职业，强调建立新职业动态编制发布机制。如《国务院关于进一步做好稳就业工作的意见》提出实施新职业开发计划，要求加大职业技能标准和职业培训包开发力度，建立急需紧缺职业目录编制发布制度。《国务院办公厅关于应对新冠肺炎疫情影响 强化稳就业举措的实施意见》规定：动态发布新职业，组织制定急需紧缺职业技能标准。2020 年 3 月，国务院总理李克强主持召开国务院常务会议，部署深入推进"放管服"改革，培育壮大新动能，促进稳就业，要对"互联网+"、平台经济等加大支持力度，发展数字经济新业态，催生新岗位新职业。《人力资源社会保障部 财政部关于实施职业技能提升行动"互联网+职业技能培训计划"的通知》指出，要夯实线上培训基础，各地要结合产业发展和就业状况，将相关线上培训平台及数字资源纳入当地"两目录一系统"。做好新职业开发工作，加快职业技能标准和培训教材开发，为线上培训提供基础支持。

国家如此强调重视新职业的创造、动态编制发布工作，是因为其有着重要的意义。首先，有利于促进就业创业。新职业发布制度的建立意味着国家对新就业形态的发展持鼓励支持的积极态度，是对新职业的官方认可和规范，有利于就业潜力的挖掘、新就业岗位的开发、就业容量的扩大、劳动力市场供需的匹配。其次，有利于引领职业教育和培训机制的改革。新职业动态发布机制有利于推动职业培训和职业教育的课程设置、专业内容开发等，与新时代社会和人民的新需求、与企业的生产实际相适应，可缓解培训供给与劳动者技能需求衔接不紧密的矛盾。再次，有利于完善我国职业分类体系和职业标准体系。对新职业进行统一分类管理，有助于更精准全面地服务于国民经济信息统计、人力资源开发管理、职业教育培训和人才评价工作，为国家客观准确研判就业形势、制定相关产业发展、促进就业政策提供科学依据。最后，有利于从业人员提高就业质量。新职业的发布一方面规范了用人单位的岗位设置、人员招聘、员工培训等工作流程；另一方面，有助于明确从业者的职业发展规划路径，增加了其社会认同感，有利于提升其职业能力和素养。

（四）社会治理层面政策

为了减缓新经济模式对传统经营模式的冲击，更及时高效地对新商业模式产生的问题进行监管，部分新就业形态中出现较多的行业，如移动出行、快递行业、在线外卖、互联网医疗等，我国针对新就业形态衍生的社会治理问题，出台了相关政策。

具体而言，快递行业：2017 年 7 月 24 日国务院法制办公布《快递暂行条例（征求意见稿）》。在线外卖领域：2018 年 1 月，国家食品药品监督管理总局出台了《网络餐饮服务食品安全监督管理办法》，7 月国家市场监督管理总局出台了《餐饮服务食品安全操作规范》；2021 年以问题为导向，对《网络餐饮服务食品安全监督管理办法》进行了修订。互联网医疗领域：2018 年 4 月，国务院办公厅出台了《关于促进"互联网+医疗健康"发展的意见》；7 月，国家卫健委和国家中医药管理局出台了《互联网诊疗管理办法（试行）》；2019 年 8 月，国家医保局发布《关于完善"互联网+"医疗服务价格和医保支付政策的指导意见》。网络内容领域：2018 年 2 月，网信办出台了《微博客信息服务管理规定》；2022 年 1 月，国务院发布《"十四五"数字经济发展规划》，3 月工信部发布《车联网网络安全和数据安全标准体系建设指南》等。

移动出行行业是互联网时代的交通运输新业态，针对网约车的监管，政府部门出台了系列相关政策，本文将以移动出行行业监管政策的演变为例，对社会治理层面的政策进行分析。在对移动出行行业监管政策的梳理中可以发现，这一行业政策经历了三个阶段。[①] 第一阶段：国家层面从严监管阶段。在最初的野蛮生长阶段，新旧业态间的矛盾日渐显露，报纸上时常出现出租车司机与网约车司机冲突的事件报道，网约车的政策监管进入政府的日程。2015 年 10 月 10 日，《网络预约出租汽车经营服务管理暂行办法（征求意见稿）》公布，条款将国外网约车排除在经营范围之外，且要求网约车平台与司机签订劳动合同，要求将网约车纳入传统的出租车监管范围。从严监管阶段由此展开。

第二阶段：国家层面开放鼓励阶段。对于以网约车等为代表的共享经济和平台经济，中央政府一直持积极态度，这在一定程度上成为政府对网约车行业的"从严监管"转向"开放鼓励"的风向标。2016 年 11 月 1 日起施行的《网络预约出租汽车经营服务管理暂行办法》对网约车平台公司、网约车车辆和驾驶员、网约车经营行为、监督检查、法律责任等都作了明确规定。2018 年 6 月，交通运输部出台了《出租汽车服务质量信誉考核办法》，9 月出台了《关于开展网约车平台公司和私人小客车合乘信息服务平台安全专项检查工作的通知》。这说明我国开始规范网约车的发展，显示国家对网约车持开放鼓励的态度，并且将司机与平台的关系明确为"签订多种形式的劳动合同或者协议"，体现出在新形势下，对移动出行行业从业人员在劳动关系方面的监管弹性。

第三阶段：地方层面的总体趋紧监管阶段。2016 年 11 月后，交通部赋予各地"一城一策"权限，各地纷纷因地制宜，出台地方性的网约车监管实施细则。截至 2019 年 5 月，我国已经有北京、天津、上海、重庆等 73 个城市正式发布网约车管理实施细则。虽然各地制定细则的严宽不一，但均从

---

① 张车伟主编《中国人口与劳动问题报告 No.18——新经济 新就业》，社会科学文献出版社，2017。

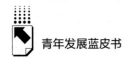

网约车平台、运营车辆、驾驶员三方进行监管，具体内容包括对驾驶员的户籍或居住证要求、运营车辆的本地号牌、登记注册地、最低轴距、指导价、车龄、拼车限次数等。这些城市实施细则的出台提高了网约车运营的门槛，地方层面总体趋紧态势由此开始。

这些规定、意见、实施细则的出台，标志着我国共享经济和平台经济发展的制度环境进一步完善，监管框架进一步建立，合规化水平进一步提高，为我国平台经济的进一步规范发展奠定了坚实的基础。

二 政策特点

目前各领域涉及新就业形态的政策，总体上体现了以人民为中心、全面依法治国、就业优先等理念。包容审慎的态度也处于国际领先水平，同时也有值得完善的空间。

（一）坚持以人民为中心，用制度措施保障新就业形态发展

国家层面在制定出台新就业形态的政策时，把实现广大人民群众更高质量、更加充分就业作为推进就业工作的方向和动力，瞄准劳动者就业创业和单位用人最普遍最迫切的需求。在新就业形态蓬勃发展之后，政府充分尊重市场在资源配置中的决定性作用，在制度完善、政策配套、能力建设等方面下功夫，加快从顶层设计层面构建工作体系，依靠强有力的社会政策来规范、支持、促进新就业形态的进一步发展，努力满足人民对数字经济下就业创业的需求。

（二）坚持辩证思维和系统观念，综合性强、涉及面广

新就业形态的蓬勃发展，得益于"互联网＋"等科学技术的普遍运用，以及人民对美好生活服务需求的不断升级。政府部门密切关注，从理性认识到合理监管再到支持规范，在逐步深化认识的背后，是坚持辩证思维和系统观念的统筹推进，根据新的实践需要，形成一系列新布局和新策略。新就业

形态的发展涉及各个领域和多行业多部门，仅劳动社保领域就涉及就业、培训、劳动关系、劳动争议、社会保障等方面。有关政策的综合性较强，涉及面较广，合理监管并且规范可持续发展需要多部门统筹协调。

（三）坚持就业优先战略，青年优先发展理念融入经济社会发展全过程

现有的新就业形态政策可谓经济政策、就业政策、社会政策的集合体，相关政策的制定出台也体现出国家对就业的重视程度。在劳动社保领域，对新就业形态的政策坚持包容审慎的原则，从理性认识到合理监管再到支持规范，以经济手段促进调控就业，到抓紧清理、取消不合理限制就业的规定，以及新冠肺炎疫情期间支持劳动者依托平台就业的各项优惠政策，《规划纲要》中明确支持和规范发展新就业形态的目标，均体现了政府用经济手段调控就业到就业优先理念的转变。另外《规划纲要》文中还提到"坚持经济发展就业导向"，即意味着将更充分更高质量就业作为经济社会发展的优先目标，将保就业作为经济运行合理区间的下限；财政、货币等宏观政策要与就业政策协同发展，制定社会政策时，要统筹考虑政策实施可能对就业吸纳能力、就业创业环境、就业质量、公平就业等方面产生的影响。

（四）各国政策态度各异，规范可持续发展需要长期思考和践行

放眼国际，国外关于平台经济和新就业形态的出现、发展采取的政策态度各不相同。以网约车为例，[①] 美国政府采取的是"底线"政策，即政府在其行为下画一条线，任何网约车的行为都不能越过这条红线，红线之上的事情都可以做。美国许多地方的监管和立法机构都在探索如何界定网约车的法律地位，考虑如何将其纳入合理监管范畴，最大限度提升公众使用网约车的安全合法性。而日本对于网约车则采取保守的态度，尚未承认 Uber 等网约

---

① 曹佳：《平台经济、就业与劳动用工》，研究出版社，2020。

车的合法化。① 禁止无资质车辆提供出租服务。另据国际劳工组织对东盟+6
个国家②的研究发现，各国政府对新就业形态的态度可分为两类：一类是允
许在国内发展，但对其经营活动进行监管并征税；另一类是讨论对现有劳动
法律进行调整，将新就业形态纳入现有或其他新的类别，以便纳入劳动权益
保障的范围之内。但尚未有一国政府采取立法措施将新就业形态纳入现有的
劳动法律规制体系中。③

相比较而言，我国"鼓励创新、包容审慎"的监管原则，和"多方参
与、协同治理"的监管理念更符合新就业形态发展的趋势和方向，特别是
在全球经济发展不确定因素增加，以国内循环为主、国内国际双循环的新发
展格局下，如何借鉴国外已有经验，促进新就业形态规范可持续发展，是需
要长期思考并践行的问题。

三 存在的短板及问题

我国新就业形态的发展，无论是技术先进程度、应用范围广度和创造的
就业规模都处于世界前列。实践的快速发展导致新问题新挑战不断产生，而
政策制度的出台需要一段时间的研究和打磨，因而在现有的新就业形态政策
方面也容易出现一些短板和问题。

（一）各部门之间需加强统筹协调、协同治理，上下之间需进一步
配合联动

目前，我国新就业形态政策体系还没有形成"各方配合、上下联动、
任务落实、政策落地"的格局。一方面，新就业形态具有从业规模扩大

---

① 张倍利：《也聊网约车新政》，《上海人大月刊》2016年第11期。
② 澳大利亚，文莱达鲁萨兰国，柬埔寨，中国，印度，印度尼西亚，日本，韩国，老挝人民
　民主共和国，马来西亚，缅甸，新西兰，菲律宾，新加坡，泰国和越南。
③ 国际劳工组织，2019c，"Preparing for the future of work：National policy responses in ASEAN +
　6"，第47~48页，https：//www.ilo.org/asia/publications/WCMS_717736/lang—en/index.
　htm，最后访问日期：2020年12月7日。

化、表现形式多样化、行业领域集中化、群体分布差异化的特征，具体政策在制定出台时涉及面广，牵涉的职能部门也较多，而我国各部门职能分散，就各自领域出台政策措施，容易造成政策规划缺乏统一性；另外，由于职能分散，出台一项专项政策措施需要征求其他各部门的意见建议，时间长，往往跟不上新就业形态发展的速度，而出台政策需要具有可持续性，不可能"朝令夕改"，也不可能"打补丁式"地高频度发文。因而，各部门之间的统筹协调协同治理能力有待进一步提高。另一方面，顶层设计方面也只有大的思路方向，具体执行层面的措施难以尽述，需要地方层面具体研究补齐。现行政策落实方面还存在体制机制不顺和工作保障不足等诸多难题，如现行新就业形态政策强调统一性和刚性较多，缺乏弹性和调整余地；有的政策不适应复杂多元的基层情况，致使政策落实不到位、政策效果打折扣。亟须进一步研究在就业优先政策指导框架下的新就业形态政策的完善和落实。

（二）新就业形态的发展速度较快，在加强形势研判方面有待进一步加强

新就业形态从出现到蓬勃发展已经有五六年时间，工作层面、研究学界对其从初步认识到理解其社会价值，需要一个过程。而正在这一时间差中，新就业形态实践的快速发展，导致政策规制的相对滞后。如在地方层面对网约车总体趋紧监管阶段，有的地方沿用管理出租车的传统模式监管网约车，[①] 要求私家车办理网约车车辆运输证；有的地区网约车管理细则违反公平竞争审查原则。[②] 这些管理细则显然极大地提高了网约车运营的难度。因为新就业形态为新生事物，人们对它的认识有逐步深化的过程，从社会治理

---

① 《蔡继明：不能用管理传统出租车的方式去管理网约车》，http：//finance. ce. cn/rolling/201903/02/t20190302_ 31600198. shtml，最后访问日期：2021 年 6 月 9 日。
② 《专家研讨网约车新政 多地细则被指违反公平竞争审查制度》，网址：https：//baijiahao. baidu. com/s？id=1586864168755116959&wfr=spider&for=pc，最后访问日期：2021年 6 月 9 日。

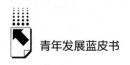

的角度来看目前出台的政策措施，与出现问题和挑战的时间之间有一定时间差，这从立法程序上是合乎流程规定的。不过，我们在适应经济社会发展变化形势、对新生事物进行敏锐判断、加强形势研判方面，需要进一步提高水平，在事先规范政策方面有待进一步加强。

（三）新职业政策多集中于职业技能提升领域，范围较窄，专项政策较少

从对新职业发布制度的三个阶段的梳理中可以发现，新职业政策的出台要早于新就业形态，但其现阶段的发展又得益于新就业形态的发展。2019年发布的 13 个新职业均脱胎于新经济新业态。在新职业发展的新阶段，国家在实施就业优先政策时，也会关注强调新职业，要求催生新岗位新职业，强调建立新职业动态编制发布机制。但目前关于新职业出台的政策多集中于职业技能提升领域，专项政策少，涉及面过窄。

（四）现行劳动关系制度面临新挑战，社会保障制度仍在探索中

现有的劳动保护体系是建立在传统劳动关系基础上。传统意义上的劳动关系认定要素显然已经不能完整定义劳动关系整体灵活化的状态，其不适应性逐渐显现，灵活用工形式中劳动关系界定难以统一，易导致劳动者权益保护困境。近年来，我国平台从业人员劳动关系认定争议案件急剧增多就是一个很好的例证。

由于目前我国社保关系和劳动关系挂钩，在社会保障方面，问题和挑战同样不容忽视。新就业形态出现以后，由于其是在传统灵活就业的基础上，适应新的经济社会条件变化而发展起来的一种新的就业形态，我们将其称为灵活就业的升级版。目前，新就业形态正日渐成为扩大就业的重要渠道之一，但其总体参保率远低于正规就业群体。在我们的调查中，灵活就业人员参保率低的原因多种多样，有的是因为收入不稳定影响其持续缴费能力，有的是因为户籍限制加大了灵活就业人员参保的难度，也有的是因为工伤保险需求量大但责任认定难等。针对诸多问题和挑战，新就业形态的社会保障制

度需要在探索中前行，要借助互联网的发展，创新服务方式，以提高社保制度与新业态、新就业形态的适配性。

四 对策建议

对于新就业形态的规制政策，各国都还在进一步摸索中，劳动社保领域的新就业形态发展的政策探索，可能会对其他公共政策领域产生示范效应。现结合目前新就业形态政策体系中存在的短板问题及需要完善之处，谈谈若干思考和建议。

（一）加强统筹协调，提升各部门之间协同治理能力

当前，我国已经开启全面建设社会主义现代化国家新征程，正在加快构建新发展格局、推动高质量发展，发展环境面临深刻复杂变化，就业形势依然严峻复杂。面对新就业形态的蓬勃发展，要在"包容审慎"的原则引导下，继续规范支持，进一步促进可持续发展。一方面，要统一规划政策制度的顶层设计，增强政策的系统性，提升协同治理能力。各部门要统一对新就业形态的认识，加强研究，要随着新事物的发展，不断加深认知。另一方面，要加强对新就业形态工作的组织领导。充分发挥国务院就业工作领导小组的作用，推动各部门履职尽责，发挥各类群团组织的积极性，凝聚就业工作合力。建立健全县以上政府主要负责同志牵头、相关部门参与的就业工作组织领导机制，明确目标任务和责任单位，层层压实责任。坚持全国一盘棋，建立跨层级、跨部门、跨区域的重大风险协同应对机制。

（二）加强形势预判，提前研究预备新就业形态的规范

习近平总书记强调，新业态虽是后来者，但依法规范不要姗姗来迟，要及时跟上研究，把法律短板及时补齐，在变化中不断完善。随着数字经济的快速发展、科学技术的普遍运用，新就业形态在未来会呈指数级发展。为适

应经济社会发展形势变化，对新就业形态要加强形势研判，并将其作为就业工作中的一个重点关注的焦点，进行提前研究，前瞻性地发现其可能存在的短板和问题，预备新就业形态的规范文件。这与《规划纲要》中提出的"支持和规范发展新就业形态"思路也是一致的，这意味着在未来，新就业形态会脱离野蛮生长阶段，进入规范成长阶段。政府部门要做的就是变被动处理为主动疏导，将有可能出现的危机转变为事先预警，这样新问题新挑战出现时，才不会措手不及。要对问题做充分的估计，把难点和复杂性估计得更充分，把各种风险考虑得更深入全面，将危机情况下的政策工具箱备好备足，做好碰到挫折和困难时迎难而上的准备。

另外，对新职业的后续培训、人才流动等也需要提前研判，出台培训纲要。新职业发布制度是随着新就业形态的发展而重启的，由于新职业是"新"的，所以后续的公共就业服务、职业技能培训、职业人才向新行业动态流动情况等都是之前没有遇到过的。要针对新职业就业市场规律，设立新职业统计抽样指标，以客观全面掌握新职业的就业动态。同时，积极进行新职业的职业技能培训，以便让旧行业从业者更加顺利地转入新职业，并要给暂时处于失业培训状态的人员适当补贴与救济。

（三）理顺两新关系，避免政策重复而部分没到位

"两新"是本文提出的概念，即新职业与新就业形态，两者之间有关联也有区别。关联之处在于：两者的出现和发展都基于平台经济等新经济新模式新业态的发展，现阶段的新职业是随着新就业形态的蓬勃发展而出现的。区别之处在于：新就业形态的外延要宽于新职业，某种程度上包含了新职业；而新职业的出现要早于新就业形态，新职业除了有相关政策之外，还有新职业发布制度。因而，在出台相关政策文件时，对于两者的认识要从系统观念出发，进行系统谋划、统筹推进。建议一方面要避免政策文件的重复，导致人力物力财力的消耗；另一方面要避免由于认识不到位而导致政策不到位的现象。

（四）遵循市场化导向，政府自身职权不越界不缺位

《规划纲要》中提出："充分发挥市场在资源配置中的决定性作用，更好发挥政府作用，推动有效市场和有为政府更好结合。"这说明处理好政府和市场的关系，使市场在资源配置中起决定性作用，仍然是我国经济体制改革的核心。在制定促进新职业发展的政策过程中，政府当遵循市场化的发展导向，坚持市场主导、政府调控，明确政府自身定位，保证自身职权既不越界，也不缺位。如加强对新就业形态的规范引导，环境建设方面，加强信息基础设施建设，规范市场竞争和市场秩序，构建公平竞争、统一合规的要素市场。政府监管方面，建立政府管理、大众评价和行业自律的平台协同治理机制，引导各类平台建立可持续经营模式，加强对资本市场的监管，为平台健康可持续运营创造良好市场环境。防范新业态发展带来的各类隐患，化解新旧行业矛盾冲突，引导其健康发展，让参与者共享平台经济等新业态带来的财富。

（五）适应新发展趋势，调整劳动关系与社会保障体系

按照是否签订劳动合同，新就业形态可以被划分为有或者没有明确劳动关系两类。这种分类也是劳动者能否获得劳动法律和社会保障待遇的前置条件。要解决新就业形态的劳动关系问题，笔者认为有必要为劳动关系设立一个清晰、全面的界限，并使这一界限能够根据劳动力市场与商业模式的变化适时调整。建议政府部门可尝试性地用司法解释的方式提出一套明确且全面的指标，在解决新就业形态劳动争议的过程中检验这些指标，以填补长期存在的规制空白，也为以后在合适的时机修订法律打下基础。

研究多元化保险办法，探索适应新特点的社保工作机制。《规划纲要》中提到"健全覆盖全民、统筹城乡、公平统一、可持续的多层次社会保障体系"。特别提到了"健全灵活就业人员社保制度"。新就业形态是升级版的灵活就业，目前面临的最急迫问题即社会保障的不足或缺失。笔者认为完善目前新就业形态的社会保险制度的着力点如下：第一，将劳动关系作为社

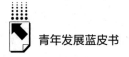

会保险的前置条件去除，将社会保险的覆盖范围扩大到没有劳动关系的新就业形态；第二，大力改革户籍制度，去除农村劳动力在工作地参加医疗保险的障碍，可借鉴国外让灵活就业人员通过团体保险、行业协会或社区集体参保的思路，以平台企业为缴费单位，为新就业形态的从业人员在就业地集体缴纳医疗保险；第三，做好社保关系的转移接续，允许个人社保账户可以因劳动者本人工作地的变化而转移，确保新业态从业人员的合理正常流动。

参考文献

宗合：《13 个新职业被收入〈职业分类大典〉》，《劳动保障世界》2019 年第 13 期。

张成刚：《问题与对策：我国新就业形态发展中的公共政策研究》，《中国人力资源开发》2019 年第 2 期。

周畅：《中国数字劳工平台和工人权益保障》，《国际劳工组织工作报告》，2020 年11 月。

耿强等：《新职业为何不断涌现》，《人民论坛》2019 年第 16 期。

曹佳：《平台经济、就业与劳动用工》，研究出版社，2020。

张车伟主编《中国人口与劳动问题报告 No.18——新经济 新就业》，社会科学文献出版社，2017。

新职业群体社会声望的自我评价研究

刘保中　郭亚平*

摘　要： 本报告以北京地区新职业群体为例,分析了新职业群体社会声望自我评价的现状、问题和原因。总体来看,新职业群体对自身社会声望的评价普遍偏低,不同类型新职业群体的自我评价存在明显差异。与具有更高社会声望的职业群体相比,新职业的不稳定性、职业保障的不完善、职业发展的不确定性是导致新职业群体社会声望自我评价偏低的主要原因。在新职业群体内部,对文化资本和技能资本占有的差异是导致不同类型新职业群体社会声望自我评价差异的主要原因。新兴职业已经融入并显著影响着人们的日常生活,新职业群体也应该获得与职业角色相匹配的社会尊重和社会认可。为此,本报告最后提出了提升新职业群体社会声望评价的政策建议。

关键词： 新职业群体　社会声望　自我评价　社会地位

伴随着我国市场经济向纵深发展,尤其是互联网平台经济、高新技术产业以及体验服务业的快速发展,近些年我国社会经济发展中涌现大量新业态,在新兴经济领域出现了一大批新职业群体。2020 年 7 月,国家统计局发布的有关数据显示,保守估计整个新经济行业已创造 5500 万个就业岗位。新职业群体是新社会财富的创造者,已经成为推动我国生产力发展的一支重

---

* 刘保中,中国社会科学院社会学研究所副研究员;郭亚平,中华女子学院社会工作学院讲师。

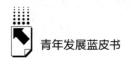

要力量，有效激发了经济活力。

与此同时，新职业群体的社会声望却难与其职业的"新兴"地位相匹配。这些爱跨界、想出圈的新兴青年们，在许多传统领域以外的新领域开拓出了新的职业场域、文化内容和生活体验，却面临着如何获得主流社会认可的压力。官方认可的新职业的更新速度明显滞后于新职业诞生的步伐。2020年7月，人社部联合国家市场监管总局、国家统计局将包括互联网营销师在内的9个新职业（其他8个新职业为"区块链工程技术人员""城市管理网格员""信息安全测试员""区块链应用操作员""在线学习服务师""社群健康助理员""老年人能力评估师""增材制造设备操作员"）纳入最新版的《中华人民共和国职业分类大典》中。尽管如此，目前仍然有大量新兴领域的新职业没有得到官方认可。新职业群体社会声望相对不高的总体状况，在很大程度上影响了他们对自身职业声望和社会声望的主观评价。

北京是现代化的大都市，随着首都城市功能战略定位的调整，文化创意、互联网科技等新兴领域产业和新兴业态得到快速发展，已经成为新职业群体的重要聚集地。北京市统计局公布的数据显示，2020年全市新经济实现增加值13654亿元，占地区生产总值的比重达到37.8%。从全国范围来看，北京新经济体量和发展速度均名列前茅。因此，北京新职业群体具有较大的典型性。本报告将以北京地区新职业群体为例，分析新职业群体社会声望自我评价的现状、问题和原因。本报告研究数据来自2020年10~11月在北京地区实施的"新兴青年群体状况调查"，① 该调查由中国社会科学院社会学研究所与共青团北京市委合作开展，双方于2020年9月成立"北京新兴青年群体状况调研课题组"，重点围绕新职业群体的群体类型、基本特征、生存状态、思想意识、诉求表达等方面开展深入调研分析。课题组采取问卷调查、深度访谈、焦点小组座谈等多种调查方法，实地走访调研了新兴青年群体所在公司、相关园区、机构和政府部门，获得了大量一手数据资料和调研访谈资料。调查面向新媒体从业者、网络主播、网络作家、电竞从业

---

① 如非明确指出数据来源，本报告所涉及数据均出自该调查。

者、网约配送员、网约车司机、独立电影人、独立戏剧人、独立音乐人、自由美术工作者等 10 类典型新职业群体，有效样本量 2630 人。其中：男性占56.8%，女性占 43.2%；"80 后"占比 39.5%，"90 后"占比 56.0%，"00后"占比 4.5%；在受教育程度方面，74.9% 的人接受过大专及以上教育，本科学历占 42.4%，研究生及以上学历占 4.3%。

一 新职业群体社会声望自我评价的基本现状

声望研究包括声望的社会评价和自我评价，它们从不同角度反映了个人或群体所受到的社会尊敬程度。本报告从社会地位、职业声望、职业发展前景等方面测量新职业群体社会声望的自我评价状况。

（一）总体状况

社会地位是个体在社会关系体系中所处的位置，反映了个人财产、权力和权威的拥有情况以及个体在与社会整体互动中的社会身份。新职业群体的社会地位自我评价相对较低，仅有 8.8% 非常满意自己的社会地位、16.2%满意自己的社会地位。不同年龄层的新职业群体在社会地位评价上表现出较为明显的差异，年龄越大的对社会地位满意度越低。34.1% 的"00 后"、26.3% 的"90 后"、22.1% 的"80 后"对目前的社会地位表示满意或非常满意。

在职业声望的自我评价方面，新职业群体对自身职业声望的满意度不高，9.1% 非常满意自己的职业声望，17.4% 满意自己的职业声望。与对社会地位的评价相似，不同年龄层的新职业群体在职业声望评价上同样也呈现明显差异，年龄越大的新职业群体对职业声望满意度越低。37.5% 的"00后"、28.1% 的"90 后"、23.0% 的"80 后"对目前的职业声望表示满意或非常满意。

相较于社会地位和职业声望，新职业群体对职业前景的态度比较乐观，对职业前景表示"非常满意"和"满意"的比例加起来达到 32.4%，好于

对社会地位和职业声望的评价。从年龄差异看，越年轻者对职业前景越乐观，分别有45.8%的"00后"、34.7%的"90后"、27.5%的"80后"对职业前景发展表示满意。

（二）不同类型新职业群体社会声望的自我评价

依托于数字经济、互联网平台，新兴产业活跃起来，灵活多样的新职业应时而生。网络主播、网络作家、新媒体从业者、电子竞技从业者、独立音乐人、影视从业者、自由美术工作者、网约配送员、网约车司机等是新职业群体中的典型代表。为全面呈现新职业群体的社会声望状况，本研究进一步分析了不同类型新职业群体对社会声望的自我评价。

1. 网络主播

随着互联网经济的不断发展，网络主播越来越成为年轻人追捧的新兴职业。在社会声望的自我评价上，15%的网络主播对自身社会地位和职业声望表示"不满意"，超过一半（54%）表示"一般"。网络主播对职业发展前景比较有信心，1/3表示满意，仅有不足一成的网络主播表示不满意。

2. 网络作家

网络文学作品近些年依靠互联网不断加快的传播速度和不断扩大的传播空间，吸引了大量读者，网络作家的队伍不断壮大。在社会声望自我评价的三项指标中，网络作家对自身社会地位的满意度相对较高，近四成（39%）网络作家对自身社会地位表示"满意"或"非常满意"，仅有18%表示不满意。在职业声望上，37%的网络作家对自身职业声望表示满意。网络作家对职业发展前景充满信心，42%的网络作家对职业发展前景表示满意，仅有15%表示不满意。

3. 新媒体从业者

互联网的发展使媒体格局和舆论生态发生了深刻变化，大量新媒体平台涌现，成为新的舆论阵地，青年群体成为其中的生力军。新媒体从业者对自身社会地位的满意度不高，一成的新媒体从业者对自身社会地位表示"非常满意"，19%的表示"满意"，超过一半（55%）的满意度为"一般"。新媒体从业者对职业声望的自我评价展现出类似特征，28%的新媒体从业者对自身职业声望表示满意，54%的表示"一般"。新媒体从业者对职业发展前景具有较高满意度，38%的新媒体从业群体对职业发展前景表示"非常满意"或"满意"，仅有12%表示"不满意"。

4. 电子竞技从业者

近几年电子竞技行业飞速发展，吸引了越来越多不同年龄的人群尤其是青少年群体参与其中。在社会地位的自我评价上，35%的电竞从业者对自身社会地位表示"满意"或"非常满意"，21%表示"不满意"。1/3的电竞从业者对自身职业声望表示"满意"，43%的电竞从业者对职业发展前景表示"满意"，仅有13%"不满意"。

5. 新文艺群体

改革开放以来，活跃在影视行业、戏剧舞台以及音乐领域的影视从业者、自由美术工作者、独立音乐人等庞大新文艺群体，为社会大众提供了丰富的文艺作品。在社会声望的自我评价上，1/3的新文艺群体对自身社会地位表示"非常满意"或"满意"，仅有15%"不满意"；38%满意自身职业声望。在职业发展前景上，42%的新文艺群体对职业前景表示"满意"，一成（11%）对职业发展前景缺乏信心，对职业前景表示"不满意"或"非常不满意"。

6. 网约配送员

数据驱动、平台支撑和线上线下协同的新经济形态呈现爆发式增长，形成了"互联网+服务业"新业态，极大促进了生活服务业的转型升级，催生了大量网约配送员。2020年2月，人力资源和社会保障部与国家市场监管总局、国家统计局联合向社会发布了网约配送员这一新职业。总体来看，网约配送员社会声望自我评价的满意度较低。仅有21%对自身社会地位和职业声望表示"满意"，26%对职业发展前景表示"满意"。

7. 网约车司机

网约车司机也是"互联网+服务业"新业态催生的新职业，是人们改善生活方式以及升级出行需求的表现，但是在发展过程中也出现了一些问题，

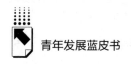

影响网约车司机对社会声望的自我评价，网约车司机对社会声望的自我评价普遍较低。仅有24%对自身社会地位表示"满意"，23%对自身职业声望表示"满意"。在职业发展前景上，不到1/4（24%）表示"满意"。

二 不同类型新职业群体社会声望自我评价的比较

新职业群体是一个内部构成多元的群体，不同群体的工作内容、工作状态也有所不同甚至差异很大。为全面呈现新职业群体社会声望自我评价的状况，本部分将从四个维度对不同类型新职业群体社会声望的自我评价做进一步的比较分析。为了方便比较，本报告将社会声望自我评价的"非常不满意"、"不满意"、"一般"、"满意"和"非常满意"的五级回答分别赋值为1~5分，通过计算平均值比较群体评分差异。

在对社会地位的自我评价上，网络主播、网络作家、新媒体从业者、电竞从业者、新文艺群体、网约配送员和网约车司机等不同类型的新职业群体存在明显差异，网约车司机、网约配送员等生活服务类新职业群体的自我评价较低，其次是电竞从业者，新文艺群体、网络主播、网络作家对自身社会地位的评价相对较高。

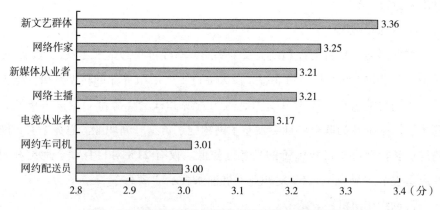

图1 不同类型新职业群体社会地位的自我评价得分

在职业声望自我评价上，文化资本发挥了积极的作用。作为正在崛起的新兴文化力量，新文艺群体对职业声望的自我评价较高，其次是网络作家、新媒体从业者和网络主播。随着网络文学及相关影视剧、游戏等改编作品的流行，网络作家逐渐进入大众视野，得到网民读者的追捧，也逐渐受到主流文坛的关注，网络作家对自身职业声望的评价较高。新媒体从业者和网络主播同样是以内容创作为主要工作的群体，对职业声望的自我评价仅次于新文艺群体和网络作家。相比之下，电竞从业者、网约车司机和网约配送员对自身职业声望的评价较低。

首先，随着新文艺群体日渐活跃、影响力逐渐增强，新文艺群体对职业发展前景具有较大信心。其次是依托网络发展的新职业群体，如网络主播、网络作家和新媒体从业者，互联网的飞速发展令其对职业发展前景更有信心。网约车司机和网约配送员对职业发展前景的评价较低。

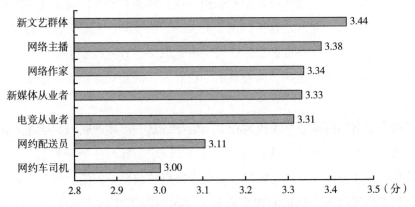

图 2 不同类型新职业群体对自身职业发展前景评价得分

数据显示，新文艺群体对社会声望的自我评价得分最高，其次是网络作家和新媒体从业者，依托网络生存的网络主播和电竞从业者对社会声望的自我评价得分紧随其后。网约配送员和网约车司机对自身社会声望评价的得分最低。总体来看，文化资本和网络传播影响力支撑了不同类型新职业群体，尤其是具有文化资本的新兴职业群体对社会声望的自我评价。

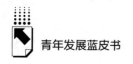
三 新职业群体社会声望自我评价偏低的原因分析

（一）职业不稳定，市场风险高

随着劳动用工制度改革以及平台经济的发展，市场配置劳动力资源的格局基本形成，企业与员工的双向选择机会增加，对于新职业群体来说，其从业方式由原来的固定契约型更多地转向灵活契约型，提高了职业流动的频率。新职业群体中出现诸如项目制、弹性工作、灵活就业等流动性较强的工作形式，对固定单位的依赖性大大减弱，但也降低了来自单位的保障。此外，新职业群体的收入主要来源于其工作的内容生产和技术输出，对市场的依赖程度较高，市场的变化容易对他们的职业发展和收入产生直接影响。很多新兴行业属于我国经济体系中的朝阳产业，新消费产业内供不应求的劳动力需求，为新兴产业从业青年提供了更大的溢价空间。但是，这些新职业群体能否依靠兴趣爱好获得稳定的收入，不仅取决于专业技能水平，也受到市场诸多不确定因素的影响。调查显示，约有1/3的北京新职业群体认为自身收入不稳定。

新职业群体的职业性质很大程度上也导致这一群体的收入和职业分化比较严重，职业分布状况呈现明显的"金字塔形"。拥有千万粉丝的"大V"只是新兴青年群体中的凤毛麟角。处在金字塔顶端以下的绝大多数新职业青年，都面临着收入不稳定的现实问题。受项目制工作形式和市场波动的影响，不少新职业青年可能面临一年只能接到一个项目的窘境。此外，新职业群体面临更多的市场风险的冲击。调查显示，分别有9.5%、20.5%的新职业群体认为自己在未来6个月"非常有可能"和"可能"会失业。

（二）职业保障机制不健全

新兴领域的新就业形态，是一种去雇主化、平台化的就业模式和新型劳动关系，高自主性、个体化、灵活性、兼职兼业的劳动用工特点，造成新职业群体普遍面临职业保障缺失的实际困难。

社保缴纳困难。对于灵活就业的新职业群体来说，普遍面临无处缴纳社保、没有五险一金的难题。网络平台、活动公司、线下组织通常跟新职业从业者只存在项目制的经纪契约关系或者非正式的契约关系，使得这一群体的社会保障很不完善。即便一些青年通过一些中介公司缴纳了社保，还得面临中介公司"跑路"的风险。大部分新职业群体均为体制外就业，对单位组织依赖性弱，社会保障水平相对滞后。近两成（18.4%）的新职业青年群体没有签订任何合同或者仅签订经济合同，大约8%没有任何社会保障或者商业保险。其中网约车司机、网约配送员、自由美术工作者没有任何社会保障或者商业保险的比例均超过10%，分别为13%、12%和10%。

健康状况堪忧。新职业群体往往因工作压力较大、生活作息不规律等影响健康状况，调查显示这一群体普遍处于亚健康状态。在这一群体中，64.7%存在腰、颈痛和关节酸痛，18.3%经常感到头痛，22.0%经常感到肠胃不适。此外，这一群体还面临较为严重的心理健康问题，31.1%经常感到疲劳、精神不佳，35.7%希望能够得到心理健康辅导方面的支持，35.1%希望能够得到健康教育方面的支持。在社会交往上，虽然新职业群体基于职业圈、兴趣圈等形成认同度较高的小圈子，实际生活中这一群体存在强烈的社交渴望，尤其是在发展婚恋对象上，在未婚的新职业群体中，接近1/4（24%）的新职业群体表示"希望相关部门提供婚恋交友的服务"。

（三）职业发展面临不可持续问题

相对于传统产业的从业者，新职业群体的职业发展充满了不确定性。相比于发展较为成熟的旧职业，新职业规划往往缺少可以参考的发展标准或者规范。调查显示，新职业群体中30.3%的人表示"希望获得职业生涯规划方面的指导"。对于一些特殊的新职业群体如网络主播，他们的职业生命周期相对更短，面临着如何延续职业生涯、成功转换职业角色等问题。新职业群体的职业流动性强，经常在不同行业、不同地域之间频繁流动，呈现体制外灵活就业的特征。新职业上升空间不清晰的现状，加剧了职业发展的兼职

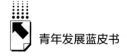

化，一些"斜杠青年"在看似新潮的标签下，实则带着前所未有的迷茫做着多份兼职，以寻求内心理想与经济考虑的平衡。

新职业群体希望以兴趣为职业，不过激烈的业内竞争对新职业群体的职业技能提出更高要求，而目前市场上普遍缺乏针对新职业的成熟职业技能培训体系。尽管互联网时代衍生出知识付费等自我提升服务，但仍旧无法满足新职业群体对于职业技能提升的需求，而且新职业群体的受教育水平参差不齐，自我学习能力差异较大，这也影响了新职业群体技能的普遍提升。调查显示，近80%的新职业群体表示对工作有兴趣，42.4%渴望得到技能培训，尤其是对网约车司机、网约配送员、网络主播等行业门槛较低的从业者来说，更希望获得一些核心技能，以提高自身人力资本。

很多新兴行业处于发展的初期，虽然行业规模在逐渐增大，但是行业规则尚未建立、行业组织尚未成立，缺乏有效的行业规制和职业规范，新兴职业身份和社会属性尚未得到社会普遍认可和接纳，在某些时候还遭受某种程度的歧视。相比传统行业，这样的真空地带极可能导致职业发展偏离良性轨道，例如一些网络直播为博观众眼球而大量生产"流量为王"的庸俗内容。新兴行业处在社会控制和社会规范的模糊地带，以致这些行业拥有了更多的利润空间或寻租机会。因破坏职业底线或社会伦理而带来的暴利，有可能导致职业失范或道德失范现象，影响新兴领域行业公平竞争的市场环境和社会环境。

四　总结与建议

新兴职业已经融入并显著影响着人们的日常生活，新职业群体也应该获得与职业角色相匹配的社会尊重和社会认可。针对新职业群体社会声望自我评价偏低的状况，本报告建议从以下四个方面，提升新职业群体的社会声望自我评价。

第一，加强对新职业群体成长的指导和保障，帮助新职业群体解决职业发展的困境。首先，推动新兴职业规范化建设，制定并完善新职业群体人才流动、职称、薪酬、培养、激励等一系列政策，为新职业群体成长提供制度保障，提高其职业归属感，增强其职业发展的人力资本。其次，总结职业发展成功经验，依据行业发展趋势研究，为新职业群体的职业规划提供参考指导，使广大新职业群体明确职业预期，形成成熟的职业心态。

第二，探索建立新型的社会保障机制，做好知识产权、法律、心理等方面的服务。首先，探索建立针对新职业群体的新型社会保障机制，畅通渠道，方便该群体缴纳社会保险，推动该群体实现应保尽保，增强群体抵御风险能力。其次，深入联系并依托相关政府部门、高校、科研院所、律师事务所等专业力量，为新职业群体提供法律支持、心理辅导等服务。在知识产权方面制定相对明确的标准，便于版权认证和被侵权者维权。关心关注新职业群体在劳动权益、心理健康、情感婚恋等方面的问题，及时提供高效帮助。

第三，畅通利益表达渠道，扩大新职业群体的社会参与。首先，提供更多更好的发声平台，促进对话。创设信息交流平台，提供诉求表达渠道，完善对话机制。主动邀请新职业群体代表参加座谈会、听证会等，听取意见和建议。推动新职业群体与人大代表、政协委员的沟通交流，反映切身诉求。其次，吸纳新职业群体到共青团兼职，并根据新职业青年群体的特征和特长安排合适岗位，充分发挥新职业青年群体的作用，为这一群体的发展提供平台。最后，鼓励新职业群体参与社会公共事务。注重鼓励新职业青年参与政府公共政策的讨论和制定，提升这一群体的政治荣誉感和社会认同感，提高他们参与社会治理的积极性，将工作对象有效转化为工作力量，强化新职业青年群体与社会结构的紧密联系。

第四，积极挖掘、宣传新职业青年群体的典型事迹，加大社会宣传力度，促进广大民众对该群体的了解。组织开展不同类型新职业青年的典型宣传活动，鼓励新职业青年所在企业、组织机构、社区（或以个人形式）报送先进事迹，通过多种媒体渠道宣传、发挥优秀代表的示范效应，提升群体社会影响力。

B.16
高职院校学生对新职业
认知及就业意向分析
——基于广西职业技术学院的实地调查

赵联飞　陈恩海*

摘　要：　高职院校学生是新职业群体的重要组成部分。高职学生普遍看好
新职业的发展前景，并愿意在毕业后从事新职业。由于依托互联
网平台所产生的新职业在最近几年才得到大规模的发展，故有关
职业的教育和培训相对滞后。在依托于互联网平台的新职业的培
训教育中，存在学生对新职业认知了解不足、学校课堂培训存在
欠缺、促进新职业知识普及的体系和机制尚未充分建立等问题，
高职院校应结合办学思路从学科建设向专业群建设转换的契机，充
分发挥高职办学特色，提高学生培养的质量和效率，实现学生在新
职业领域的高水平和高效率就业，从而促进青年的发展。

关键词：　高职学生　新职业　职业认知　就业意向　广西职业技术学院

随着互联网平台的不断发展，依托于互联网平台的新职业不断涌现，这
些新职业中，一部分与高新技术、新兴技术有关，如物联网技术人员；一部
分与依托于互联网平台形成的新业态有关，例如，直播销售员、电子竞技员

---

* 赵联飞，中国社会科学院大学社会与民族学院教授，中国社会科学院社会学研究所研究员，
中国社会科学院社会学研究所社会调查与数据处理研究中心主任，主要研究方向为互联网与
社会、社会研究方法、青年研究以及港澳研究；陈恩海，广西职业技术学院农业工程学院党
总支书记、院长。

等。根据已有的研究，从事这些职业的人员有超过半数为青年人，且其中有不少具有高等教育背景，这表明，高校教育与新职业的发展正在产生密切的关联，而高校的人才培养工作如何应对伴随新职业不断涌现的挑战则是一个值得研究的课题。

在具有高等教育背景的从业者中，相当部分为高职院校毕业生。在理论上，高等职业教育包括了大学专科以上所有层次的教育，但从中国实际情况看，高等职业教育主要是指除医学和师范外的大专层次人才培养教育。2014年5月2日，国务院发布《关于加快发展现代职业教育的决定》，其中提出了要加快构建现代职业教育体系，创新发展高等职业教育。截至2019年，专科层次职业教育在校生达到1280万人。[①]

鉴于高职院校学生与依托于互联网平台就业紧密关联，了解在校高职学生对新职业的认知、从事新职业的意愿以及他们在准备就业于新职业领域时所需要的帮助就显得十分有必要。为此，本文作者选取广西职业技术学院作为调研对象。调研在2020年9月进行，共组织了7场焦点小组（其中，1组为教师及校、院两级管理人员，6组为学生），并在此基础上针对学生开展了问卷调查，共收集样本2340个。[②] 样本的平均年龄为20.13岁，男生占比60.64%，女生占比39.36%；职业技术学院一、二、三年级学生分别占比1.45%、81.41%和17.14%；问卷调查涵盖了该校五个学院，焦点小组则涵盖了六个学院。

一　整体情况

（一）广西职业技术学院学生近年就业于新职业领域的情况

2019年，广西职业技术学院入选教育部和财政部公布的"双高计

---

① 参见国家统计局网站，https：//data. stats. gov. cn/easyquery. htm？ cn＝C01。
② 广西职业技术学院涂如进、陈颐两位老师在协调焦点小组人员、组织问卷调查方面出力甚多，在此表示特别感谢。

划"。^① 随后，学校将原有的全校专业整合划分为九大专业群，其中有两个专业群为"大数据专业群"和"商贸专业群"，主要涉及电子商务、互联网金融、物联网技术应用、计算机应用技术等互联网平台相关专业，这些专业群的毕业生将重点向互联网平台相关企业推荐就业，并计划与华为、腾讯等知名企业建立校企合作关系，共同深入培养高端人才。互联网运营与网络搜索引擎业内的企业对毕业生的需求量随着互联网平台的发展也在不断地增长，对毕业生需求量很大。该校的电子商务、互联网金融、物联网技术应用、计算机应用技术等互联网平台应用相关专业毕业生的就业率基本上都在93%以上，2019届和2020届的物联网技术应用专业就业率为100%。2020年尽管突发了新冠肺炎疫情，该校整体就业率仍保持在90%左右，疫情下，互联网平台企业招聘反而呈现需求增长的现象，该校电子商务、互联网金融、物联网技术应用等互联网平台应用相关专业毕业生就业率基本上不受影响，就业率都保持在92%以上。^②

（二）新职业技能培训开始融入课堂教学和实践

互联网平台在近年来产生了大量的岗位需求。例如，直播的发展带动了对主播人员、运营助理、场控师等岗位的需求，而短视频的发展则带动了对视频编辑、创意等岗位的需求。许多高职教师在开展校企合作的过程中，十分清晰地感受到了这一需求。来自商贸学院的老师谈到，现在课堂上会讲授关于新媒体的知识，涵盖了网络营销、媒体制作等多项内容，同时还有一些与新职业有关的实践项目，从而使学生有机会了解到基于互联网平台的新职业。部分学生也主动参与到新职业的实践中。有老师提到，刚开始的时候，学生其实不太自信，怀疑自己做的东西没有人看，但一旦做起来，学生做得比老师还好，无论是直播带货的销量还是粉丝数，都增加得十分明显。

---

① 2019年1月24日，国务院印发《国家职业教育改革实施方案》，提出将启动实施中国特色高水平高等职业学校和专业建设计划（简称"双高计划"），这是相应于普通高等教育"双一流"计划的职业教育发展规划。广西职业技术学院入选了"高水平专业群建设单位"。
② 根据对广西职业技术学院就业处负责人访谈记录整理。

案例1：在2020年，共青团广西区委联合百色市举办了第二届乡村振兴创新创业大赛，这一赛事规模较大，共设置了三个赛道，第一个赛道是策划设计类赛道，第二个是直播带货赛道，第三个是视频赛道。其中，直播带货主要是在抖音等直播平台上由学生担任主播进行商品售卖；而视频赛道则主要集中在宣传家乡、宣传土特产等方面。相当一部分学生通过参加这一活动获得了从事新职业的经验。

案例2：2020年6月，广西职业技术学院承接广西壮族自治区商务厅组织的广西脱贫攻坚直播带货活动，在学校以及各个分会场组织直播活动，帮助广西各地的贫困户卖货。在这个过程中，建立起包括策划、美工、主持人、商务等多个职位在内的直播团队，形成了对直播的系统认识，并对外开设了直播培训课程。

案例3：学院下属的传媒学院有三个专业群：传媒类、艺术设计类、建筑类。为了适应新媒体的发展，学院在艺术设计类之下专门开设了一个电商方向的班，该班的一个重要培养方向是室内装修设计，利用互联网设计平台，将业主、室内设计以及生产商联系在一起，并通过平台完成室内装修设计的全流程。而就传媒类专业来说，学生则利用播音和主持专业的优势，开启了直播实践，这一实践倒逼学院开设有关直播的课程。在2020年新冠肺炎疫情突发后，不少播音和主持专业的学生转向在线培训这一领域。

（三）校园社团成为提升新职业从业能力的重要平台

调查发现，在广西职业技术学院，课堂还不是主要的关于新职业知识的传播平台，更多的学生是通过校园社团来了解新职业、参与新职业的实践的。该校有两类重要的社团，一类是摄影、美工等社团；另一类（个）是创新创业活动中心。

据该校老师介绍，目前学院内从事新职业实践的同学主要通过协会成员之间的交流协作来了解掌握新职业的有关知识，而不是通过选课的方式。在

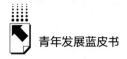

焦点小组座谈时，一些学生的回答也证实了这一点。有的同学提到，尽管老师在课堂上也会讲一些与新职业相关的知识，但往往讲得比较宏观，有时候所讲的内容有些落后，跟不上现在的最新发展形势。而另外一部分同学则提到，学校开设的课程很多，但从每门课学到的东西很少，只学到了皮毛，作业也比较简单；同时，学校开设的与电子商务等互联网应用相关的课程由于涉及实际操作指导问题，因此多为专业课，学校很少提供这方面的公选课，这使得一部分对电子商务感兴趣的同学无法通过选课来获得相关知识。

创新创业活动中心是关于新职业知识传播的另一个平台。中心的老师往往会带着学生承接一些企业的项目和任务，在这个过程中，学生逐渐得到成长。前文提到的案例2就是创新创业活动中心的老师带领学生完成的项目。具体指导案例2的老师介绍，在带领学生从事有关新职业的实践过程中，他组建了两个微信群，一个群是直播训练营，参加的人主要是对直播感兴趣的在校学生，这个群有100多人；另一个群则是直播导师群，里面的成员则是由一些相对有较多经验的老师、新职业从业者以及有直播经验的往届毕业生组成。直播导师群的老师不仅指导学院内的学生，还跟校外培训机构合作，担任培训讲师，为社会提供培训服务。在焦点小组中发现的另一个案例则是，一位兽医专业的老师通过互联网来传播与宠物饲养相关的知识，通过不定期在网上开播，或者是发视频传授兽医与宠物方面的相关知识，积累了超过百万个的粉丝。在这个过程中，一些兽医专业的学生也开始参与老师的短视频制作和直播活动，从而逐步接触到与互联网平台相关的职业技能。

二　对依托于互联网平台形成的新职业发展前景的看法

（一）普遍看好新职业的发展前景

从调查情况看，近七成的学生对依托于互联网平台形成的新职业发展前景看好，认为它代表了未来社会分工发展的方向，而认为这些新职业"只是昙花一现，很快就会消失"的比例仅为3.46%。在普遍乐观的同时，也有相当比例的学生认为新职业发展前景有一定的不确定性，有 28.33% 的被调查学生认为新职业发展前景"不好说"（见表 1）。

表 1 学生对新职业发展前景的看法

单位：人，%

新职业发展前景	频次	百分比	累计百分比
只是昙花一现,很快就会消失	81	3.46	3.46
代表了未来分工发展的方向	1596	68.21	71.67
不好说	663	28.33	100.00
合计	2340	100.00	

进一步的分析则表明，不同专业领域的学生对依托互联网形成的新职业的发展前景看法接近，农业与环境工程学院、食品与生物技术学院、机电与信息工程学院、管理学院、经贸学院的学生认为新职业代表了未来职业分工发展方向的比例分别为 67.65%、68.89%、68.17%、69.10% 和 60.42%。相对来说，食品与生物技术学院的学生对新职业的发展前景不乐观程度略高，认为其"只是昙花一现，很快就会消失"的比例为 6.67%。经贸学院的学生对新职业的发展前景表示出更多的不确定，认为"不好说"的比例达到了 35.42%。皮尔逊卡方检验表明，专业领域和对新职业发展前景的看法之间的关联不具备统计上的显著性（α = 0.05）；换句话说，专业并不影响人们对新职业发展前景的判断（见表 2）。

表 2 不同专业学生对新职业发展前景的看法

单位：%

目前就读学院	只是昙花一现，很快就会消失	代表了未来分工发展的方向	不好说	行百分比(N)
农业与环境工程学院	3.59	67.65	28.76	100.00(306)
食品与生物技术学院	6.67	68.89	24.44	100.00(45)
机电与信息工程学院	3.89	68.17	27.94	100.00(1310)
管理学院	2.22	69.10	28.68	100.00(631)
经贸学院	4.17	60.42	35.42	100.00(48)
合计	3.46	68.21	28.33	100.00(2340)

Pearson chi2(8) = 6.6676   Pr = 0.573

交互分析的结果表明，男生认为新职业代表未来分工发展方向的比例为66.46%，女生认为新职业代表未来分工发展方向的比例达到70.9%，约有4.51%的男生认为新职业"只是昙花一现，很快就会消失"，但同意这一说法的女生仅占1.85%。这一结果表明，女生对新职业发展前景更为看好。皮尔逊卡方检验表明，对新职业发展前景的看法在性别之间的差异具有统计学上的显著意义（$\alpha=0.01$）（见表3）。

表3　男生和女生对新职业发展前景的看法

单位：%

性别	只是昙花一现，很快就会消失	代表了未来分工发展的方向	不好说	行百分比（N）
男	4.51	66.46	29.03	100.00(1419)
女	1.85	70.90	27.25	100.00(921)
合计	3.46	68.21	28.33	100.00(2340)

Pearson chi2(2)=13.6982　Pr=0.001

（二）超过半数学生打算毕业后从事新职业

一般来说，高职院校学生前两年在学校学习各类课程，第三年则是到各类实习单位实习，部分学生甚至会直接在实习单位就业。在焦点小组座谈时，有学生表示"有一些做得比较好的博主，带动了很大一部分粉丝，很多也是结合自己的兴趣爱好，还有自己所学的专业，融入新媒体当中。我觉得吸引力其实蛮大的，未来如果可以的话，我也想去尝试一下新媒体"。而问卷调查的结果表明，约有54.4%表示毕业后从事依托互联网的新职业的可能性"很大"或者"比较大"，而表示这一可能性"比较小"和"很小"的比例分别为7.69%和2.78%。这一数据表明，就广西职业技术学院的学生来说，毕业后在新职业领域就业已经成为一项正常的选择（见表4）。

尽管女生对新职业发展前景更为看好，但交互分析表明，男生在毕业后

表4　学生自评毕业后从事依托互联网的新职业的可能性

单位：%

可能性	频次	百分比	累计百分比
很　大	461	19.70	19.70
比较大	812	34.70	54.40
一　般	822	35.13	89.53
比较小	180	7.69	97.22
很　小	65	2.78	100.00
合　计	2340	100.00	

从事依托互联网的新职业的可能性显著高于女生。男生在毕业后有"很大"和"比较大"的可能性从事依托互联网的新职业的比例分别为21.85%和36.86%，而女生的相应比例仅为16.40%和31.38%，这一差距在统计学上来说是十分显著的（$\alpha=0.001$）。这说明男生有更大的可能投入新职业职场中（见表5）。

表5　男生和女生自评毕业后从事依托互联网的新职业的可能性

单位：%

性别 \ 可能性	很大	比较大	一般	比较小	很小	合计（N）
男	21.85	36.86	31.36	7.12	2.82	100.00(1419)
女	16.40	31.38	40.93	8.58	2.71	100.00(921)
合计	19.70	34.70	35.13	7.69	2.78	100.00(2340)

Pearson chi2(4)= 29.3955　Pr=0.000

结合表3和表5中的数据可以发现一个很有意思的关联，那就是女生看好新职业的发展前景，但自身从事新职业的可能性较低。研究认为，这很可能与女生自身的专业有关。为此控制了专业这一因素之后继续探讨性别对从事新职业的影响。结果发现，除了在经贸学院中，男生自评毕业后从事依托互联网的新职业的可能性显著高于女生外，其余学院的男女生在自评毕业后从事依托互联网的新职业的可能性方面并无统计上的显著差异。① 这在一定程度上表明，性别对毕业后是否从事新职业没有明显的影响。

如果我们认为求职意愿是一个在高校求学过程中逐渐被影响和逐渐定型的过程，那么观察不同年级的学生自评毕业后从事依托互联网的新职业的可能性是有意义的。这里有两个机制值得注意。一个机制是，随着年级和实习经历的增加，高职学生对职场的认识以及对自身的定位和判断日益准确和现实，从而对自身的职业发展方向的判断也愈发趋于理性。另一个机制是，对就业市场本身发展的预期也会影响在校学生自评毕业后从事依托互联网的新职业的可能性。从本次调查的情况来看，高职二年级学生和三年级学生中具有较高比例表示毕业后打算从事依托互联网的新职业，并且高职二年级学生认为自己有"很大"和"比较大"的可能从事新职业的比例合计达到56.01%，这一比例较之高职三年级学生的48.23%更高（见表6）。

表6 不同年级的学生自评毕业后从事依托互联网新职业的可能性

单位：%

年级＼可能性	很大	比较大	一般	比较小	很小	合计
高职一年级	8.82	29.41	41.18	5.88	14.71	100.00(34)
高职二年级	19.74	36.27	34.17	7.45	2.36	100.00(1905)
高职三年级	20.45	27.68	39.15	8.98	3.74	100.00(401)
合计	19.70	34.70	35.13	7.69	2.78	100.00(2340)

Pearson chi2(8)= 33.2642 Pr=0.000

（三）对依托于互联网的新职业了解程度有待进一步提高

职业认知是人们对某一职业的认识，其内容包括该职业所在的行业现状及未来发展方向、职位的具体职责、薪酬水平、所需的基本素质等。这些内

---

① 出于篇幅原因，省略控制专业后分析性别与自评毕业后从事依托互联网的新职业的可能性的相关图表。

容中，有一些是无法在进入具体的岗位之前准确获得的，例如薪酬；但有一些则是可以通过各种渠道来了解的，例如职业所需技能。通常在各类招聘信息中会列出某个职位所需的职业技能，这实际上为打算从事某一职业的人提供了基本的信息。

本次调查中，我们询问了学生们是否认为从事依托于互联网的新职业需要特殊的技能，调查结果显示，仅有 5.17% 的学生认为需要特殊技能，认为不需要特殊技能的占比达到 76.41%，还有 18.42% 的表示不了解（见表7）。

表7 从事依托互联网的新职业是否需要特殊技能

单位：%

选项	频次	百分比	累计百分比
需要特殊技能	121	5.17	5.17
不需要特殊技能	1788	76.41	81.58
不了解	431	18.42	100.00
合计	2340	100.00	

交互分析表明，男生和女生对于从事依托互联网的新职业是否需要特殊技能的看法差异较大。男生中认为需要特殊技能和认为不需要特殊技能的比例均高于女生，而女生中表示不了解的比例更高。这一差异在统计上是显著的（$\alpha = 0.001$）。这一结果表明，女生对新职业的了解程度可能要低于男生，从而无法给出明确判断（见表8）。

表8 男生和女生对从事依托互联网的新职业是否需要特殊技能的看法

单位：%

性别	需要特殊技能	不需要特殊技能	不了解	合计（N）
男	6.55	78.01	15.43	100.00(1419)
女	3.04	73.94	23.02	100.00(921)
合计	5.17	76.41	18.42	100.00(2340)

Pearson chi2(2) = 31.9921　Pr = 0.000

　　研究者考虑到不同的专业背景可能对学生了解新职业是否需要特殊技能产生影响，那些和新职业领域较为靠近的专业的学生或许会更了解新职业的职业技能需求。如果这个假设成立，那么在统计数据上表现出来的将是部分学院的学生对新职业的了解程度显著地低于其他学院。为此，纳入学院变量进行交互分析。结果表明，在五个学院中，农业与环境工程学院、管理学院、经贸学院这三个学院的学生对是否需要特殊技能这一问题表示"不了解"的比例要高于全校的平均水平，其中"不了解"比例最高的达到了25.00%；而其余两个学院的学生表示"不了解"的比例则低于全校平均水平。相应地，在经贸学院中，学生认为"不需要特殊技能"的比例也是最低的（68.75%）。统计检验表明，各学院的这一差异是显著的（$\alpha = 0.01$）。这说明，对从事新职业是否需要特殊技能这一问题的了解程度在不同专业的学生之间是有差异的（见表9）。

表9　不同专业领域的学生对从事依托互联网的新职业是否需要特殊技能的看法

单位：%

目前就读学院	需要特殊技能	不需要特殊技能	不了解	合计（N）
农业与环境工程学院	5.23	75.16	19.61	100
食品与生物技术学院	2.22	88.89	8.89	100
机电与信息工程学院	5.73	78.7	15.57	100
管理学院	4.12	71.95	23.93	100
经贸学院	6.25	68.75	25.00	100
合计	5.17	76.41	18.42	100

Pearson chi2(8) = 26.6344　Pr = 0.001

　　从表8和表9中的数据可以看到，性别和专业领域这两个因素都对学生关于"从事依托互联网的新职业是否需要特殊技能"的看法有统计学上显著的影响。和前面对毕业后就职于新职业领域意愿的分析一样，此处仍然需要借助控制变量后的交互分析来进一步推测哪一个因素才是更为真实的影响因素。研究者进行了两项分析：一是控制性别后观测不同专业领域的影响，结果发现不同专业领域的学生在是否需要特殊技能的看法上没有统计学上显著的差异（$\alpha = 0.05$）；二是控制专业后，发现性别因素的影响作用在某些学院存在。综合这两项分析，基本上可以认为，学生对从事依托互联网的新职业是否需要特殊技能的看法会受到性别因素的影响，而受专业的影响极为有限。

三　问题与分析

（一）关于新职业知识的课堂教学存在不足

课堂教育是高校培养人才的最基本途径。在本次问卷调查中，样本中有30%左右的学生认为学校开设的课程对培养自己从事新职业没有什么帮助，在对学校提出的建议中，普遍期望更多地设立相关课程。一些学生提出，"最好可以普及互联网平台这个职业的具体相关性，让学生了解为什么会有互联网平台职业。让有兴趣的学生可以有一定的了解或者是更深入地去学习，这对未来也有很大的帮助。了解互联网平台这个职业的大概操作流程才可以对这个感兴趣。学校还可以针对有兴趣的学生设立详细的课程"。一部分学生提出，"希望能够让专业的老师来教授有关课程"。还有的学生则提出，"随着互联网的发展，产生了许多的新职业，我对于学校开设依托互联网平台职业的课程是非常赞同的，也很期待，这样可以让我们学生有更多的选择，让互联网更加丰富多彩，我个人建议就是可以提供免费体验的机会，让学生们对这个课程有更深的理解，如可以举办一个职业相关课程新生小比赛等"。这些信息和前面提到的关于新职业知识的学习主要通过社团进行这一信息相互印证，同时也印证了在学生焦点小组座谈中部分同学对学校开设的公选课不够的看法。

（二）学生对新职业的认识尚有欠缺

本次调查中，约有70%的学生认为从事新职业不需要特殊的技能，这

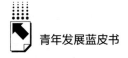

一现象值得注意。在教师焦点小组座谈会上，一位老师提到这样一个案例，一家企业的工作人员对她讲，如果企业贴一个招聘需求广告出来，说要招一个运营或者说运营助理，那么来面试的人会比较少；而有一次企业发出去了一个招小时工的广告，招聘的职位是主播，来面试的人特别多。这个案例一方面表明，高职学生作为年轻群体，他们本身在就业的时候愿意选择这一类职业；但另一方面，即使是以直播带货为主的平台电商模式下，与其相关的新职业并不只有主播这一个职位，并且在 MCN 商业模式下，个体主播的竞争力正在遭受严重挑战。从实际情况看，每一个成功的主播后面实际上有众多辅助性职位，并且运营在其中起着十分关键的作用。对此，这位老师谈了自己的看法，"其实我感觉就是，从我们电商专业的学生来讲，往往涉及运营的时候，他就会觉得这个东西难度有点大，学生就不愿意尝试，其实为什么招主播的时候那么多人愿意去，因为主播好像谁都可以做，对吧？但是运营他肯定是要有点技术的，关键词啊，信息流啊，等等，这些东西你不懂，你是很难去做的"。研究者同意这位老师作出的判断。

另外，新职业的需求也因为技术进步等因素正在发生改变。从每年到广西职业技术学院来招聘毕业生的企业所提出的需求来看，一开始主要是运营、客户服务以及新媒体这三类岗位，但从 2019 年开始，许多企业在客服过程中使用人工智能（AI）替代了大部分客服，这使得对客服的需求大为减少。基本上就很少有招聘客服的，仅仅有电商特别发达的地区对客服还有少量需求。这种新职业需求结构的变化实际上并不为很多学生所知。

（三）促进新职业知识普及的体系和机制尚未建成

从广西职业技术学院调查的情况看，目前在学校内部尚未形成促进新职业知识普及的体系和机制。不管是课堂教学还是线下实践，还是以教师和学生的个体实践为主要形式，校方在课程体系设置、教学实践等方面还没有形成相应的制度和体系。由于依托于互联网平台所产生的新职业在最近几年才得到大规模的发展，人力资源和社会保障部也仅仅在最近两年才将有关职业纳入国家职业名录，这导致有关职业的教育和培训相对滞后。作为以培养职业人士为主的高职院校，理应对此保持高度的敏感性，及时组织教学课程的改革和建设，让学生能够在就学期间得到系统的培训，并能够较多地参加相关社会实践，为顺利实现在新职业领域的就业做好准备。

四 建议

随着技术的不断发展和商业模式的演进，越来越多的经济和社会生活将进入"互联网+"环境，这一过程将深刻改变当前的职业体系，越来越多的新职业将在这一背景下被催生出来。作为定位于向学生提供直接就业准备的高等职业教育，应当紧跟这一时代趋势，不断创新，以满足学生的需求，促进学生实现更高质量的就业，从而推动青年就业水平的提高，帮助青年实现梦想。结合调查得到的综合情况，研究者提出如下建议。

一是明确"双高"定位，结合专业群建设思路，全方位对接新职业市场。当前，高等职业技术学校的一条重要改革思路是摈弃原来按学科办学的道路，转向直面产业和企业需求，以产业结构为导向，建立内部紧密关联的专业群，从而实现多个专业的配套设置，提高学生专业结构与产业需求结构之间的匹配程度。就依托于互联网平台的新职业发展来说，学校应该进一步加强对互联网新业态的分析和研究，厘清其人才需求结构，并设置相关的专业，进行相应的招生培养工作，从而实现劳动力的"精确定制"。

二是充分发挥高职办学特色，不断提升学生的就业竞争力。高职区别于普通本科的最重要之处在于其定位是向学生提供帮助其直接就业的知识和技能，从这一点来说，学生的就业竞争力是衡量高职学校办学水平的重要指标。联系到依托于互联网平台的新职业来说，要实现学生在此领域的就业优势，需要进一步增加学生的实践机会，强化课堂上对相关技能的培养，丰富学生的课外实践，让学生在实习和毕业时能够站在较高的门槛上"起跳"，提高学生的就业竞争力。

三是进一步促进产学融合，提升学生培养的质量和效率。产学融合是高职学生成长的重要推动力量，是实现课堂知识和实际操作知识互相转化和各

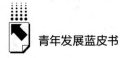

自深化的重要途径。就依托于互联网平台的新职业发展来说，目前看到的更多是学校的老师和学生在向外输出经验和知识，尽管这些经验和知识相对来说并不十分成熟。未来应该有更多的专业人士以"兼职教师""客座教师"等身份进入校园，带着他们的实践经验进入课堂，为学生提供最前沿情况的介绍，从而提升学生的培养质量和效率。

B.17
"斜杠"青年现象分析

林　红[*]

摘　要： 零工经济的兴起或者说复兴正在成为中国劳动领域的一种变革形式；而"斜杠"作为一种零工经济的就业模式，也正在成为全球和中国青年群体崇尚的一种就业方式。本文从"斜杠"的兴起，以及"斜杠"青年的群体画像、发展现状、困境和展望四方面展开对这一现象的分析，尝试提供对这一新兴青年群体的整体性理解；并认为，"斜杠"既是青年群体对全球技术变革背景下劳动去标准化的一种反应，又是一种基于个体价值的劳动组织方式创新和探索；这一群体，既有后工业社会、知识经济、零工经济等时代发展的共性特征，又有个体化层面"人的全面发展"的新特征。透过"斜杠"青年现象，我们或许可以更好地理解当下青年就业和职业发展的新趋势。

关键词： "斜杠"青年　副职　零工经济　信息社会

一　问题和方法

以数字革命为基础的第四次工业革命的重大影响之一是出现了"以我为中心"的社会，形成了以个人为指向的新型从属关系和社群。不同以往的是，所谓从属于某个社群更多地取决于个人的兴趣、价值取向和行为方

---

* 林红，中国社会科学院社会学研究所助理研究员，主要研究方向为社会发展。

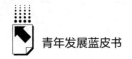
式，而不仅仅由地理位置（比如居住的社区）、职业和家庭决定，这对我们个人和集体构建社会及社群形成越来越大的推动力。① 伴随这一社会转型过程，后工业时代、人才时代、新型经济组织方式正在以个体化的服务提供商、知识经济、基于人才稀缺性的合作式组织的创新变革样态被纳入人类社会的发展进程，而"劳动的去标准化"就是其中的重要变革之一，即职业和就业模式从终身的单一工作场所中的全职工作向充满风险的灵活、多样和分散的就业体系转变。零工经济的兴起或者说复兴，成为这种转变的结果，曾经提供职位的组织单元逐渐转变为仅提供一个工作机会。

全球范围内，两股方兴未艾的浪潮同时推动着零工经济的增长，即：全职工作正在消失，包括就业机会减少、就业增长引擎发生故障、新兴企业创造的就业机会减少等；许多公司不到万不得已，不会选择雇用全职员工，对企业来说，雇用全职员工的成本较高，灵活性较低。② 截至2016年，20%~30%的美国和欧盟劳动年龄人口都从事着一份自由职业；如果把兼职工作者也算入其中，那么全美非全职工作者的比例已高达40%；③ 通过个体经营者或那些由劳务中介派遣的临时工——所谓的劳动力转向雇用临时工制——完成的替代合同工作从10%上升到16%，相当于美国经济过去10年的净就业增长。④ 如果把当前的工作世界看作一把尺子，设想它一头是传统意义上全职性的职业阶梯，另一头是失业，那么两头之间的各种灵活性工作选择便是零工经济；它包括个体经营、承接协定、咨询顾问、自由职业、兼职工作、临时工作、副业等，以及通过各种网络平台渠道找到的订单式零工。零工经济作为一种借助数字技术平台出现的新型劳务供需匹配模式，得益于互联网带来的前所未有的人与人之间的互联性；但是，数字技术变革在消解传统工作

---

① 〔德〕克劳斯·施瓦布（Klaus Schwab）：《第四次工业革命》，李菁译，中信出版社，2016，第6页。
② 〔美〕黛安娜·马尔卡希（Diane Mulcahy）：《零工经济》，陈桂芳译，中信出版社，2017。
③ 〔美〕莎拉·凯斯勒（Sarah Kessler）：《零工经济：传统职业的终结和工作的未来》，刘雁译，机械工业出版社，2019，第7~8页。
④ 〔美〕玛丽·L.格雷（Mary L. Gray）、〔美〕西达尔特·苏里（Siddharth Suri）：《销声匿迹：数字化工作的真正未来》，左安浦译，上海人民出版社，2020，第18~19页。

制度和劳动力组织方式的同时，也通过强化竞争性的方式增加了劳动者之间的可替代性，从而让劳动者面临更大范围内（区域性甚至全球性）的竞争。

我国现阶段的就业形态正在发生一场无声变革。一方面，2017年国务院政府工作报告提出加强对"灵活就业和新就业形态"的支持；另一方面，2008~2019年中国职业阶层结构变化与以往职业阶层结构不同的新趋势之一是自由职业者的快速发展，从0.1%猛增到5.6%，意味着这个群体目前已经达到3900万人[①]，以自由职业者快速增长为标志的零工型就业方式正在兴起；国家政策层面和劳动实践领域在历史发展的阶段性语境中达成了某种知行合一。在这波潮流中，"斜杠"既有"新型零工"的普遍性特征，又有其群体自身的特殊性。《中国青年报》对1988名18~25岁青年进行的一项调查显示，52.3%的受访青年确认身边有"斜杠"青年。[②]"斜杠"青年现象在全球和中国的兴起，被认为既是青年群体对全球技术变革背景下劳动去标准化的反应，又是一种基于个体价值的劳动组织方式创新和探索。某种程度上，透过"斜杠"青年现象，我们或许可以窥见些许青年发展的趋势。那么，这一群体存在哪些共性特征？他们的发展现状如何？面临什么样的发展困境？

鉴于相关定量数据缺乏，本文主要采用定性研究方法，所用材料和信息来源有三。第一，11位受访者的访谈，年龄段集中在31岁（出生年份为1989年）至39岁（出生年份为1981年）之间，其中女性7位、男性4位，本科学历2人、硕士学历6人、博士学历3人，人文、社会科学、自然科学、工程类专业背景均有，主职和副职类型的访谈对象抽样以马尔西·阿尔博赫尔（Marci Alboher）对"斜杠"青年的四种分类为依据，即左脑—右脑型、大脑—身体型、同业延伸型、公司负责人，每一个类型定向选取访谈对象，采用结构式访谈方法，每位受访者平均访谈时间2小时左右，访谈转

---

① 李培林、崔岩：《我国2008-2019年间社会阶层结构的变化及其经济社会影响》，《江苏社会科学》2020年第4期。

② 孙山、伍越：《民调显示超半数受访青年确认身边有"斜杠青年"》，《中国青年报》2017年10月31日。

文字共计约 4.5 万字。第二，豆瓣、知乎、微博、微信等线上材料，按照马尔西·阿尔博赫尔的四种类型筛选出 8 名"斜杠"青年的经历自述和人物报道，对第一类材料形成补充。第三，笔者本人的行动观察，作为一名具有 5 年以上"斜杠"经验的"圈内人"，以个体经历的内部性视角一定程度上丰富了对第一类和第二类材料的理解视野和深度。

二　"斜杠"青年的群体性特征

"斜杠"一词来源于英文"Slash"的直译，因《纽约时报》专栏作家马尔西·阿尔博赫尔于 2007 年出版的《一个人/多重职业：工作/生活成功的新模式》一书而风靡全球。该书提到，越来越多的年轻人不再满足于"专一职业"的生活方式，开始通过发展多重职业体验更多元、丰富的生活；这些人自我介绍时通常使用"/"来区分自己的不同职业，于是"斜杠"成为这一类人的代名词。[①] 那么，"斜杠"青年是一群什么样的人？从一种外部性视角来看，"斜杠"青年群体主要具有如下几种特质。

首先，具备一种或多种技能/专业知识。"斜杠"虽然被归类为"零工"，但不同于其他零工类型，它首先是个体基于某种技能/专业知识发展而来的一项工作；对"斜杠"青年来说，"斜杠"职业只是其副职。例如本研究的 11 位受访者，其主职/副职类型分别为公益组织项目官员/德语导游/跆拳道教练、大学教师/游戏制作公司负责人、交互媒体设计师/手作人、公务员/学术翻译、科研工作者/心理咨询师、项目助理/独立研究员、国际组织项目官员/生命教练、建筑设计师/潜水教练、科研工作者/团操教练、大学教师/自然教育工作室负责人、企业销售/英语培训机构联合创始人。换而言之，"斜杠"是具备一定技能/专业知识门槛的零工类型，是一种副职与主职共存的就业形态。

---

① Susan Kuang：《斜杠青年：如何开启你的多重身份》，湖南文艺出版社，2017，第 10~11 页。

其次，具备较强的自我学习能力。"斜杠"青年的"斜杠"职业通常是从个人兴趣或专长延伸发展而来的，或基于已有的专业知识或技能横向拓展，或基于个人兴趣爱好从零学习到专业化的纵向发展。"斜杠"化的发展过程往往需要不断地学习尤其自我学习，而信息社会的技术革新则为青年人自主发展各种"斜杠"职业提供了极大便利。"个人能力上，我也在朝独立研究上发展，在学习各种工具，比如数据统计，比如最近很多人在用的 R 语言，我也在计划自己学习一下，NVivo 质性分析软件是 2018 年学的，因为硕士论文要用扎根理论的方法来做，SPSS 是 2019 年夏天开始学的，我之前认为 Excel 就能解决统计问题了，后来看了一个线上课程，很受益，就开始学习和练习 SPSS"（20200923GG1982F）。① 这位受访者的主职是在一家科研机构做项目助理，她的斜杠职业是作为独立研究者为环保类社会组织提供调查支持和撰写研究报告，她通过自学网络课程掌握了各种常用的研究工具，并计划在未来一年完成一些社会学和人类学的网络课程。正如一位受访者所言，"技能都不是目的，如果我作图就需要用 Photoshop，不作图就不需要，我需要更多的工具才能实现我的某种想法，为了实现自己的想法就必须去学"（20200911XYN1983M）。对很多正在发展"斜杠"或已经"斜杠"的青年来说，不断学习已成为一种常态。

最后，具备较强的自我意识。在"斜杠"青年看来，"斜杠"只是以另一种工作的方式进行自我探索和自我确认的过程。有研究认为，"斜杠"青年主要通过嵌入新情境、表达真实自我和获得自我认同三种途径完成自我实现；通过打破工作的"表演性"规则，表达真实的自我价值，将个人成长与职业发展相融合，获得真实的成长体验。② 正如受访者所言，"我自己内心有一个标准，我并不关心别人怎么评价，别人说好或不好其实跟我没关系……你需要知道自己是谁，要干什么，之前我做的各种工作，包括戏剧、设计、摄影、交互设计等，更多都是自己的探索。我没有什么存款，也没有

---

① 访谈资料编号，下同。
② 牛天、张帆：《嵌入、表达、认同：斜杠青年的自我实现研究》，《中国青年研究》2020 年第 6 期。

赚过什么大钱，但是到现在我的人生特别精彩……我更在意自己的能力是否发挥到了极致，是否真正发挥出了自己的能力"（20200911XYN1983M）。"'斜杠'有一部分职业协商和自我实现的东西在里面，你不能辞掉主职，又存在专业受限等各种因素，但是主职工作无法实现的很多东西可以通过'斜杠'职业去实现。而且，当前青年人的生活压力大，必须收入多元化，但是副职也不是随便找的，而是从兴趣爱好和自我驱动延伸出来的职业，不是职场赋闲，是一种妥协和折中的结果"（20201019NT1989F）。

三 "斜杠"青年群体的发展现状

马尔西·阿尔博赫尔的《一个人/多重职业：工作/生活成功的新模式》一书的简介极具倡导性，"你是一个'斜杠'吗？技术赋予我们可以在任何地方工作的能力，朝九晚五的工作时间成为历史，越来越多的人用'斜杠'建构自己的职业领域。从律师/厨师到警官/个人教练、母亲/执行总裁，这些极富创造力的思考者发现了矫正厌倦感、疲倦感、工作不安全感，以及其他很多工作场所痛苦的方式，即开启'斜杠'生活。"① 那么，对已经开启"斜杠"生活的青年来说，他们又是如何走上"斜杠"之路？"斜杠"带给他们什么影响？

（一）"斜杠"的动机类型

对很多年轻人来说，"斜杠"是对"作为一个完整的人，占有自己的全面的本质"② 理想的一种表达。"斜杠"青年追求一种自由选择、自我负责、不断创造"自我"的生活方式，期待一种面向未来、极具张力、极富可能性的人生，即"复调人生"，倡导生命的未完成性和生成性，认为人生并没

---

① One Person/Multiple Careers: A New Model for Work/Life Success, https://www.amazon.com/gp/product/0446696978/complainandresol，最后访问日期：2021 年 4 月 27 日。

② 〔德〕卡尔·马克思、〔德〕弗里德里希·恩格斯：《马克思恩格斯文集》（第一卷），中共中央马克思恩格斯列宁斯大林著作编译局编译，人民出版社，2009，第 189 页。

有一种统一的发展模式。① 年轻人开启"斜杠"之路的动机大致可从个体和社会两种视角去理解，其中，个体视角又可分为精神和物质两个层面。

个体精神层面，自我重建是"斜杠"的主要动力，而个人兴趣往往成为引线。一位受访者直言，"我对一件事是否有兴趣很重要，个人兴趣一直在变化，我感兴趣的事情比较多，我的生活是由我的不同兴趣构成的，我的工作也是这样的，我对这个感兴趣才会去做"（20200911XYN1983M）。所谓自我重建，也存在不同类型，因为个体的差异性决定了不同人对"自我"的内涵界定存在一定异质性。有人希望通过"斜杠"获得一种自我掌控感，"我比较看重能自主安排，有自己独处的时间和放松的时间，这很重要……感觉自己就是一台机器上的一个螺丝钉，也不知道我是不是有点不负责，不太愿意去承担一个螺丝钉的责任。但是，我就是不想去做这样的一个螺丝钉，想要有一种自我掌控，拥有独立的时间和空间"（20200923GG1982F）。有人把"斜杠"当作认识世界和积累人生阅历的途径，一位"斜杠"导游受访者说，"我小时候的目标是环游世界，去感受世界各地的风土人情"（20200901QK1984F）。有人通过"斜杠"追求的自我更多体现为一种对社会惯习和常态化人生的反叛，"很多人认为住大房子、开牧马人、把孩子送到更好的学校，这才是拥有社会价值，不知道从什么时候开始每个人都有所谓的出人头地的想法，在我看来很荒谬……我必须要做什么吗？我这辈子必须要做的事情就是开心，让自己活得精彩，这是我必须要做的事情"（20200911XYN1983M）。

自我重建是青年选择"斜杠"的主要动机，但并不是唯一动机，同时还糅杂了其他动机类型。个体物质层面，收入多元化是"斜杠"动机的重要构成，"我的个人目的，首先当然是经济上多一份收入，但也不是完全为了赚钱，尤其是随着导游收入越来越不理想，这份职业对我来说有了更多个人价值在里面"（20200901QK1984F）。"斜杠"青年对物质获益的认知也存

---

① 吴玲、林滨：《"斜杠青年"："多向分化潜能者"的本质与特性》，《思想理论教育》2018年第 6 期。

在个体差异，有人把增加收入当作物质收益，有人则认为在满足个人兴趣的同时不亏损就是一种物质收益。一位"斜杠"团操教练的受访者这样说，"所有收入基本上投入（运动）装备了。不过我也算是赚到了，我个人健身方面不需要任何支出了，我上课就可以健身，还可以带着一堆人一起健身，一节课60分钟，跳下来健身效果很好"（20201019NT1989F）。此外，社会性因素也是青年选择"斜杠"的动力类型，例如通过"斜杠"职业建立新的社交网络或维持与某个圈子的联系，一位"斜杠"学术翻译的受访者说，"翻译让我跟这个圈子至少保持了一点联系，让大家至少知道有我这号人"（20200917SJ1983M）。

（二）"斜杠"的实现路径

一位受访者认为，"兴趣是原始的驱动力，如果没有兴趣很多事情都可能做不好，或许我可以做成，但不一定是我想做的；技术层面可以解决很多问题，但是如果要创新还是取决于一个人的思维方式，'无界'其实是一种思维方式"（20200908ZJB1983M）。对"斜杠"青年来说，如果兴趣是"斜杠"的起点，那么信息化社会的技术革新就是"斜杠"得以实现的路径支持性条件。

首先，技术提供了青年发展"斜杠"技能/知识的便利。一位刚刚开始"斜杠"做独立研究的受访者说，"个人技能这方面，现在中英文文献、国外教程、网络课程资源、线上讨论会都很多，都可以参加。中英文文献我现在都能看，也很喜欢看，很多研究的相关条件都能够具有，包括书籍、网络资源，都容易拥有。我最初学GIS就是在B站（https：//www. bilibili. com/）上学的，各种软件工具都是我自己学的，我也有这个意愿去学，所以这方面不会有不安全的担忧"（20200923GG1982F）。互联网的深度发展为年轻人通过自学的方式发展"斜杠"能力提供了极大便利性，"有一位长期合作的老师让我做一个3D效果，我就自己学了，然后做成了。学习一种新技能，一般都是我自学，去查资料，就做出来了"（20200911XYN1983M）。

其次，技术为"斜杠"青年的创业和自我营销提供了平台支持。有受访者"斜杠"的业务领域就是数字产业，"我2017年注册成立工作室，是公司注册，从事影视动漫相关服务，2018 年又做了游戏公司，做游戏开发相关的商业项目，现在又在做数字文博的交互研究，正在组织力量做数字文博、数字资产，把可以看到的东西全部数字化"（20200908ZJB1983M）。有受访者通过网络进行自我营销并累积客户资源，"我在做一个线上课程，注册了一个工作室，是在小鹅通平台，费用是一年 4500 元，也跟微信有合作，做线上音频，这些平台是赚客户的年费，我们这边的资讯可以嵌入微信并转发。现在我自己还做播客，做播客的体验很有意思，做什么，嘉宾是谁，都需要我自己策划，我的播客是免费的，在喜马拉雅上也有"（20200924ELS1989F）。"最近半年，我开始做一些视频放到网上去，B 站上有，年轻人在网络上非常活跃，我会定期更新……有朋友看到我做的刀，问我卖吗……现在我也会接一些朋友委托的定制的活儿"（20200911XYN1983M）。

最后，技术降低了"斜杠"青年的在场性成本。这种在场性成本降低的方式主要可分为两类，一类是"斜杠"实现的平台化支持，"我做团操教练，莱美的 App 有个教练端，你把自己的空闲时间放上去，平台管理就会给你排课，谁上过你的课，谁评价了你，所有痕迹都在平台上。乐课有很多上课的地点，你可以随意选择上课时间和上课地点，平台还给我们提供了一个自我展示平台"（20201019NT1989F）。另一类是"斜杠"职业相关的程序性支持，"我以前带团用的都是电子的导游证，导游证以前都是年审，现在都改为线上审核，买票也是线上买票，导游证也是电子的，无现金交易节省了很多时间，也不会有丢团费的风险了"（20200901QK1984F）。

（三）"斜杠"的多元收益

有研究发现，成为"斜杠"整体上显著提高了青年劳动者的收入，缩短了周工作时间，提高了青年劳动者的主观幸福感。[①] 我们基于参与式观察和访谈发现，对大多数"斜杠"青年来说，"斜杠"的收益以非物质层面为

---

① 曹洁、罗淳：《"斜杠"青年的收入和福利分析——基于 CGSS2012、2013、2015 的经验研究》，《南方人口》2018 年第 3 期。

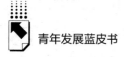

主，其次才是物质层面的收益。有些人选择"斜杠"的初始动机或许主要是增加收入，但在"斜杠"发展过程中，非物质层面的收益往往会逐渐超越物质性收益而成为其继续"斜杠"的动力。

年轻人通过发展"斜杠"获得的非物质性收益较为多元，主要可分为个体化和社会化两方面。个体化角度，有人通过"斜杠"构建了一种自我表达的空间，"我是一个很好的设计师，我可以做出很好的设计，可以帮助客户表达他的需求，所以我需要一个表达自己和自我的空间，而做手工这件事就是我自己表达的空间和方式……其实具体做什么东西不重要，最重要的是自己的一种状态，这是一种自己舒服的状态，让我很放松、开心"（20200911XYN1983M）。有人获得了个人成长，"以前感觉自己都是跟整个世界黏在一起的，你做错什么事情都是可以怪别人的，心理上也是跟别人连在一起的。现在再看，这种连接就可以切割开了，自己跟世界是可以切割开的，自己对自己更能负责了，这是我最深的感受"（20200925ZN1985M）。有人找到了一种自我价值感，"在斜杠职业里，带活动是很纯粹的事情，还可以当下得到及时的反馈，类似一种自我价值实现"（20201020LM1984F）。甚至有人把"斜杠"视为养老规划的一部分，"斜杠，让我的生活更充实……我现在做自己喜欢的事情，即使我退休了，我一觉醒过来知道自己还有可干的事情"（20200917SJ1983M）。但是，更多人在考虑和尝试把副职和主职工作进行互嵌融合，从而实现收益最大化，例如一位"斜杠"开游戏动画制作公司的大学老师说，"高校可以有时间和精力做科研，如果再把科研转化为生产力，就需要大量投入，而且有可能大量投入才能有一点成果，我的公司可以提供很好的转化实践"（20200908ZJB1983M）。

社会化层面，"斜杠"青年的收益主要体现在社交网络的拓展和多元。"我觉得'斜杠'职业让我进入了一个新环境、新行业，拓展了我的社交网络，大家是基于兴趣爱好的圈子逐渐发展成为朋友，现在有些会员追我的课……大家平时互不打扰，但是在健身房又可以无话不说。我还有教练圈子，我也会去上其他教练的课，互相学习，下来一起吃饭。'斜杠'教练的圈子，会互相吐槽，慢慢会私下约一起备课，然后聊聊圈子的事儿，相互吐槽。会员和'斜杠'教练这两个群体，是我进入这个行业后扩展的圈子，让我更自信了"（20201019NT1989F）。

一位受访者这样总结自己的"斜杠"收益，"第一是收入提升，增加了差不多1/3的收入，占到主职工作收入的1/4到1/3；第二是开阔眼界，读万卷书不如行万里路，见的人多，听到的故事多，生活不会有无聊感；第三，缓解个人心理压力，有需要的时候想找人聊天就能实现，又不用找身边朋友吐槽；第四，增加语言练习机会，我是德语导游，但也用英语带团，我可以同时用汉语、英语、德语吐槽"（20200901QK1984F）。收入增加、个人成长、压力疏解、技能强化等几个方面很大程度上可以概况"斜杠"的主要收益。

四 "斜杠"青年群体的发展困境和展望

传统的灵活就业大多出现在次级劳动力市场上，是对稳定就业的补充，对从业者的技能要求较低，灵活就业人员的受教育水平偏低，就业质量不高，劳动者更多是"被动"就业，合法权益经常难以得到有效保障。[1]"斜杠"青年的出现，正是新就业形态得到青年劳动者接纳、发挥就业促进作用的体现，代表了对传统灵活就业方式的突破。具备较高或多项技能的青年劳动者在劳动力市场上处于相对主动的地位，在劳动报酬、劳动条件、职业尊严等方面都具有明显的优越性。[2] 一方面，"斜杠"青年通过多重就业可以提高人力资本回报；另一方面，"斜杠"作为主职之外的第二职业，额外增加的工作时间、就业模式的灵活性、多职业转换中带来的竞争压力和市场风险也导致青年劳动者的福利损失，[3] 形成"斜杠"青年的发展困境，主要体现在如下几方面。

---

① 韩巍：《新经济时代灵活就业的结构性转向——一个生产控制权的分析框架》，《学习与实践》2017年第1期。
② 胡凤霞、姚先国：《城镇居民非正规就业选择与劳动力市场分割——一个面板数据的实证分析》，《浙江大学学报》（人文社会科学版）2011年第2期。
③ 王海成、郭敏：《非正规就业对主观幸福感的影响——劳动力市场正规化政策的合理性》，《经济学动态》2015年第5期。

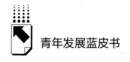

首先是个人管理方面的压力。个人管理涉及时间、情绪、健康、学习、关系等各方面，受访者谈及最多的是时间挤压问题，"主要是时间上协调的问题，主职工作也时不时要加班，恨不得分身为几个人"（20200917SJ1983M）；对有些受访者来说，家庭支持可以一定程度上缓解这种时间焦虑，"'斜杠'后，在时间管理方面会提出更高要求，也会考虑如何提升效率，以前怎样都可以，现在会想怎么优化自己的时间管理……家里人很支持我做'斜杠'，如果没有家里的支持，自己的时间就没法抽出来，肯定会挤压休息的时间"（20201020LM1984F）。此外，"斜杠"青年还需要不断提升自己在自控、专注力、领导力、自主学习等各方面的能力，正如一位受访者所言，"做'斜杠'，要有比较强的自我管理能力，尤其是时间管理能力，管理好自己的时间，还要有一种开放的心态，斜杠本身就要求具备一种开放的思维"（20200901QK1984F）。

其次是职业化发展的冲突。有人面临"斜杠"职业的发展瓶颈，"我当导游的'斜杠'工作是无法实现更进一步提升的，我第一次带团的导游词和现在没有多大的改变，我还可以做导游，但可以预见的是80%的情况下我在这个行业里不会有提升"（20200901QK1984F）。有人面临主职和副职之间的专业化冲突，"平台的制度很灵活，但是制度是一刀切的，不管你是专职还是斜杠，要升星的话，每天必须上6节课，课时量方面你根本拼不过那些专职教练……很多斜杠最后也退出了，时间和精力上真的是入不敷出，还有是主职和副职有可能最后都是半吊子，都没有抓好"（20201019NT1989F）。对"斜杠"青年来说，最理想的职业化发展路径是主职和副职实现互融互通和相互的强化赋能，"我现在的状态是主职和副职开始走向融合，如果说前些年时间和认知上还存在一些冲突的话，那么现在这些冲突都不存在了。似乎是到了一定的人生阶段，你以前经历的各种冲突都会在自我层面实现整合，重建一个全新的自我，一个虽然尚存无知却无畏的自我"（20200927MM1981F）。

最后是"斜杠"职业无法提供有效的社会保障。有受访者直言，"平台会提供一个意外伤害险……但是，'斜杠'教练的保障主要靠主职工作"

（20201019NT1989F）。因此，对大多数"斜杠"青年来说，主职仍旧被视为自己安身立命的工作，正如一位受访者所言，"我没有想过要把'斜杠'的职业发展成为主业，希望能够保持一种自主的状态，不要和其他安排有所冲突，是能够控制的，目前'斜杠'的事情对我来说还不是一个单项选择题，只是多选题"（20201020LM1984F）。

由上可知，"斜杠"青年群体虽然面临在"斜杠"工作中的社会保障不足，但这种不足对拥有主职工作的他们来说并不是一个重要问题；该群体的发展困境客观上以主职和副职之间的冲突为主，主要体现在个人管理和职业化发展两方面。在信息化社会和知识经济背景下，一方面，劳动者的知识、技能作为人力资本的回报率不断提高，青年劳动者只有不断提升学历层次、加强技能培训、提升技能水平才能获得更多更好的就业机会，才有可能成为"斜杠"青年；另一方面，已经发展出"斜杠"工作的青年群体又普遍面临个体赋能和职业化发展冲突的困境。

我们认为，为青年构建终身学习型社会生态迫在眉睫，正如《中长期青年发展规划（2016—2025 年）》提出的，"促进青年终身学习。强化家庭教育基础作用，全面宣传普及家庭教育科学理念、知识和方法，实现家庭教育对优秀传统文化、爱国主义、社会责任、生活技能、勤俭美德、自律能力的基础性培养。大力发展继续教育，建立个人学习账号和学分累计制度，开展师生互动式、同伴共享式技能学习培训。加大青年社会教育投入，建立多渠道筹措资金投入机制。创造社会教育良好环境，规划青年成长成才各个环节的教育需求，统筹协调文化、出版、影视、网络等资源，实现对青年教育空间的全覆盖。构建并推行终身职业技能培训制度。推动各类学习资源开放共享，鼓励社会力量和民间资本提供多样化教育服务，推进教育信息化，发展在线教育和远程教育，扩大优质教育资源覆盖面，构建灵活开放的终身教育培训体系"。[①] "斜杠"青年对终身学习有清醒认识，正如一位受访者所言，"职业发展是一生

---

① 中共中央、国务院印发《中长期青年发展规划（2016—2025 年）》，http：//www.gov.cn/zhengce/2017-04/13/content_ 5185555. htm#2，最后访问日期：2021 年 4 月 27 日。

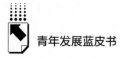

的事情，而工作是暂时做的事情，对我来说，职业生涯跟我一生的自我发展是一致的……随着年龄增加，我可能会考虑转型……知识技能是硬性要求，一定要专业化地投入和发展之后才能看清是否可以变现"（20201019NT1989F）。

参考文献

钱舍涵、葛瑶：《零工经济3.0》，西南财经大学出版社，2019。

吕嵘、工相天：《斜杠思维：如何打造独特而强大的自品牌》，电子工业出版社，2018。

〔美〕亚历克斯·罗森布拉特：《优步：算法重新定义工作》，郭丹杰译，中信出版社，2019。

〔美〕阿尔文·托夫勒：《第三次浪潮》，黄明坚译，中信出版社，2018。

〔英〕盖伊·斯坦丁：《基本收入》，陈仪译，上海文艺出版社，2020。

地方实践篇

Reports on Local Practice

B.18
深圳市新就业形态发展
及相关政策研究报告

李付俊*

摘　要： 为了解深圳市新业态发展情况，摸清主要行业和重点企业发展现状，本文通过对深圳市电子商务、互联网金融、家政服务、快递物流、民宿等行业进行调查，了解这些新就业形态从业人员的发展情况，同时深入分析当前深圳市支持新业态发展以及相关从业人员的政策实施情况及效果，发现存在新就业形态统计困难、新业态从业人员劳动关系难以界定等问题，就建立非标劳动法律基准、建立灵活就业人员公共就业服务体系等方面提出政策建议。

关键词： 新业态　新就业形态　深圳市

---

* 李付俊，经济学博士，劳动经济学专业，现任中国劳动和社会保障科学研究院就业创业研究室副研究员，主要研究方向为灵活就业及劳动力市场政策研究。

近年来，深圳大力发展战略新兴产业，前瞻布局未来产业，超前培育新动能，让新产业、新模式、新业态成为推动深圳产业升级的重要力量和经济增长的主引擎。"十三五"时期以来，深圳市政府明确提出要紧跟云计算、大数据等互联网技术发展机遇，准确把握消费、产业、民生需求，积极发展电子商务、网络平台等新业态，在数据为王、终端制胜的时代抢占信息化发展的高地，在信息中开拓新的发展蓝海。2019 年，深圳新登记商事主体 50 多万家、总量超过 320 万家，新引进人才 28 万人，① 成为全国人口净流入规模最大的城市，发展更具韧性和活力。新经济已经成为深圳市发展的重要领域，新就业形态等灵活就业已经成为深圳市解决就业问题的重要渠道之一。

一 深圳市典型行业中的新业态发展及从业人员现状

深圳市是我国社会主义市场经济发展的"桥头堡"，不论是传统经济还是新经济模式的发展均较为迅速和成熟。目前，以七大战略性新兴产业和四大未来产业为主体的新兴产业，已经成为深圳市经济增长的"主引擎"。2019 年，高新技术、金融服务、现代物流、文化创意四大支柱产业增加值占 GDP 的比重逾六成，新经济占 GDP 的比重约为 2/3。其中，战略性新兴产业占 GDP 的 38%；规模以上工业以先进制造业为主，占比超过 70%；第三产业以现代服务业为主，占比超过 70%。②

（一）深圳电子商务产业引领全国发展，但平台体量小、制度制约、人才缺乏等问题依然凸显

2018 年，深圳市电子商务交易总额达 27642.7 亿元，占全国电子商务交易总额的 8.7%，该比例已连续四年稳定在 8%~9%，继续保持在电子商务发展的第一梯队（见图 1）。从增速来看，2018 年增速是 14.4%，比全国

---

① 资料来源：https：//baijiahao. baidu. com/s? id=1655234173172242207&wfr=spider& for=pc。

② 资料来源：https：//www. sohu. com/a/412902822_ 626425。

的 8.5% 高 5.9 个百分点，对经济发展的带动作用增强。深圳市整个电子商务交易额的增速超过了 GDP 增速 6.8 个百分点。其中，网络零售额大幅提升至 9076.1 亿元，增速高达 35.2%，位居全国首位，网络零售额占全市电子商务交易总额的比例进一步提高至 32.8%。[①]

图1　2011~2018 年深圳电商交易规模及占全国的比重

近年来，深圳电商领域新模式、新业态层出不穷，比如说零售加速发展的同时社区电商也快速发展，物流、物流支付等新模式更好地促进了电子商务的发展。但相比北京、上海、杭州来看，平台体量仍较小，同时在出口方面还有一些政策制约了企业的发展进步。售假现象亦不容忽视，相关政策对单个企业的扶持比较少，还未真正发挥财政资金的效果，还有平台推广等企业急需大资金投入，发展仍然较为滞后。此外，虽然深圳是电商人才的集聚地，但相关人才队伍的建设仍然需要进一步完善，特别是高端电商人才仍较欠缺。

（二）互联网金融由"大爆发"向合规重整方向转变，复合型人才较为缺乏

2019 年，深圳金融业实现增加值 3667.63 亿元，同比增长 9.1%，占同

---

① 资料来源：《2018 年深圳电子商务发展白皮书》。

期全市 GDP 增值的 13.6%；作为高附加值产业，全年深圳金融业实现税收（不含海关代征和证券交易印花税）1522.4 亿元，占全市总税收的 24.7%，继续居各行业首位。金融业对全市税收的贡献超过制造业（20.30%），[①] 成为纳税第一的产业，从业人数超过杭州、广州，紧随上海、北京，位列全国第三。[②] 受全国经济下行压力以及国家对互联网金融行业的全面整治要求的影响，深圳互联网金融行业也进入全面整治期。2016 年 4 月，国务院印发《互联网金融风险专项整治工作实施方案》，针对 P2P 网络借贷和股权众筹业务、通过互联网开展资产管理及跨界从事金融业务、第三方支付业务、互联网金融领域广告等行为进行专项整治。

从复合型专业人才的发展情况来看，深圳商务局 2013 年的数据显示，由于近年来我国高等教育的快速发展以及高校扩招、金融学专业教育的高质量发展，深圳市金融业从业人员中受过高等教育的比例接近五成，但具有高级专业技术职称的复合型人才仅占 6.34%，七成以上都属于初级型技术人才。深圳金融办的相关数据也显示，2015 年深圳金融人才超过 15 万人，与全球发达国家的部分城市相比，仅相当于伦敦的 1/3、纽约的 1/4，同时相比于国内大城市，也仅有上海和北京的 1/2 左右，[③] 这两年金融人才虽然有明显增长，但相对于需求而言仍然不足。

（三）互联网技术带来深圳家政服务行业更加精细化的分工，但互联网家政服务模式尚未普及化

随着互联网技术的不断普及，家政+互联网的模式不断渗透，互联网的技术革新给深圳家政服务业带来更加精细化的发展趋势。从演变过程来看，深圳家政服务业在互联网等技术发展的影响下，在普通家政、母婴护理、养

---

① 资料来源：深圳地方金融监督管理局-金融专项统计数据，http：//jr. sz. gov. cn/sjrb/xxgk/sjtj/zxtjxx/201908/t20190813_ 18151604. htm。

② 对比分析结果：上海金融从业人员 35 万，北京金融从业人员 53 万。

③ 资料来源：http：//www. sz. gov. cn/stztgs/sztztgs/csyx/ywzsk/qtl/201311/t20131126_ 2256252. htm-深圳市商务局。

老护理、育婴服务、病患护理服务、钟点服务等在内的六大服务业务基础上逐渐衍生出家教服务、产后恢复等服务业务。具体来看，比如钟点服务下根据市场需求不断细化出"催乳通乳、保洁、烹饪、护理老人、护理病人"等专业型业务工种（见图2）。

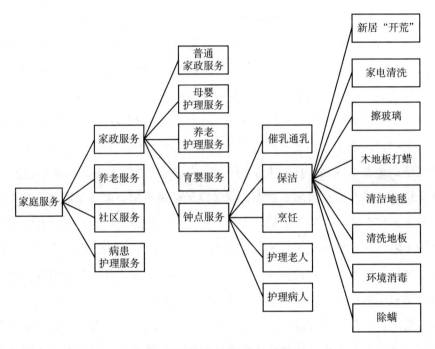

图2 深圳家政服务细分内容情况

资料来源：深圳家政服务协会。

但从实际调研的情况来看，互联网信息化技术虽然不断在家政行业渗透，但真正互联网式的家政企业并不多，更多的企业只是引入订单线上支付和信息匹配等互联网技术，比如移动支付、小程序等，智能化的家政服务体系尚未完全形成。

（四）深圳物流新业态模式层出不穷，但快递小哥劳动权益保障进度需进一步加快

作为深圳市四大支柱产业之一，深圳市物流业增加值多年全国领先。深

圳市交通运输局相关数据显示，2019 年，深圳市物流业达 2739.82 亿元，[①]占同期 GDP 的比重连续 5 年保持在 10% 以上。在电子商务的带动下，深圳电商物流发展迅猛。2019 年，深圳邮政行业业务总量 1622.8 亿元，同比增长 39.9%，业务收入 608.2 亿元，同比增长 27.9%。全市快递服务企业业务量累计完成 42.2 亿件，同比增长 31.4%，占全国快递业务量的 6.3%，最高日业务量达 2000 万件。快递业务收入累计完成 561.4 亿元，同比增长 28.8%，[②] 占全国快递业务收入的约 7.2%。快递业务收入位居全国城市第三，快递业务量居全国第四。[③] 从省内对比来看，深圳市快递业务量占全省的 1/4、业务收入约占全省的 1/3。快递承载超过 5000 亿元货值的商品流通，支撑跨境电子商务贸易超过 860 亿元。目前，深圳市取得快递业务经营许可证的企业 540 家，从业人员超 10 万人，[④] 从规模来看，深圳市已经成为全国快递从业人员最多的城市，同时也是全国快递企业最为集聚、业务规模较大的城市之一。特别是近年来随着全国电商物流的快速发展以及资本技术的不断渗入，物流业的技术性变革也显现其中，尤其是人工智能、大数据、区块链等互联网先进技术先后都不断应用于物流行业，带来物流行业的发展质量不断提升。比如 2018 年，深圳市新增智能快件箱格口 12 万个，已建成智能快件箱 1.6 万组、邮政包裹柜 270 组。同时，积极推进快递末端网点服务能力提升工程，建设快递标准化门店。在快递企业推广使用笼车、中转箱、托盘、地垫等用具，实现运输、装卸和分拣等环节的无缝衔接，不断落实快件"不着地、不抛扔、不摆地摊"。

（五）网约车企业纷纷入驻深圳，但市场发展趋势放缓，从业群体风险程度不断提高

目前，全国主要的网约车企业大部分已经在深圳开展相关业务，并且近

---

① 资料来源：《深圳市 2019 年国民经济和社会发展统计公报》。
② 资料来源：深圳市邮政管理局。
③ 资料来源：http://sz.people.com.cn/n2/2019/0317/c202846-32745933.html。
④ 资料来源：《2018 年深圳电子商务发展白皮书》。

年来发展迅速。网约车出现以前，深圳市巡游车的运力只有 1 万多辆。2013年，网约车市场兴起后，出租车运力（包括巡游车和网约车）达到 2 万多辆，翻了一番多，巡游车的实际载客率也由原来的 70% 提升至当前的 90%多。[1] 截至目前，已有首汽约车、神州专车、滴滴出行、飞嘀打车、斑马快跑、AA 租车、曹操专车、万顺叫车、全民用车、神马专车、伙力专车、阳光出行、中交出行、吉汽出行、900 游、网络出行、双创便民等 17 家平台取得深圳市网络预约出租汽车经营许可证。其中，10 家平台已在深圳正式开业运营。[2]

随着全国网约车市场的逐步规范，特别是由于深圳交管局近年来对网约车的监管力度逐步加大以及公共交通基础设施的逐步完善等，网约车市场发展趋势也逐步放缓，网约车行业"供过于求"的现象开始显现。同时，滴滴公司的网约车市场占了深圳全部网约车市场的 95% 以上，[3] 网约车市场竞争活力逐步减弱。此外，近段时间网约车司机退出网约车行业的趋势开始显现，收入下降、工作不稳定等是主要原因。从政府部门监管的角度来看，网约车从业人员由于与网约车企业的雇用模式并不完全属于劳动关系，大部分主要以劳务服务协议的形式存在，因此这部分群体的未来就业以及社保风险都将成为政府部门的主要担忧。

（六）深圳民宿以大鹏新区为主，从业人才较为紧缺

根据深圳市文旅局关于民宿客栈的数量统计，民宿客栈 1/4 集中在大鹏新区。民宿客栈以城市客栈公寓居多，分散分布在城中村、景区景点周边、车站周边、学校周边等地。分布较为集中的区域除大鹏新区的较场尾、南澳、官湖等以外，还有罗湖梧桐山艺术小镇、坪山马峦山、龙华观澜、龙岗甘坑客家小镇、宝安凤凰古村、光明农场等。大鹏新区每年接待游客超千万人次，其民宿数量占全省 50% 以上，民宿产业已经步入高质量发展阶段，

---

① 资料来源：深圳市交通管理局。
② 资料来源：深圳市交通管理局。
③ 资料来源：深圳市交通管理局。

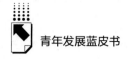

特别是 2015 年大鹏新区颁布省内第一部民宿管理办法后，民宿发展开始走入标准化、品牌化的新阶段。①

从深圳民宿从业人员的情况来看，民宿发展仍然呈现"人才荒"的现象。按照民宿员工平均 2.2 人/家的标准来计算，民宿从业人员总量为 1 万人左右，其中，大鹏新区民宿从业人员总数占 1/3;② 从数字来看，其就业效应规模有所体现，但随着游客对民宿品质的要求不断提高以及旅游市场的高质量发展，民宿从业人员规模还远远没有满足高品质民宿发展的要求。同时，大鹏新区缺乏民宿产业以及相关人才配套政策支持，相关部门体制机制仍然不够完善，导致当地民宿产业及人才发展配套仍处于初级阶段。

二　深圳市支持新业态灵活就业政策与挑战

（一）支持新业态发展的相关政策

2019 年，国务院发布的《关于支持深圳建设中国特色社会主义先行示范区的意见》指出，深圳作为改革开放的重要窗口，在新时期被赋予了新使命。大力扶持和发展新产业、新模式、新业态，是新时代经济工作的重点之一。

深圳市出台了一系列促进新产业规范性发展的政策。在电子商务发展方面，相继制定了《深圳市互联网产业振兴发展规划》《深圳互联网产业振兴发展政策》《深圳市电子商务创新发展行动计划》等，市财政每年安排互联网专项资金 5 亿元，支持互联网、电子商务发展。近年来，在数字经济发展方面也相继出台利好政策，例如《深圳市战略性新兴产业发展政策》《深圳市数字经济产业扶持计划》等；在互联网金融方面，从 2018 年开始，相继出台《深圳市人民政府关于构建绿色金融体系的实施意见》《互联网金融从

---

① 资料来源：深圳市大鹏新区民宿发展白皮书，2017。
② 资料来源：深圳市大鹏新区民宿发展白皮书，2017。

业机构反洗钱和反恐怖融资管理办法（试行）》《关于促进深圳市供应链金融发展的意见》等文件；在家政服务发展方面，2016 年以来，深圳市相继出台《深圳市开展家庭服务业规范化职业化建设实施方案》《深圳市居家养老服务与绩效评估规范》等文件；在快递物流方面，相继出台《深圳市人民政府关于印发深圳市贯彻实施国家〈物流业调整和振兴规划〉方案（2009—2012 年）的通知》《深圳市现代物流业发展专项资金管理办法》等政策。

（二）支持新就业形态等灵活就业发展政策

2020 年，广东省人力资源和社会保障厅出台《关于支持深圳建设中国特色社会主义先行示范区推进深圳人力资源社会保障事业优先发展的若干政策措施》，文件明确指出要支持深圳实施就业优先政策，建立支持多渠道灵活就业机制，促进产业经济与人力资源的良性互动发展，同时探索扩大失业保险基金支出范围、灵活就业人员参加失业保险办法，维护新就业形态劳动者合法权益等。

2020 年 7 月，国务院办公厅发布《关于支持多渠道灵活就业的意见》，首次在新就业形态发展背景下提出专门针对灵活就业发展的政策，明确提出"拓宽灵活就业发展渠道"、鼓励个体经营发展、增加非全日制就业机会、支持发展新就业形态等措施，同时也提出要"加大对灵活就业的保障支持"。在此之后，广东省政府办公厅发布《支持多渠道灵活就业的实施意见》，提出要大力发展数字经济、平台经济等新就业形态，同时完善新就业形态社会保障制度，构建新就业形态权益保障体系。

深圳市政府高度重视灵活就业社会保障工作，特别是在利用社会保险补贴政策促进灵活就业方面先行先试，积极进行探索，取得了宝贵的经验。早在 2006 年，深圳市劳动和社会保障局印发《关于对灵活就业失业人员发放社会保险费补贴有关问题的通知》，主要针对就业困难人员、失业人员、灵活就业人员等，包括从事个体经营的雇主及其雇用人员，可以享受灵活就业社会保险费补贴。作为积极就业政策的重要组成部分，其实质是通过失业保险基金为符合标准的失业人员提供社会保险，通过政策安排为部分失业者创造优势，从而帮助失业人员灵活就业。此项政策在促进失业人员再就业方面，特别是大龄失业人员灵活就业和扩大社会保障覆盖面方面取得了积极效果。后来政策经过两轮调整，形成《深圳市就业困难人员灵活就业补贴办法》《关于优化灵活就业补贴操作流程的通知》等政策文件。总体来看，这些政策对于帮助困难群体灵活就业、减轻社保负担发挥了积极作用，但也还有进一步优化空间，政策效果可以进一步提升。

（三）当前相关政策发展所面临的主要问题

1. 灵活就业人员的概念界定在政策层面仍然模糊

深圳市灵活就业人员即便被认定为就业困难人员，但在就业状况核查中，也有不符合政策文件上规定的灵活就业的状况，也难获得补贴。这主要是因为深圳市就业困难人员灵活就业补贴政策中关于灵活就业的认定，一直以来只有为他人（直系亲属除外）提供保姆、家政服务、病人看护、老人护理服务，从事餐饮服务，从事社区保洁、保绿工作，从事社区来料加工、工艺作坊、再生资源回收工作四大类，近年来随着新业态的发展，增加了第五类群体"依托互联网服务平台等新业态、新模式"，但具体岗位没有细化，街道经办时由于文件规定对象不明确而导致审核不通过现象时有发生。

2. 灵活就业人员劳动纠纷解决途径仍然较为单一，劳动执法部门没有相关执法权限

灵活就业人员由于雇用关系的不确定性，其权益保障问题一直是各界比较关注的问题。灵活就业人员的权益保障问题频发，甚至有部分人员不知道遇到此类问题该如何解决，用何种途径去进行权益保障。当前全国各地地方人社执法部门仍主要以劳动关系为判断基础进行劳动执法并处理相关劳动纠纷问题，对于当前就业形态多样、劳动关系复杂的灵活就业而言，若其出现劳动合同、工资等劳动纠纷问题，由于他们的劳动关系并不明确，甚至有些灵活就业群体并没有严格意义上的劳动关系，因此，劳动执法部门对其出现的劳动纠纷问题并没有执法权限，同时也没有可参考的政策文件或者法律法

规。比如，深圳市灵活就业人员或者平台就业人员的劳动纠纷问题目前仍然以民事诉讼来解决，劳动执法部门更多是作为第三方机构来搭建平台，协调灵活就业人员与平台或者雇用单位来进行处理和调解。

3. 未参加任何社会保险的灵活就业者涉及面较广

参加社会保险是对灵活就业人员在养老、医疗、工伤、失业等方面的一份保障，随着我国社保覆盖面的扩大、灵活就业人员对自身保障意识的提高，对城镇职工养老保险等诸多险种灵活就业人员也有参保，但课题组通过调研发现，目前仍有部分灵活就业人员未参加任何保险，并且涉及多种不同职业群体，至于未参保的原因，有"对政策不了解，不知道怎么交费""社保费用太高，交不起""不符合政策规定条件，交不了""认为社保作用不大，没必要交"等，针对各种情况，建议政府有针对性地采取精准帮扶措施，以扩大灵活就业人员的参保范围。

4. 相关公共就业服务享受度较低，特别是创业服务

公共就业服务是政府组织建立的以促进就业为目的的公共制度，而灵活就业也是目前我国就业的主渠道之一，解决了为数较多的就业岗位问题，但从调研结果来看，针对灵活就业人员的公共就业服务的相关享受度较低，特别是创业服务方面的享受度最低。这说明一方面我们要针对灵活就业人员的特性、喜好、文化程度等，有针对性地提供精准就业服务，如多提供其乐于接受的线下的就业岗位介绍、技能培训等；另一方面面对互联网的迅猛发展、5G 时代的来临，我们也需要对其进行引导，有意识地引导其适应线上相关培训和岗位介绍，引导有条件的灵活就业人员进行创业。

5. 基层就业服务部门结构单一，经办人员数量和质量"双缺乏"

深圳市灵活就业人员要申请灵活就业社保补贴，需要首先到户籍所在地或者经常居住地的基层公共服务机构提交《灵活就业补贴申请表》等 5~6 项证明材料，申请被受理后会进行审核、公示，然后进行复核拨付，时间比较长，提交的材料也比较多。而基层公共服务机构改革之后，就业板块的基层经办人员数量缩减较大，但工作量较大，人社领域的补贴多达 50 多项，

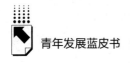
还有企业服务、招聘组织、扶贫跟踪、创业孵化核查、就业信访等事项，从事这一工作的多为临聘人员，待遇较低，每月工资不到 4000 元。申领人员和办事人员两方面均认为需要简化流程。

三 支持深圳市新就业形态健康发展的政策建议

（一）制定深圳市"非标"劳动关系调整法，探索符合灵活就业特征的劳动标准体系

加强顶层设计和系统研究，制定出台《深圳市非标准劳动关系调整法》，探索具有中国特色，深圳特色，适应新经济模式发展，符合灵活就业本质要求的多元化用工关系调整模式立法，推进规范灵活用工发展体制机制和方法创新。明确鼓励发展多种形式的灵活性用工关系，支持自雇型和平台型用工，支持兼职兼业用工。制定符合灵活就业特征的劳动标准体系，使其有别于正规就业，建立多元化劳动标准法律制度。明确用工方和劳动者各自的权利义务，规定用工方对劳动者相关权益的保障机制，规范有关劳动争议的协调办法。

（二）鼓励平台企业积极吸纳重点群体就业，为各类灵活就业形态分类制定相关政策

鼓励平台组织在解决困难群体就业，去产能富余员工安置，高校毕业生、贫困劳动力就业等方面发挥重要作用，必要时给予各项就业资金支持，便捷化兑现各项就业补贴。尤其在当前防疫防控常态化期间，一方面要充分鼓励平台组织在稳就业、促就业方面的重要价值，另一方面也要有针对性地鼓励平台组织发挥其互联网技术优势，使其与政府相关部门推进扶贫、农民工点对点输出输入等工作相结合，促进重点群体就业创业。

按照用工供给侧结构性改革和"降成本"的大逻辑，出台财税优惠政策，鼓励企业用工形式多元化，结合实际采用非全日制、阶段性合同、劳动者个人承揽、服务外包等多渠道灵活用工，不断增强劳动力市场灵活性，既

能降低企业成本，又能创造就业机会惠及民生。出台深圳市非全日制用工发展办法，建立非全日制人员、小时工用工管理办法及参保办法，扩大申请综合工时用工企业范围，加强综合工时用工企业监管。此外，强化"双创"对各种类型人员创业的支持，鼓励灵活就业从业者进行创业，积极创新担保贷款、项目支持、创业孵化等创业扶持政策对灵活就业人员的适用方式。

（三）将灵活就业从业者完全纳入培训政策范围

建立职业培训补贴和各类人力资本投资经费支持制度，对一些"小、快、灵"和"短、平、快"等培训方式，可以给予灵活就业人员免费培训。针对不同地方区域内用工需求量大的非全日制、季节性、临时性、平台性等工种开发专门技能培训内容，开展有针对性的职业培训，提高有灵活就业意愿的劳动者特别是贫困地区劳动者的技能水平，增强灵活就业从业者的就业能力，帮助其提升收入水平，实现更加稳定、更高质量就业以及自主创业。

（四）优化就业困难人员灵活就业社保补贴政策，提升政策的精细化水平

1. 合理确定就业困难群体对象范围，做好分类分级

在现有就业困难群体对象范围基础上，进一步研究将其他就业方面存在困难的群体纳入政策对象范围，特别是连续失业一年以上的长期失业人员、退役未就业军人、残疾人和刑满释放人员等确实面临较大就业困难的群体。将经济困难作为就业困难人员领取灵活就业补贴的前置条件，对于家庭经济条件比较优越、就业意愿不强的人，可考虑不发放社保补贴，具体可通过大数据比对方式甄别其是否经济困难，再通过多次不接受介绍工作岗位等方式确定其实际就业意愿，对于表示实际从事灵活就业的要进行严格审核。建立科学评价指标体系，根据就业困难程度对政策对象进行分级，对于就业困难程度较高的人员，补贴标准适当提高，补贴期限适当延长；而对于一般性就业困难人员，只需提供基本的补贴标准。

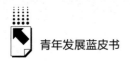
2. 扩大灵活就业认定范围，采取承诺制登记

根据灵活就业发展总体形势和趋势，进一步扩大灵活就业认定范围，将政策对象扩大到全部灵活就业领域，只要符合灵活就业特征，均可成为政策对象，具体可参考《广东省灵活就业人员服务管理办法（试行）》以及其他一些城市的做法。对于当前灵活就业认定比较困难的情况，可试行承诺制登记办法，简化相关证明材料。

3. 探索针对为就业困难人员提供较多灵活就业机会的用工平台或企业提供就业补贴

当前灵活就业发展迅速，并表现出以平台为载体的聚集化趋势，各类互联网平台创造出很多灵活就业机会。当前补贴政策主要是针对为就业困难人员提供正规岗位的企业，需要转变促进就业政策以标准就业为导向的方针，将稳定就业岗位的各类扶持政策转化为促进各种形式就业的政策，实现从"稳岗"到"稳就业"的转变。为此，可探索针对吸纳灵活就业人员较多的平台企业，给予一定的就业补贴，同时也可借助平台大数据技术，将就业困难人员的工作数据作为判断灵活就业情况的凭据，提升政策的精准性和有效性。

参考文献

郭悦：《2002 年中国就业报告——经济体制改革和结构调整中的就业问题》，中国劳动社会保障出版社，2003。

蔡昉、王美艳：《非正规就业与劳动力市场发育——解读中国城镇就业增长》，《经济学动态》2004 年第 2 期。

吴要武、蔡昉：《中国城镇非正规就业：规模与特征》，《中国劳动经济学》2006 年第 2 期。

唐卓华：《新形势下企业灵活用工制度研究》，《上海社会科学院》2011 年第 3 期。

B.19
直播销售员的成长激励、
从业规范与劳动权益保护

——以浙江省为例

陈治国*

摘　要： 本文以浙江省为例梳理了包含直播销售员成长激励、从业规范与劳动权益保护在内的地方政策，并分析了这些政策的效应。地方政府以现金补助和奖励、购房补助、安排子女上学、完善产业生态等方式培育和引进直播销售员；以规范化的职业能力训练、倡导性或强制性的交易准则来引导直播销售员的行为；从用工方式、工时制度、社会保险、用工管理、劳动纠纷解决等方面来探索保护直播销售员劳动权益的政策。这些政策促进了直播销售员队伍的壮大和直播市场规模的扩大。

关键词： 直播销售员　成长激励　行为规范　劳动保护

作为新业态，中国直播行业在近 15 年里有了长足发展。它在 2005 年萌芽，历经探索发展期、流量红利期、商业变现期后进入了深度渗透期，①

---

* 陈治国，博士，浙江水利水电学院马克思主义学院讲师，主要研究方向为组织社会学、经济社会学。

① 新榜研究院：《2020 直播生态研究报告》，http://www.199it.com/archives/1052082.html，最后访问日期：2021 年 6 月 28 日。

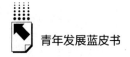

市场规模在 2019 年约有 4338 亿元，2020 年达 9000 亿元，[①] 2021 年接近 2 万亿元。[②] 行业参与者在 2020 年 3 月有 5.60 亿人，占网民总量的 61.95%；其中，直播电商参与者达 2.65 亿人，占直播参与者的 47.32%。[③] 中国直播电商参与者在 2020 年有了正式称谓——互联网营销师职业下设的直播销售员。[④]

与全国直播行业井喷式发展相对照的是，地方政策重在激励直播销售员的成长，而在劳动保护和直播销售行为规范上进展相对缓慢。为了解地方的具体政策在对直播销售员成长、直播销售行为规范和劳动保护上的表现，本文选取浙江省—金华市（地级市）—义乌市（县级市）三个不同层级的地方政策为分析对象。

选取浙江省的理由有两个。一是该省有 3288 家与直播相关的企业，位居全国之首；[⑤] 二是该省出台了激励或规范直播电商发展的制度，例如，《浙江省人民政府办公厅关于提振消费促进经济稳定增长的实施意见》《电子商务直播服务规范》《关于优化新业态劳动用工服务的指导意见》。选择金华市和义乌市是基于三个方面的考虑。一是金华市在 2020 年位列全国直播电商 20 强的第 8 位；[⑥] 二是金华市有带货能力的主播超过 1000 人，与上海、深圳处于同一水平；[⑦] 三是义乌市是浙江省推进直播销售力度最大的县

① CC-Smart 新传智库：《2020 年直播带货行业洞察报告》，http：//www.pinlue.com/article/2020/06/1815/2410765280415.html，最后访问日期：2021 年 6 月 28 日。

② 毕马威、阿里研究院：《迈向万亿市场的直播电商》，http：//www.199it.com/archives/1135645.html，最后访问日期：2021 年 6 月 28 日。

③ 艾媒生活与出行产业研究中心：《2020~2021 年中国直播电商行业生态剖析及趋势预判》，https：//www.iimedia.cn/c400/74296.html，最后访问日期：2021 年 6 月 28 日。

④ 人力资源和社会保障部办公厅、市场监管总局办公厅、统计局办公室：《关于发布区块链工程技术人员等职业信息的通知》，人社厅发〔2020〕73 号，http：//www.cac.gov.cn/2020-07/06/c_ 1595589182407657.htm，最后访问日期：2021 年 6 月 28 日。

⑤ 电商发布：《浙江在全国率先系统化地推进直播电商标准体系建设》，https：//www.thepaper.cn/newsDetail_ forward_ 7882821，最后访问日期：2021 年 6 月 28 日。

⑥ 徐朝晖：《我市名列直播电商城市第八位》，https：//www.jhnews.com.cn/xw/sh/202007/t20200721_ 313521.shtml，最后访问日期：2021 年 6 月 28 日。

⑦ 徐朝晖：《我市名列直播电商城市第八位》，https：//www.jhnews.com.cn/xw/sh/202007/t20200721_ 313521.shtml，最后访问日期：2021 年 6 月 28 日。

级市之一。

在报告的呈现上，本文先梳理省、市、县三级组织发布的与直播销售相关的具体政策，再分析这些政策的作用与取向，最后提出具体的建议。

一 培育和引进直播销售员的激励政策

直播销售员是连接商品和消费者的"关键人物"，[①] 因此，各级政府把培育和引进直播销售员作为推进互联网经济发展的重要举措。浙江省培育和引进直播销售员的政策体现在职业技能培训的支持、人才引进的奖励和就业、创业的扶持等方面。

（一）职业技能的培训政策

浙江省人力资源和社会保障厅（以下简称浙江省人社厅）出台了职业技能培训政策。2019 年 8 月，制定了《浙江省职业技能提升行动实施方案（2019~2021）》，该方案要求各级人社部门"大规模开展职业培训"。[②] 2019 年 11 月，要求下属的人社部门加大新业态领域（含电子商务）职业技能培训力度，"积极争取将新业态的职业（工种）纳入职业技能培训补贴目录清单"。[③] 虽然上述文件未直接将直播销售员纳入培训对象，但它为直播销售员培训取得与其他培训项目一样的地位和经费提供了政策依据。[④] 金华市人力资源和社会保障局（以下简称金华市人社局）出台了加快直播销售员技能培训的政策。2020 年，制定了《金华市职业技能提升行动实施方

---

① 钟涛：《直播电商的发展要素、动力及成长持续性分析》，《商业经济研究》2020 年第 18 期。

② 浙江省人力资源和社会保障厅、浙江省财政厅：《关于印发〈浙江省职业技能提升行动实施方案（2019~2021）〉的通知》，浙人社〔2019〕53 号，http://www.zj.gov.cn/art/2019/10/23/art_1553216_29931.html? type=2，最后访问日期：2021 年 6 月 28 日。

③ 浙江省人力资源和社会保障厅：《关于优化新业态劳动用工服务的指导意见》，浙人社〔2019〕63 号，http://www.hzldzy.com/detail-5096.html，最后访问日期：2021 年 6 月 28 日。

④ 参考访谈资料：20201110-M-LCC，访谈人：陈治国。

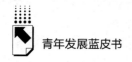

案》，把市区户籍人口、市区常住人口、未就业的高校毕业生、城乡失业者、外地劳动者等纳入培训对象范围，[①] 计划培训 1 万名直播营销人才，重点培育 1000 名"带货网红"；[②] 在失业保险基金结余中设立专项补贴[③]，给予获得职业资格证书的学员 600 元/人的直接补助（汇入社会保障卡金融账户）。[④]

　　义乌市政府及相关部门出台了培育直播销售员的政策。2020 年 6 月，下发了《关于印发义乌市加快直播电商发展行动方案的通知》。依据该文件，义乌市人力资源和社会保障局（以下简称义乌市人社局）等多个部门负责组织针对市场经营户、商贸和工业企业员工的普及型培训 10 万次；依托专业直播培训机构培训中腰部及以上网红主播 500 名、带货达人 10000 名。[⑤] 在培训对象上，把义乌市户籍人口、常住且办理居住证的人口、在义乌办理失业登记的城乡劳动者和在义乌就业、创业者纳入培训对象。[⑥] 在经费支持上，普及型培训的学员不享受补助，[⑦] 技能型培训的学员凭借《电商直播专项职业能力证书》可获得 900 元/人的补贴。[⑧] 2020 年 12 月，义乌市政府发布《关于加快直播电商发展的若干意见（试行）》。该意见"对经知名直播平台授权、年度线下直播电商培训超 1000 人的服务机构给予一次性 10 万元奖励"。[⑨]

① 金华市人力资源和社会保障局、金华市财政局：《关于印发〈金华市区职业技能培训补贴办法〉的通知》，金人社发〔2020〕17 号，http：//rsj. jinhua. gov. cn/art/2020/3/11/art_ 1229164922_ 1122545. html，最后访问日期：2021 年 6 月 28 日。

② 奚金燕、郎静：《全国首个"带货网红"职业规范在浙江金华实施》，https：//www. china news. com/cj/2020/04-30/9173124. shtml，最后访问日期：2021 年 6 月 28 日。

③ 资料由金华市职业技能鉴定中心工作人员（未具名）提供，访谈人：陈治国。

④ 补贴直接发给获得证书的参训者，补贴的用途是支付培训费，金额基本上等于培训费。

⑤ 义乌市人民政府办公室：《关于印发义乌市加快直播电商发展行动方案的通知》，义政办发〔2020〕34 号，http：//www. yw. gov. cn/art/2020/6/22/art_ 1229142745_ 946576. html，最后访问日期：2021 年 6 月 28 日。

⑥ 义乌市人力社保局：《义乌市职业技能提升行动实施方案（2019~2021 年）》政策解读，义政办发〔2019〕104 号，http：//www. yw. gov. cn/art/2019/12/30/art_ 1229142861_ 1055768. html，最后访问日期：2021 年 6 月 28 日。

⑦ 参考访谈资料：20201102-M-CXH，访谈人：陈治国。

⑧ 补贴直接发给获得证书的参训者，补贴的用途是支付培训费，金额基本上等于培训费。

⑨ 义乌市人民政府办公室：《关于加快直播电商发展的若干意见（试行）》，义政发〔2020〕43 号，http：//www. yw. gov. cn/art/2020/12/3/art_ 1229143186_ 1711846. html，最后访问日期：2021 年 6 月 28 日。

总体而言，浙江省人社厅的政策为下级部门培训直播销售员提供了政策依据，金华市和义乌市人社部门等单位为培训直播销售员提供了组织、经费保障。

（二）人才引进的奖励政策

除了自行培育直播销售员外，省、市、县等相关部门也用政策吸引外地直播销售员到浙江就业创业。浙江省人社厅要求"加大新业态领域在人才落户、招聘录用、岗位聘任、职务职级晋升、职业技能鉴定等方面的政策支持力度，努力破除妨碍人才流动的体制机制"。[①]

与此同时，义乌市制定了疫情期间引才的计划。2020 年 3 月，义乌市政府要求"对知名直播平台、规模网红服务机构、自带流量的'网红'在税收、人才购房、子女入学等方面给予支持"。[②] 2020 年 4 月，义乌市政府规定，"粉丝数量超 100 万或者帮助义乌企业年度带货量超 800 万元的'网红'入驻义乌创业创新，按其缴纳个人所得税的地方财政综合贡献额，前五年 100%、后五年 50% 进行奖励；统筹安排义务教育阶段学校子女入学"。[③]

义乌市政府制定常规的引才计划。2020 年 12 月，义乌市对"每签约一名服务义乌企业实现年应税销售额达到 2 亿元、5000 万元、1000 万元主播的，分别给予 MCN 机构 500 万元、80 万元、10 万元奖励"，"每家机构每年最高奖励 1000 万元"；"对粉丝数量超 100 万或者帮助义乌企业年带货额超 1000 万元的主播，给予个人地方贡献度 90% 奖励"，且"年纳税额 100

---

① 浙江省人力资源和社会保障厅：《关于优化新业态劳动用工服务的指导意见》，浙人社〔2019〕63 号，http：//www. hzldzy. com/detail－5096. html，最后访问日期：2021 年 6 月28 日。

② 王婷：《我市促进市场繁荣首批 20 项行动出炉》，http：//szb1. ywcity. cn/content/202003/10/content_ 12107. html，最后访问日期：2021 年 6 月 28 日。

③ 义乌市市场发展委员会：《好消息！关于推动线上线下融合发展奖励（补助）的实施细则来啦！》，https：//mp. weixin. qq. com/s/FoTLsml－－c－jt0UfUEQ6nQ，最后访问日期：2021 年6 月 28 日。

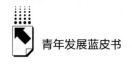
万元以上的 MCN 机构，可推荐 1 名年直播带货额 2000 万元以上的独家签约主播，城区统筹安排子女入学、享受 40 万元购房补助"。①

（三）就业创业的扶持政策

在培育、引进直播销售员的基础上，浙江省、金华市和义乌市人社部门出台了扶持直播销售员就业创业政策。浙江省人社厅要求"大力支持新业态领域就业，提供有针对性的就业创业服务，完善就业创业补贴政策"。② 金华市人社局建立直播电商学员人员数据库，定期召开持证人员与网红企业、直播平台的对接会。③

义乌市则制定了打造直播电商产业生态的政策。《义乌市加快直播电商发展行动方案》的政策目标是"3 年内建成 10 个直播电商产业带、培养 100 家具有示范带动作用的直播机构、打造 1000 个网红品牌、培养 10000 名带货人，成为全国知名的网红产品营销中心、网红达人'双创'中心、网红直播供应链主体聚集中心"。④ 在组织动员上，义乌市政府成立了副市长牵头的直播电商发展工作小组，涉及市府办、人社局、商城集团、街镇、产业平台、税务、金融、通信、物流等 46 个政府部门或企业单位，动员的市场要素涉及场地（含平台）、流量、中介、税务、资金、物流、商品、信用、从业者、从业价值观和规范等。

总之，浙江省、金华市和义乌市三级人社部门及相关的组织通过培训补贴、税收贡献奖励、购房补助、安排子女上学和完善直播电商产业生态等方

---

① 义乌市人民政府办公室：《关于加快直播电商发展的若干意见（试行）》，义政发〔2020〕43 号，http：//www.yw.gov.cn/art/2020/12/3/art_ 1229143186_ 1711846.html，最后访问日期：2021 年 6 月 28 日。

② 浙江省人力资源和社会保障厅：《关于优化新业态劳动用工服务的指导意见》，浙人社〔2019〕63 号，http：//www.hzldzy.com/detail-5096.html，最后访问日期：2021 年 6 月 28 日。

③ 奚金燕、郎静：《全国首个"带货网红"职业规范在浙江金华实施》，https：//www.china news.com/cj/2020/04-30/9173124.shtml，最后访问日期：2021 年 6 月 28 日。

④ 义乌市人民政府办公室：《关于印发义乌市加快直播电商发展行动方案的通知》，义政办发〔2020〕34 号，http：//www.yw.gov.cn/art/2020/6/22/art_ 1229142745_ 946576.html，最后访问日期：2021 年 6 月 28 日。

式来激励直播销售员的成长，壮大直播销售员的队伍。在人力资本类型的偏好上，地方组织出资培训直播销售员基本职业技能，但奖励的重点是位于腰部及以上位置的直播销售员。

二 直播销售员的能力认证和从业规范

浙江省的政策不仅体现在推动直播销售员队伍的壮大上，还体现在职业能力认证和从业规范上。

（一）职业能力的认证规范

金华市和义乌市分别制定了直播销售员的能力认证规范。2020 年 4 月，金华市开发了全国第一个《网络营销直播专项能力考核规范》。考核分为理论和操作两个环节，考核内容包括市场营销理论知识、客户关系沟通能力、视频媒体与直播平台操作技能、摄影摄像及口语表达等内容，课时数为 28 节。[①]义乌市人社局与浙江省机电技师学院、国家人力资源和社会保障出版社合作编写了全国首个直播电商领域的国家级职业培训规划教材——《电商直播专项职业能力考核培训教材》（面向技工学院学生），[②] 义乌工商职业技术学院发布了直播电商专业教学标准（面向高职院校）。[③] 人社部门对考核合格的学员颁发《网络直播营销专项能力职业证书》或《电商直播专项职业能力证书》。金华市和义乌市人社局新开发的教材和教学标准目前只供编写的院校使用；[④] 金华市人社局颁发的《网络直播营销专项能力职业证书》适用于金华市，义乌市人社局颁发的《电商直播专项职业能力证书》适用于义乌市。

与金华市和义乌市不同，2020 年 6 月，浙江省电子商务促进会（行业

---

① 奚金燕、郎静：《全国首个"带货网红"职业规范在浙江金华实施》，https://www.china news.com/cj/2020/04-30/9173124.shtml，最后访问日期：2021 年 6 月 28 日。
② 徐超：《直播带货也能评职称了！电商直播首本国家级职业培训教材在义乌发布》，https://www.chinatimes.net.cn/article/97908.html，最后访问日期：2021 年 6 月 28 日。
③ 参考访谈资料：20201013-M-JP、20201102-M-CXH，访谈人：陈治国。
④ 参考访谈资料：20201102-M-CXH，访谈人：陈治国。

协会）发布了在省内教育机构、培训机构、实训基地使用的《直播电商人才培训和评价规范》团体标准（标准号 T/ZEA 006-2020）。该标准把直播电商师[1]的技能分为初级、中级、高级三个等级，规定了直播电商从业人员技能的组成要素——业务知识、业务操作和创新思维；设定了技能认证的三项内容——知识、操作和职业道德。[2]

金华市和义乌市制定的认证规范只在它们管辖范围内的培训机构里使用；浙江省电子商务促进会的团体标准为省内教育机构、培训机构、实训基地提供了职业能力认证规范的参考，但不具有行业强制性。商业型的培训机构大多使用自行编制的教参或传授从业人员的经验。[3]

（二）行业协会对直播销售行为的规范

除在职业能力认证过程中要求培训机构进行职业道德教育外，浙江省电子商务促进会还对行业内直播销售员的具体直播行为提出了规范性要求，于2020 年 7 月 14 日发布了《电子商务直播营销人员管理规范》（标准号 T/ZEA 007-2020），在资质要求、能力要求的基础上，该标准设定了直播销售员在语言表达、仪容仪表、动作行为上的标准[4]（见表 1）。

表 1　直播行为标准

标准类型	具体要求
语言表达	口齿清楚、表达准确、肢体语言适当,不得发表违反法律法规的内容
仪容仪表	五官端正、形象良好,不得出现穿着低俗、不雅或其他法律法规严令禁止的行为
动作行为	举止得当,不得出现低俗趣味、影响社会和谐或违反法律法规的行为

① 该标准发布的时间早于人社部对直播销售员工种的认定时间，因此，它把直播电商从业人员称为直播电商师，而非直播销售员。
② 浙江省电子商务促进会：《关于浙江省电子商务促进会团体标准的公示》，http://www.zjepa.com.cn/html/1/178/181/3759.html，最后访问日期：2021 年 6 月 28 日。
③ 参考访谈资料：20201013-W-KD。
④ 浙江省电子商务促进会：《关于浙江省电子商务促进会团体标准的公示》，http://www.zjepa.com.cn/html/1/178/181/3759.html，最后访问日期：2021 年 6 月 28 日。

这个规范的重点是要求直播销售员在直播过程中的行为符合一般社会规范、法律法规，忽略了对直播销售过程中交易行为本身的约束。在执行力上，它更多表现为行业倡导，尚未形成行业性的强制力。

（三）多元共治的直播销售监管

不同于行业协会规范的自愿遵从原则，浙江省市场监督管理局（行业主管部门）的举措具有强制力。2020 年 11 月 6 日，为"加强网络直播规范，鼓励和促进直播电商健康有序发展"，浙江省市场监督管理局制定了"政府管理、行业自律、商家自治、社会监督"的"绿色直播间"创建方案①（见表 2），发布了电商平台"十要十不准"规范。②

表 2　省市场监管局的监管对象与监管要求

监管对象	具体要求
平台	加强对直播营销内容生态审核和内容安全治理
商家	保障商品或者服务合法有效
主播	维护和落实直播间实名制，不得将其注册账号转让或出借给他人使用；不得对商品和服务进行虚假宣传，欺骗、误导消费者；不得进行流量等数据造假
MCN 机构	对直播内容进行事前规范、事中审核，对违规行为事后及时处置

除了省市场监管局的创建方案之外，义乌市市场监管局将"制定网红直播电商'诚信规范经营'的标准体系"；义乌市市场发展委员会将采取"政府指导、协会组织、社会参与的方式，每年开展行业标杆评选"。③

与行业协会的规范相比，浙江省和义乌市市场监管部门对直播销售的监

---

① 新蓝网·浙江网络广播电视台：《浙江省"绿色直播间"创建方案》，http：//zjamr. zj. gov. cn/art/2020/11/9/art_ 1228969894_ 58998471. html，最后访问日期：2021 年 6 月 28 日。

② 马焱、市闻：《浙江要创建"绿色直播间"，要求主播落实直播间实名制，账号不得转让出借》，https：//www. thehour. cn/news/409451. html，最后访问日期：2021 年 6 月 28 日。

③ 义乌市人民政府办公室：《关于印发义乌市加快直播电商发展行动方案的通知》，义政办发〔2020〕34 号，http：//www. yw. gov. cn/art/2020/6/22/art_ 1229142745_ 946576. html，最后访问日期：2021 年 6 月 28 日。

管更加多元——平台、商家、主播和 MCN 机构；监管更具针对性——规范
了交易环节的行为；监管更具强制力——省市场监管局在"全省网络交易
电商平台治理会议"上通报了一起"直播虚假宣传案"的处理情况。①

由此，我们看到在规范直播销售员的能力认证和直播销售行为上，
金华市、义乌市人社局和浙江省电子商务促进会发布了直播销售员培训
的教参、能力认证的标准，发放了职业能力证书；浙江省市场监督管理
局和浙江省电子商务促进会则以强制或倡导的方式来规范直播销售员的
直播行为。

三 直播销售员的劳动权益保护

在梳理了培育和引进直播销售员、规范直播能力认证和直播行为等政策
的基础上，我们将分析第三类政策，即直播销售员在推动直播市场发展的同
时获得哪些劳动权益类的制度性保护。分析这类政策的原因是，直播销售员
队伍的成长在一定程度上依赖于这些政策的效用。

（一）劳动权益保护的困境

直播销售员等新业态从业者在劳动权益保护上面临着制度和现实的双重
挑战。在制度上，新业态的劳动关系难以确定。按劳动法规定，"建立劳动
关系应当订立劳动合同"；② 如果未签订书面劳动合同，只要劳动者和用人
单位同时满足主体资格、劳动管理和劳动归属三个条件，劳动关系也能确
定。③ 实际情况是，新业态中的劳动从属性、平台的主体资格等条件难以同

① 马焱、市闻：《浙江要创建"绿色直播间"，要求主播落实直播间实名制，账号不得转让出借》，https：//www.thehour.cn/news/409451.html，最后访问日期：2021 年 6 月 28 日。
② 《中华人民共和国劳动法》，http：//www.npc.gov.cn/npc/c30834/201901/ffad2d4ae4da4585a041abf66e74753c.shtml，最后访问日期：2021 年 6 月 28 日。
③ 劳动和社会保障部：《关于确立劳动关系有关事项的通知》，劳社部发〔2005〕12 号，http：//www.mohrss.gov.cn/ldgxs/LDGXzhengcefagui/LDGXzyzc/201107/t20110728_ 86296.html。

时满足。① 在现实中，新业态从业者的劳动权益保护存在两个方面的问题。首先，雇佣方不愿意签订劳动协议。劳动关系负载了各种义务——最低工资、社会保险、工时和休息休假等，在当前条件下，如果满足劳动者的前述权利，那么新业态的雇佣方会觉得用工的投入与产出比偏高。② 其次，劳动者确立劳动关系的动力不足。新业态的从业者大多是年轻人，他们更关注当前收益，对养老保险等社会保障不太关注。③

劳动权益保护的制度缺陷和现实障碍导致的结果是，新业态中大部分从业者"未参加城镇职工社会保险"；"在工作时长、休息休假方面，新业态用工普遍存在工作时间长的问题，一般每天工作时间在 10 小时左右，有的甚至超过 10 小时，休息日和节假日加班现象普遍"；"此外，也难以享受高温津贴、健康体检、职业培训等其他有关权益和福利"。④

（二）劳动权益保护的探索

为解决与新业态相伴而生的劳动用工问题，浙江省人社厅从 2018 年开始探索解决之策，并在 2019 年 11 月出台了《关于优化新业态劳动用工服务的指导意见》。在现行法律框架下，这份文件为新业态劳动者获得制度性劳动权益保护搭建了"四梁八柱"⑤（见表 3）。

该政策从用工方式、工时制度、社会保险、用工管理、劳动纠纷等五个方面对新业态从业人员的劳动权益保护提出了指导性意见。它涉及员工的劳动关系确认、弹性工作时间的谈判、社会保险和职业伤害保险、劳动管理规

---

① 仉贻泓、王怀忠、薛卫东、蔡杰：《浙江省新业态劳动用工问题研究》，《中国劳动保障报》2018 年 12 月 21 日；孟续铎：《网络主播劳动关系认定及劳动权益保障问题》，《中国人力资源社会保障》2019 年第 9 期；王立明、邵辉：《网络主播劳动者地位认定的困境、反思和出路》，《时代法学》2018 年第 5 期。

② 参考访谈资料：20201110-M-LCC，访谈人：陈治国。

③ 参考访谈资料：20201110-M-LCC，访谈人：陈治国；仉贻泓、王怀忠、薛卫东、蔡杰：《浙江省新业态劳动用工问题研究》，《中国劳动保障报》2018 年 12 月 21 日。

④ 仉贻泓、王怀忠、薛卫东、蔡杰：《浙江省新业态劳动用工问题研究》，《中国劳动保障报》2018 年 12 月 21 日。

⑤ 参考访谈资料：20201110-M-LCC，访谈人：陈治国。

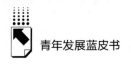

表3　浙江省优化新业态劳动用工服务的部分指导意见

用工保护的类型	具体内容
用工方式	劳动关系类的劳动用工,依劳动法律法规调整;新业态企业采取劳务外包、加盟协作等其他合作形式的,劳资双方签订民事协议,纠纷按民事相关法律法规处理
工时制度	企业和从业者可在劳动合同或者相关协议中明确具体休息休假或者经济补偿办法;业务量大时,可适当延长工作时间;业务清淡时,可采取集中放假、轮岗轮休、待岗培训等方式
社会保险	与企业建立劳动关系的新业态从业人员,应当依法参加社会保险;非全日制用工和未与新业态企业建立劳动关系的,可以灵活就业人员身份参加社会保险
用工管理	鼓励企业和从业者围绕劳动报酬、福利待遇、休息休假、考核奖惩、劳动定额、劳动保护等事项进行协商
劳动纠纷	针对新业态企业劳动用工特点分类量身定制监管规则和标准,引导当事人通过人民调解、工会、行会、民事诉讼等方式解决纠纷

资料来源:浙江省人力资源和社会保障厅:《关于优化新业态劳动用工服务的指导意见》,浙人社〔2019〕63号,http://www.hzldzy.com/detail-5096.html,最后访问日期:2021年6月28日;浙江省人力资源和社会保障厅:《关于优化新业态劳动用工服务的指导意见》政策解读,http://rlsbt.zj.gov.cn/art/2019/11/4/art_1229101513_298409.html,2019年11月4日。

范、劳动纠纷解决。与此同时,这些政策鼓励新业态从业者参加工会等组织,运用组织力量保护劳动权益。

四　政策分析与建议

以上部分,我们呈现了培育和引入直播销售员的激励性政策、规范直播销售员专业能力认证和约束直播行为的规范性政策、维护直播销售员劳动权益的保护型政策。就政策的功能而言,激励性政策和规范性政策在于激励和规范直播销售市场的发育与发展,而保护型政策旨在帮助直播销售员维护其合法权益。因而,我们可以依据政策的功能将这三类政策简化成两类政策——发展型政策与保护型政策。

（一）发展型政策和保护型政策暗含的政府角色取向

发展型政策和保护型政策反映了政府在发展型和保护型角色上的取向。

发展型角色旨在制定政策激励和规范直播市场的发育与发展，保护型角色则运用政策来保护劳动者的合法权益。浙江省委省政府兼具发展型和保护型角色——既要激励新业态的发展，又要兼顾从业者的劳动保护，例如，既要促进民营经济高质量发展，又要"研究完善新业态劳动用工和社会保险政策"。① 省级职能部门因职责限定而各有偏重，例如，浙江省市场监管局侧重于发展型角色定位，即"为加强网络直播规范，鼓励和促进直播电商健康有序发展"，启动了"绿色直播间"创建活动；② 浙江省人社厅"坚持统筹处理好促进新业态经济发展和维护好新业态从业人员利益两者之间的关系"，③ 但更多扮演的是保护者角色——出台了劳动权益保护的指导意见。地方政府则偏重于发展型角色的取向。金华市人社局、金华市市场监管局等部门开展直播销售员培训的目的是促进企业的转型与发展，把金华货销往全国、全球；④ 义乌市政府出台《义乌市加快直播电商发展行动方案》的目的是"推动直播电商跨越式发展"和扩大义乌这座城市的世界影响力。⑤

（二）发展型政策和保护型政策的成效

政府不同部门基于自身角色的定位出台了不同的政策，而这些政策又对

---

① 中共浙江省委办公厅、浙江省人民政府办公厅：《关于进一步促进民营经济高质量发展的实施意见》，浙委办发〔2018〕83 号，https：//www.heduibiji.com/hedui/209411.html，最后访问日期：2021 年 6 月 28 日。

② 新蓝网·浙江网络广播电视台：《浙江省"绿色直播间"创建方案》，http：//zjamr.zj.gov.cn/art/2020/11/9/art_ 1228969894_ 58998471.html，最后访问日期：2021 年 6 月 28 日。

③ 浙江省人力资源和社会保障厅：《关于优化新业态劳动用工服务的指导意见》，浙人社〔2019〕63 号，http：//www.hzldzy.com/detail-5096.html，最后访问日期：2021 年 6 月 28 日。

④ 奚金燕、郎静：《全国首个"带货网红"职业规范在浙江金华实施》，https：//www.chinanews.com/cj/2020/04-30/9173124.shtml，最后访问日期：2021 年 6 月 28 日；金思成：《金华市首期"千人千播"网红直播带货职业技能培训启动》，https：//zj.zjol.com.cn/news.html？id=1469015，最后访问日期：2021 年 6 月 28 日；参考访谈资料：20201112-W-SWJ，访谈人：陈治国。

⑤ 义乌市人民政府办公室：《关于印发义乌市加快直播电商发展行动方案的通知》，义政办发〔2020〕34 号，http：//www.yw.gov.cn/art/2020/6/22/art_ 1229142745_ 946576.html，最后访问日期：2021 年 6 月 28 日；参考访谈资料：20201102-M-YZH，访谈人：陈治国。

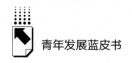
直播销售员的成长、行为规范与劳动保护产生了不同的激励或约束效应。

发展型政策的效应主要体现在直播销售员队伍的成长和直播市场规模的扩大上。金华市人社局下属的职业技能鉴定中心在市本级培育了持有《网络直播营销专项能力职业证书》的直播销售员1340名，在下辖的县市区培育了2400名。① 2020年9月底，义乌市人社局发放了6900本《电商直播专项职业能力证书》；② 街道、园区、工业企业、市场集团、妇联等单位也在组织普惠型的直播电商知识培训。③ 由此我们看到，培育和引入直播销售员的发展型政策一方面培育了市场所需的人力资本，为参训人员提供了就业和创业机会；④ 另一方面，有利于用人单位减少对直播销售员职业或能力证书持有者的考察时间和成本。⑤ 除了直播销售员队伍的壮大外，该项政策还产生了直接的经济效益，例如，2020年1~9月直播销售的营业额达141亿元，占义乌市网络销售额的10%。⑥ 侧重于市场规范的发展型政策，在一定程度上有利于规范直播销售员的能力认证和交易行为，但这些政策效应的充分显现仍需等待。

维护直播销售员劳动权益的保护型政策的效果也有待进一步观察。浙江省人社厅《关于优化新业态劳动用工服务的指导意见》的意图是着重解决骑手等从业者的职业安全保障问题，因为他们在送餐过程中发生身体伤害的案例最多；⑦ 金华市人社局的配套改革也主要体现在骑手的工伤保险和工伤补充保险制度上。⑧ 当然，直播销售员作为新业态的一个工种，同样适用浙

---

① 资料由金华市职业技能鉴定中心工作人员（未具名）提供，访谈人：陈治国。
② 参考访谈资料：20201102-M-CXH，访谈人：陈治国。
③ 参考访谈资料：20201102-M-CXH、20201102-M-YZH，访谈人：陈治国。
④ 参考访谈资料：20201102-M-CXH，访谈人：陈治国。
⑤ 参考访谈资料：20201013-M-JP，访谈人：陈治国。
⑥ 参考访谈资料：20201102-M-YZH，访谈人：陈治国。
⑦ 参考访谈资料：20201110-M-LCC，访谈人：陈治国。
⑧ 中共金华市委全面深化改革委员会办公室、金华市人力资源和社会保障局：《关于开展新业态从业人员职业伤害保障试点的指导意见》，金人社发〔2020〕65号，http://rsj.jinhua.gov.cn/art/2020/10/19/art_1229164922_1645744.html，最后访问日期：2021年6月28日。

江省人社厅《关于优化新业态劳动用工服务的指导意见》,① 但是截至目前,针对直播销售员劳动保护的政策细则尚未出台。

由此可见,基于发展型角色定位的政府部门出台了发展型的政策,侧重于保护型角色定位的政府部门发布保护型的政策。通过对政策效应的分析,我们可以发现在当前情形下,地方政府(尤其是金华市、义乌市)倾向于发展型角色的定位,即先力促直播销售员队伍的壮大和直播市场规模的扩大。

(三)政策存在的问题与具体建议

政府部门对自身角色的定位和特定的政策偏好,既能产生符合政策预期的效应,也会在一定程度上产生负效应,需要在下一阶段的政策调整中予以关注。

这些政策可能产生的负效应体现在三个方面。首先,激励直播销售员成长的政策效应可能受市场权力的干扰。普通的直播销售员获得的大多是免费的培训机会、从业机会、从业资格证书和较低水平的劳动保护等,而拥有强大议价能力的 MCN 机构或平台、腰部和顶流主播更能获得政策红利(政府奖励)。换言之,在效率原则下,市场资源最倾向于流向效率较高的腰部或头部主播和拥有较大议价能力的平台,这造成的后果是他们的市场权力过大,从而降低新从业者的存活概率。

其次,规范市场发展的政策效应受到强制力和配套措施的影响。金华市、义乌市人社局和浙江省电子商务促进会虽然制定了直播销售员职业能力认证的流程、标准等,但是它们并未成为全行业必须遵守的规范。相较于金华市、义乌市人社局和浙江省电子商务促进会,市场监管部门更具强制力,但是它需要进一步发展针对电商直播的监管技术和实施细则。

最后,针对直播销售员的保护型政策落后于发展型政策。浙江省人社厅已经在全国率先出台了《关于优化新业态劳动用工服务的指导意见》,为直

---

① 参考访谈资料:20201110-M-LCC,访谈人:陈治国。

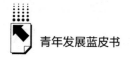

播销售员获得相应劳动权益保障提供了制度支持；地级市和县级单位启动了探索新业态从业人员（含直播销售员）劳动权益保护的步伐。但与处于起步阶段的保护型政策相比，发展型政策则有相对详细的操作标准——扶持的对象、供给的要素、奖励的标准等。

前述保护型政策和发展型政策是政府对自发的直播市场进行组织构造的起步阶段，对这些政策可能产生的后果需要进一步关注。市场的构造一般需要经历自发的构造（spontaneous making）和组织化的构造（organized making）两个阶段，[1] 而直播电商市场在经历了自发的构造阶段后，逐渐步入组织化构造的阶段。因此，在前述组织构造——政府、行业协会出台政策的基础上，我们提出完善直播市场运行的政策建议。

本文提出的初步建议有三点。第一，为削弱市场权力的效应，政府需要动用行政力量，利用政策引导一部分市场资源流向中小从业者，从而提高把潜在的求职者、创业者转化成直播市场实际参与者的概率。第二，市场监管部门需要设计专门针对电商直播的监管技术和实施细则，加大对直播交易环节的监管和处罚力度；行业协会需要逐渐转化为行业同盟，以集体的力量来排斥违规交易行为，净化交易环境。第三，政府部门需要加快探索新业态从业人员（含直播销售员）劳动权益保护的步伐，为他们共享"互联网+"经济的成果提供制度保障。

当然，以上提及的保护型政策和发展型政策的实现，最终依赖于政府部门对其保护型角色和发展型角色的定位与平衡。

参考文献

孟续铎：《网络主播劳动关系认定及劳动权益保障问题》，《中国人力资源社会保障》2019 年第 9 期。

---

[1] Aspers, Patrik, 2009. "How are markets made?", MPIfG Working Paper 09/2, Max Planck Institute for the Study of Societies.

　　王立明、邵辉：《网络主播劳动者地位认定的困境、反思和出路》，《时代法学》2018 年第 5 期。

　　仇贻泓、王怀忠、薛卫东、蔡杰：《浙江省新业态劳动用工问题研究》，《中国劳动保障报》2018 年 12 月 21 日。

　　钟涛：《直播电商的发展要素、动力及成长持续性分析》，《商业经济研究》2020 年第 18 期。

　　Aspers，Patrik，2009．"How are markets made？"，MPIfG Working Paper 09/2，Max Planck Institute for the Study of Societies.

B.20
奉节县农村依托互联网平台的新职业青年发展研究

石金群　金　令[*]

摘　要： 随着"互联网+"广泛走进农村，网络经济已经成为贫困地区青年创业的重要选择。奉节县适时把握住电商发展和电商扶贫新趋势，大力推进农村电子商务，制定供应链物流、扶持和奖励等促进电商发展的相关政策，使农村电商得到快速的发展，出现电商、微商、网络直播和短视频博主等以互联网为依托的新兴职业形态，青年成为这些新兴职业群体的主体。保障新就业形态青年劳动者的基本权益，建立健全适合新职业青年的社保政策和服务体系，更好地完善新兴职业青年群体的教育和培训制度，形成政府和利益相关方共同参与治理的格局，是相关政策的未来发展方向。

关键词： 互联网　新兴职业形态　新职业青年　奉节县

一　研究背景

（一）农村互联网和电商的发展

互联网自20世纪诞生以来，已经渗透到日常生活的各个方面。近年来，

---

* 石金群，中国社会科学研究院社会学研究所副研究员；金令，中国社科院大学社会学系硕士研究生。

网络扶贫行动纵深发展取得实质性进展，并带动边远贫困地区非网民加速触网。在网络覆盖方面，贫困地区通信"最后一公里"被打通，截至 2020 年 11 月，原贫困村通光纤比例达 98%。① "互联网+农村"的发展模式为乡村振兴提供了新的思路和良好的脱贫攻坚渠道。

农村电商作为实现乡村振兴的重要载体和手段，引起国家的高度重视。2014~2019 年，农村电商已经连续六年被写入中央"一号文件"，国家要求加快推进农村电子商务的发展。在国家积极政策的引导下，农村电商发展迅速。2009 年，全国仅有 3 个电商村。到 2019 年，已有 4310 个电商村、1118 个电商镇和 95 个电商村集群，分布在全国 398 个县（区），销售额超过 7000 亿元，带动就业岗位超过 683 万个，活跃网店达到 244 万个。② 在农民网商这一群体中，青年农民网商因拥有互联网思维、了解游戏规则、具备现代性经营理念和市场意识等绝对优势以及家庭代际分工的安排，成为农民网商的主体。截至 2018 年，据统计，从年龄结构看，电商村年龄在 30 岁及以下的年轻人占比已高达 51.8%。③

20 世纪 80 年代以来，我国农村出现了大批劳动力向城市转移的现象。然而随着劳动力成本的上涨、城市人口规模的扩大，许多外来就业人员逐渐遭遇社会融入与社会保障等诸多问题，返乡现象也伴随着外出务工现象不断发生。尤其近些年来，随着乡村振兴战略的提出，农业农村经济迎来重大战略发展机遇，越来越多青年选择返回家乡就业。

（二）奉节县农村电商发展背景及基本发展情况

1. 奉节县的基本情况

奉节地处长江三峡第一峡瞿塘峡入口的上游，位于大巴山渝东平行岭谷

---

① 中国互联网络信息中心：第 47 次《中国互联网络发展状况统计报告》，http：//cnnic. cn/gywm/xwzx/rdxw/20172017_ 7084/202102/t20210203_ 71364. htm。

② 阿里研究院：《淘宝村十年：数字经济促进乡村振兴之路》，https：//www. vzkoo. com/doc/5639. html。

③ 阿里研究院：《中国淘宝村研究报告》，http：//www. sohu. com/a/209373410_ 758267。

区和七曜山交汇处，长江三峡库区的腹心，是重庆市的东大门。全县面积 4098 平方公里，长江横贯其中部，山地面积占总面积的 88%，其中海拔 1000 米以上的山占总面积的 80%，境内山峦起伏，沟壑纵横，由于自然条件相对较差，全县长期处于贫困落后的局面。截至 2018 年底，奉节县下辖 29 个乡镇、3 个街道办事处，1 个西部新区管委会，户籍人口 105.81 万人，其中非农业人口 28.00 万人，农业人口 77.81 万人，常住人口 72.79 万人。

2. 扶贫与农村产业发展

奉节县自实施脱贫攻坚战略以来，结合当地产业发展，以贫困村、贫困连片地区为重点，大力发展中药材、油橄榄、晚熟脐橙和乡村旅游为主的四大扶贫产业。

近年来，全县围绕"一户一个标准园、一人一亩高效田"的目标，布局"4+3+X"特色产业，发展 80 万亩以上的产业、80 余类农特产品。总体形成"七分果、两分菜、一分药"的农业产业格局，成为全国优质农产品基地大县。

奉节县鼓励和引导返乡农民工借助"互联网+"信息技术，吸纳农村闲散劳动力，大力发展农副产品、特色旅游产品、手工艺品加工等产业；进一步建立健全促进农民工返乡建设的服务体系和工作机制，广泛调动农民工返乡创业以及各方支持创业的积极性。

3. 农村电商的兴起与发展

由于地理位置特殊，奉节县面临销售渠道单一、销售困难的瓶颈。2014年，奉节县与阿里巴巴对接，推进农村淘宝千县万村工程，创造了当时的 4 个"全国第一"：全国最多开业村点（60 个）；全国最长物流线路（1386 公里）；全国最大县级交易额（1210 万元）；全国最大单个村点交易额。2018年 1 月 18 日，阿里巴巴集团宣布的十大电商脱贫样板县里，奉节县是重庆唯一入选的区县。

4. 随农村电商发展而出现的新就业形态：电商、微商、直播

随着奉节县农村电商的快速发展，电商、微商、直播、短视频博主等新就业形态逐渐出现。就直播而言，2019 年 8 月，奉节县基于东西协作项目

支持，与阿里巴巴合作，培育本地网络带货主播125名，打造了网络扶贫直播基地。同时，在安坪镇、朱衣镇、草堂镇建设4个村级直播基地，使得电商直播资源得以在最基层下沉，完成了由城市走向乡村的直播基础设施建设。

相比于电商，微商的准入门槛低，相关行业规范也不是十分严格。因此，对很多小农户或是缺少资本的个人创业者来说，微商成为其创业或增加销售渠道的另一重要选择。但因为存在准入门槛与行业规范的问题，微商呈现分散、难以管理等特点。

二 奉节农村依托互联网平台的新职业青年发展现状及特点

（一）14~35岁农村青年的基本情况与就业模式的变迁

青年是参与社会生产生活的重要群体。随着乡村振兴战略的深入实施，当前在农村的青年不仅包含一直成长生活在乡村的传统农村青年，还包括一大批返乡就业创业的新农村青年。

传统农村青年与其父辈之间并没有太大的区别，主要从事第一产业，也有少部分由于村镇的发展变化而流向第三产业，以期望获得更高的工资收入。但是整体而言，并没有实现与父母辈差别较大的阶层转变。这部分青年在奉节农村不多，跟其他地区一样，大部分农村青年会选择外出务工。

但随着乡村振兴与"互联网+"的发展，越来越多的流动青年出于大城市的生活成本过高、生活压力过大等原因选择返乡就业创业。在此背景下，奉节县也出现了一批返乡创业青年。尤其是近些年农村产业快速发展，农村劳动力出现短缺，这吸引一批青年返乡创业。

相比于一直留在农村生产生活的传统青年，新农村青年在职业选择方面更多元化。首先就生产方式而言，新农村青年在生产方面会有选择性地融入诸多现代性的要素，如学习新技术、积极创新和采用新生产模式等。"园下

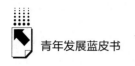

经济"、"林下经济"以及"立体农业"等概念近年来十分火爆,奉节县作为依托农业发展的大县,也在推广学习此类农业生产方式。

除了生产方式以外,销售环节的创新也是新农村青年的一大特色。在互联网迅速发展的当下,"互联网+"农业为农业发展提供新的解决思路,同样也为农村青年就业创业提供主播、电商以及短视频博主等新职业。在奉节县,同样出现了以青年为主体的此类新职业群体。

（二）农村青年电商、微商和网络直播的发展情况

目前来说,奉节县当前依托农业与"互联网+"所产生的新就业形态主要为电商、微商和主播三种类型。奉节县作为全国电商村之一,电商文化普及度相对较高,从各级政府部门到各村村民对此都有不同程度的了解和参与。奉节电商主要销售的依旧是第一产业产品,如脐橙、鸡蛋、腊肉、脆李、黄桃等。其中脐橙及其相关产品是奉节电商推广的主要产品。

然而奉节县电商并不是我们所理解的自产自销的传统电商模式,更多的青年基于电商投入运营成本大、自身规模小、农产品季节性强等原因并没有自己成立电子商铺。因此存在以下几种类型:第一,联合运营型。这种主要存在于农作物种类相似、生产地较为集中且基础设施较好的区域,部分农户甚至村庄会进行农户或村庄的联合销售,这样几个农户或者部分村庄之间共有一个或几个淘宝店铺,扩大供货渠道的同时也节省了店铺运维成本。第二,中介电商型。这种电商更类似于中间商的角色,其自身不一定是产品生产者,仅仅是作为沟通农户与消费者的中间商角色存在。此类电商经营者为了维护店铺运营与店铺等级不仅从事季节性的农副产品销售,也会销售其他产品甚至是与其他地区的相关生产者联动从而保证店铺口碑与活跃度。第三,自产自销型。此类电商经营者在奉节数量较少,就调查所观察到的具有代表性的是一些受季节性影响较小的农副产品如腊肉、脐橙酒等。第四,朋友圈/口碑联动型。这类居多数,主要代表如无微店、靠朋友圈等进行产品销售的微商,主要利用自己的社会网络从事销售。这类微商不需要经营店铺,这成了许多外出返乡青年的销售方式。外出的经历扩大了他们的社交

圈，增加了他们的销售渠道。但由于缺乏相关平台的约束，也容易在销售以及售后环节出现较多问题。

随着电商发展逐渐产生一批互联网营销师。奉节县所打造的网络主播，以及各类带货类短视频博主都在此列。相对于后者而言，前者在奉节县的发展更体系化、规模化。2019 年 8 月以来，奉节县与阿里巴巴合作，开展电商直播培训 2000 人次，培养网络主播 125 名，打造本土网红 30 余人。除当地政府支持培养的网络主播以外，奉节还有很多本地自发探索的网络主播，比如很多村有自己的网络主播，通过自学和模仿来销售自己的农副产品。然而，由于尚未打造出良好的电商品牌，相应地，带货主播工资收入并不足以满足日常生活需要，因此多数选择从事互联网营销师的青年仅仅将其作为一种兼职。

三 奉节相关的政策、管理与服务

奉节县与互联网相关的电商、微商和网络主播等青年新职业群体的发展离不开相关的政策、管理与服务的支持。

（一）青年新职业群体的就业市场培育

好的产品是电商、微商和网络主播职业存在和发展的基础。奉节县电商、微商和网络直播新职业群体的兴起与农村产业的发展密不可分，而农村产业的发展离不开奉节县的扶贫与农村产业发展政策。

1. 扶贫与农村产业发展政策形成一定的产业发展基础

"十三五"规划期间，奉节县根据自己的地理特征，形成了独具特色的"三带"农业发展模式。低山高效农业带，重点发展脐橙、蔬菜、生态渔业；中山立体农业带，重点发展粮油、油橄榄、草食牲畜、蚕桑；高山生态农业带，重点发展红豆杉、烟叶、中药材、高山蔬菜。大力发展生态产业，"甜蜜产业"脐橙、"黄金产业"油橄榄、"康养产业"中药材等山地特色高效农业蓬勃发展，形成以 33 万亩脐橙、13 万亩油橄榄、13.5 万亩中药材

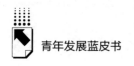

等为主导的"4+3+X"产业体系，脐橙产量达 30 万吨，综合产值达 24.3 亿元，品牌价值达 182.8 亿元，居全国橙类第一。

为提升产品质量，奉节县积极推动农业科技进步。依托西南大学、重庆市农科院、重庆市林科院等科研院所和市级农业技术推广服务单位，围绕"333"特色产业建立一批产学研融合的特色产业技术研发中心，强化技术成果的引进与转化。大力实施高产创建工程、示范推广工程，加快良种化进程，完善科技特派员制度，加强农业科技推广。加强农业科技队伍建设，大力引进首席专家，着力培育乡镇一级农业科技人员和新型职业农民。完善农业社会化服务体系，支持主体多元、形式多样、竞争充分的农业社会化服务。健全农产品质量安全及追溯体系。

"十四五"期间，奉节县将继续深入实施特色产业提升工程，大力发展"4+3+X"特色农业，重点构建以脐橙为主导产业，油橄榄、脆李、中药材为先导产业，优质粮油、蔬菜、桑蚕、烟叶、山羊、生猪为特色产业的农业产业结构，采用循环农业理念建成"1+3+N"山地特色高效农业体系。加强优势产业品牌培育。在各种产业优势产区创建国家级、市级和县级现代农业产业园，引导产业实现园区化发展。以创建园区为契机，提升农产品标准化水平和农民组织化水平，加强质量安全监管和品牌培育，提高农产品的综合效益。

这一系列产业政策为奉节县农村互联网相关职业的发展奠定了坚实的就业市场基础，吸引大量外出青年返乡从事农村产业及与之相关的职业。

2. 适时把握电商发展和电商扶贫新趋势，大力推进农村电子商务，制定促进电商发展的相关政策

奉节县作为全国优质农产品基地大县，因为特殊的自然条件一直面临着销售渠道单一、销售困难的瓶颈制约。为推动县内农产品的销售，2014 年，奉节县政府与阿里巴巴对接，推进农村淘宝"千县万村"工程。2016 年中央网信办、国家发展改革委、国务院扶贫办联合出台了《网络扶贫行动计划》。奉节县积极与阿里巴巴集团对接，借助电商促扶贫、互联网减贫政策，继续推进农村淘宝"千县万村"工程，建起农产品对接大市场的桥梁和纽带，走上了电商脱贫新路。截至 2019 年底，全县网销农产品突破 4.5 亿元，带动贫困户家庭户均增收 6000 余元，位于中西部第一。

电商是一项帮助农村突破信息和物流瓶颈、带动农民增收致富的民生工程。奉节县十分注重电商的进一步发展，引导村淘合伙人做创业开路人、致富带头人、诚实守信人、邻里和谐人，形成独特的村淘文化；培育村淘合伙人成为联系村民的纽带，有的免费为村里老人理发，有的提供设备供留守儿童与外出务工父母视频通话；成立电商夜校，定期组织电商活动，开办电商沙龙，承办淘宝大学"领路人"高级研修班第六期，全国各地 30 多位县委书记、县长到奉节培训；加大宣传力度，扩大奉节电商的影响力，随着奉节农村电商蓬勃发展，奉节电商先后被中央电视台、《人民日报》、《农民日报》、凤凰网等媒体报道（转载）100 余次。奉节连续三年被评为全国农村电商最具发展活力和最具影响力县域。

除了与大的电商平台合作外，奉节还积极支持本土电商平台建设，完善商品展示、信息发布、在线交易、物流配送、金融结算、数据分析、系统管控等功能，构建特色农产品进城的线上通道。加快建设县级农村电商运营中心，大力推进乡镇级和村级电子商务服务站建设，构建农产品网络销售体系和农村网络消费服务体系。组织本地电商企业与各大平台的专题活动实现对接。通过对接阿里巴巴的淘乡甜频道、天猫农场、盒马鲜生直采奉节脐橙；"饿了么"组织线下商家集中采购，平台增设奉节脐橙销售专区；苏宁易购"拼购爱心助农活动"和京东商城"全国生鲜产品绿色通道"活动都开有奉节农产品专区；联合天猫近千家腰部以上生鲜商家进行商品长期销售，实现B2b2C 模式触达消费者；每日优鲜、本来生活、品匠严选等生鲜电商自营直采；拼多多、云集、贝店、有赞、萌推、爱库存、每日一淘等社交电商也与本地电商企业实现了商家联销。截至 2020 年，奉节脐橙线上销售额达 5.4 亿元，其他农特产品实现网络销售额近 3000 万元。

3. 大力发展物流服务业，构建综合立体现代物流体系，打通销售的瓶颈，促进电商的快速发展

电商为奉节提供了新的发展机会，但还需突破现代物流的瓶颈。"十三

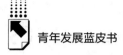

五"期间，奉节县为推进电商发展，以长江黄金水道、高速公路、铁路和机场为依托，加快建设区域性奉节物流园，打造康乐、朱衣、白马三大专业物流园区，构建"一园三区"物流新格局，大力推进铁、公、水多形式联运，形成集货物集散、装卸、流通加工等功能于一体的多元化物流园区。围绕物流园，积极推进草堂、兴隆、吐祥、甲高、公平、竹园等重点商贸集镇的物流配送中心建设，重点发展农产品等大件散货物流，积极开展贸易、信息交流、商品展示等增值服务，加强对渝东北、陕南、鄂西地区的物流集聚辐射能力。推进农产品物流服务体系建设，支持乡镇建设产地集配中心。培育第三方冷链物流企业，加快建设渝东冷链物流基地及农产品展示展销市场。

"十四五"规划期间，奉节将继续发展壮大现代物流，联动奉节"三铁四高三港两机一网"大交通格局，打造"通道+枢纽+网络"的物流运行体系，建设渝陕鄂现代商贸物流基地，提升产业集聚能力。培育发展高铁物流、空港物流、冷链物流等业态，降低物流成本，挖掘企业"第三利润源"，塑造产业竞争优势，重点推进白马物流园、康乐物流园、西部新区物流园、高铁新城物流园和康乐货运枢纽站、白马货运站场、观武镇货运站场的项目实施。整合快递物流资源，提档升级智慧物流配送系统，打造县乡村三级物流体系，组建配送联盟，提升"最后一公里"服务能力。

（二）青年新职业群体的职业培训——多维度孵化"网络直播"人才

在培育青年新职业群体就业市场的基础上，奉节县积极借鉴新职业发展模式，培养青年新职业群体向有技能的方向发展。随着电商、微商以及抖音、快手等直播平台在奉节县的发展，尤其是2020年受新冠肺炎疫情影响，线下消费走弱，直播为商家和消费者搭建了一个桥梁，大大扩大了传统行业的销售半径。互联网的便利性，加上奉节优势的农产品资源，使得网络直播快速发展。奉节县政府看到这一新职业的发展趋势和前景，积极为网络直播这一新职业群体提供职业培训和服务。

奉节县积极打造奉节农产品直播基地，成为全国电商扶贫村播计划首批试点县之一。2019年得到阿里巴巴的支持，利用鲁渝合作项目资金建立了网络扶贫直播服务中心，打造县域电商升级项目，利用淘宝、抖音、快手等热门平台培育孵化奉节特色的主播，邀请来自杭州的专业团队运营。县网络扶贫直播服务中心包括公共服务办公区、产品展示区和8个直播间，在乡村建设5个直播间，获评阿里巴巴"2019年度淘宝直播村播计划示范县"。

该项目从2019年设立以来，累计培训超过2600人次，培养主播230多名，助力奉节直播带货超过5000万元，组织各类直播带货活动近300场次，带动县内几乎所有商家积极从事电商直播销售，帮扶贫困户销售产品超过1000万元。组织开展奉节电商主播直播大赛，通过海选、推荐等方式汇集网红人才资源。培养出扶贫青年主播"葱花儿"，受到央视《焦点访谈》栏目的专题报道。《人民日报》、学习强国、《重庆日报》、《农民日报》、《中国扶贫》等众多国家级媒体多次关注和报道。

（三）青年新职业群体的服务

奉节县围绕电商发展出来的新职业群体以青年为主体，县农委、商委和团委等部门积极为这些青年新职业群体提供各种形式和维度的支持与服务。

1. 青年创新创业促进会

该会是共青团重庆市委领导下的由创业导师、创业青年和帮助青年创新创业的各界人士自愿组成的联合性、非营利性的社会组织。以实现"共促青年创新创业，建设西部创新中心"为目的，积极整合创业导师、创业孵化机构、投资人等创新创业资源，打造全市青年创新创业生态圈，竭力为创业青年提供学习与交流的平台、合作与发展的平台。定期组织服务创新创业青年的导师担保、融资服务、创业沙龙、创业培训、创业大赛、项目巡诊、项目对接等活动，为新职业青年提供法律援助、政策解读、担保贷款引导等方面的帮助，成为青年新职业群体咨询、交流和合作的平台。

2. 互联网+众创空间

2017年，奉节在县城西部新区胡家社区建立了互联网+众创空间，由创

客空间、创客咖啡和创业平台组成。创业基地建设 3000 平方米的电商产业园为创客提供固定的场所、开放的电子设备、软硬件共享等，包括电商企业孵化园、电商创业园和跨境电商园。创客咖啡主要为园区商家提供生活配套服务，是集功能用餐、便利店、商务、文化交流、娱乐休闲于一体的小型循环产业圈。

该创业平台主要提供以下三项服务：一是提供信息服务，建立物流公共信息和政策咨询平台，打造创业资源对接平台，实现创业信息、创业资本的对接。二是提供数据服务，建立"互联网+"大数据中心和资源共享机制，实现数据共享。三是提供人才服务，建立"众创空间"创客培训中心，举办各类创业竞赛、创业沙龙、创业培训等活动。

互联网+众创空间分为综合服务区、网商创业区、创业孵化区、跨境电商区、培训会务区、生活服务区、资源展示区和物流仓储区。政府提供房租补助和创业补助，在全市开展优秀电商企业评比活动，对获奖企业进行表彰奖励。

3. 青年会客厅

青年会客厅是奉节县共青团"青橙"品牌专属的平台阵地，旨在拉近各职能部门与青年、青年与青年之间的距离，就青年关注的创新创业、求学入职、心理健康等问题进行交流，打通共青团联系青年的"最后一公里"。自 2018 年运行以来，已举办活动 20 余场次，累计服务青年 13000 余人次。

4. 新型职业农民（现代青年农场主）孵化基地

为加强特色产业技术指导，奉节县由政府购买技术服务，大力实施新型农业经营主体带头人和农机大户、农机合作社轮训与现代青年农场主培养计划，创建一批新型职业农民（现代青年农场主）孵化基地。2020 年新创立两个创业孵化基地。凡进入全市现代青年农场主计划，经培训合格持证的青年农场主均可申报。孵化基地为孵化对象提供技术支持、创业培训、创业实训、经营管理指导、政策指引、信息咨询和后续跟踪指导等专业化服务及相应的后勤保障服务。基地积极探索农产品销售电子商务模式，增收效果明显，示范带动作用强。计划坚持"政府主导、部门参与、统筹规划、业主自愿"和"创业主导和专家指导相结合"的原则,发挥这些基地创业孵化为主、多种功能综合集成的效应,成为新型职业农民和农村实用人才培训的课堂。

5.共青团特色品牌——"青橙"系列

这是由共青团奉节县委举办的一系列活动。2018年以来,举办了"归来青橙"分享会、"青橙创业沙龙"经验交流座谈会等多项"青橙"系列活动,为有志青年服务家乡,为全县就业创业青年脱贫致富提供新渠道,为新兴职业领域青年提供心理咨询。组织创业巡视,市县青年代表、创业成功的青年企业家对接正在创业的人,给他们一些指导、建议。共筹集到对口帮扶资金59.39万元,开展专题培训6期,累计培训600余人,培育农村青年致富带头人86人,帮助120名农村青年实现就业创业,其中包含以互联网为平台的新职业青年。

(四)青年新职业群体的扶持与奖励政策

1.电商扶持政策

扶持对象为备案在册的农村带头致富且从事农村电商经营的企业或个人。第一是网货供应基地奖补政策。支持农村致富带头人建设特色农产品网货供应基地,用于农村产品分级、包装、预冷等产地初加工和商品化预处理。对建有农特产品网货供应基地,且被认定为市级网货生产基地的,一次性给予奖励50万元。第二是网络营销扶持。对通过电子商务平台线上销售经国务院认定的奉节县扶贫产品的带头人,按奉节脐橙营销奖扶办法等扶持奖励政策执行。第三是物流配送扶持。支持致富带头人建设完善电商集配中心和农产品冷链物流体系。按照不高于投资总额的50%进行补助,最多不超过30万元。致富带头人参加由县商务委组织的西洽会、渝交会、西部农交会、东西扶贫协作展销会、扶贫爱心购等市内外展示展销活动,市内(本县外)给予1000元物流补助,市外给予2000~4000元物流补助。第四是网销品牌培育扶持。支持致富带头人基于"4+3+X"产业布局,按"1+3+N"品牌培育体系培育适合网络销售的品牌。若品牌知晓度、美誉度高,

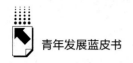

带动相应产品销售效果好，对品牌培育和推广费用按不超过实际发生额的50%补助。第五是电商公共服务扶持。支持致富带头人在当地乡镇、村（社区）建设电商公共服务站点，完善服务功能。对经营业绩好、服务作用大、辐射带动强并创建为示范点的站点，按照每个 1 万~3 万元的标准给予建设补助。第六是电商培训扶持。为有培训需求的致富带头人提供免费电商技能培训。

2. 电商销售奖励政策

首先是设立网络销售等级奖。设立特等、一等、二等、三等四个等级。通过第三方网络销售平台、社交电商平台销售奉节脐橙，网络销售金额分别达到或大于 2500 万元、1000 万元、500 万元、200 万元的，县政府授发奖牌，分别奖励 100 万元、30 万元、20 万元、10 万元。其次设立网络销售比例奖。对授权经销商或授权网络平台分销商，未达到奉节脐橙网络销售等级奖的数量要求但销售额大于 10 万元的，可获得网络销售比例奖。县政府按其销售额的 5.0%进行奖励。奉节还设立网络销售物流补贴、线上推广活动补贴和优秀微商补贴。对严守信用、网络评价良好、微信销售奉节脐橙 10吨以上的优秀微商，县政府奖励物流补贴 5000 元。

四　经验总结与未来的政策发展方向

奉节县电商、微商、直播和短视频博主等青年新就业形态的出现和发展得益于奉节县以下两个方面的努力和尝试：一是积极培育新职业就业市场；二是抓住电商发展新契机，积极推动电商新业态发展，出台相关政策，做好相关管理与服务。奉节县抓住互联网发展带来的新契机，积极推动互联网相关新业态的发展，出台相关政策，做好相关的管理与服务，推动出现电商、微商、网络直播和短视频博主等以互联网为依托的新兴职业形态，青年成为新兴职业群体的主体。

不过，从前面的分析我们可以看出，奉节县更注重的是新职业发展的前端，比如制定产业发展政策，为电商、微商、网络直播创造各种创业和就业的机会；积极抓住电商发展的机遇，带动本地电商的发展，孵化出多种新的就业形态。对新职业群体发展后端的关注相对薄弱，比如如何保障新就业形态劳动者的基本权益，建立健全适合新职业群体的社保政策和服务体系，更好地完善新兴职业的教育和培训制度等。虽然奉节县从事电商微商的青年很多，网络直播行业也正在兴起，但经营多处于原子化状态，缺乏完善的统计调查和登记制度。全民电商，在营销、做整体品牌的时候做了很大贡献，但是也面临品质、标准不一样的问题。

此外，尽管奉节县各部门注意到新就业形态和新兴职业群体的兴起和意义，分别制定了一些政策，但部门之间的协调还有待加强。随着电商竞争越来越激烈，尤其是一些恶性竞争现象的出现，保障新就业形态劳动者的基本权益，实施一系列专门针对新就业形态发展的就业扶持政策，形成政府和利益相关方共同参与治理的格局，将是相关政策的未来发展方向。

Abstract

The emergence of the Internet has brought about profound changes in economic form, industrial pattern and business process, and various new occupations represented by Internet marketers, network drivers, couriers and electric campaigners have emerged with the development of new economy and the emergence of new business patterns, and the size of the group has gradually expanded. In April 2019, February 2020 and July 2020, a total of 38 new jobs were released in three batches. Youth account for a larger proportion of new occupational groups. Overall, 92.13 percent of new professionals in the service industry are under the age of 40, and 90 percent of new professionals are in their late 80s. Due to the differences in professional characteristics and professional needs, the new occupation relying on the Internet also has a certain gender aggregation, in several types of more mainstream new occupations, network distribution workers, network car drivers and e-racing practitioners are male as the main body; At the same time, the educational level of the youth groups engaged in various new occupations presents a certain level of education stratification. Data show that the proportion of students with college education and above is 68%, the proportion of those with high school and secondary technical education is 25%, and the proportion of those with secondary and lower education is only 7%. About 66.57 percent of the new vocational youth are basically middle-income groups with a monthly income of between 2000 and 10,000 yuan, while 24.59 percent of the new young people's occupations belong to high-income groups with a monthly income level of more than 10,000 yuan.

New jobs are accompanied by new ones. The problem of employment market cultivation of new employment forms and the labor security of new employment forms are two equally important issues in the development of new employment forms, and are also policy issues that need to be found in the direction of development. The emergence of new employment patterns has not only changed the operating pattern of the labor market, but also created a new labor market, that is, the transaction between workers and service consumers can rely on this new "place". In this market, the competitive characteristics of the traditional labour market and the way the system works have changed. Because of the flexible form of employment in new occupations and the complex and diversified employment relationship, some of them are difficult to be included in the scope of adjustment of the existing labor security laws and regulations, and the problem of labor rights and interests protection is highlighted. In addition, the emergence of new economies and new employment poses new challenges to government regulatory and legal policy frameworks. The Chinese government has explicitly proposed to reduce the cost of compliance for enterprises, encourage the development of new economic conditions on the platform, optimize and improve market access conditions, strengthen the rule of law guarantee for the economic development of the platform, and provide policy conditions for the future development of the new economy. At the provincial, municipal and county levels, such as Shenzhen, Zhejiang Jinhua and Chongqing Fengjie counties mentioned in this book, the government has introduced policies to promote the development of new employment.

The self-social status evaluation of new occupational groups is generally low. There are obvious differences in the evaluation of self-social status of different types of new occupational groups, and the instability of new occupations, the imperfection of job security and the uncertainty of career development are the main reasons for the low social prestige of new occupational groups. Within the new occupational group, the situation of cultural capital and skill capital possession is the main reason for the difference in the self-social status evaluation of different types of new occupational groups, and the new occupational group with lower cultural capital and skill capital evaluates its social status lower. Emerging occupations have been integrated into and significantly affect people's daily lives,

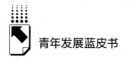
and new occupational groups should also receive social respect and social recognition that matches their professional roles. The researchers suggest that the government should increase the guidance and guarantee for the career growth of new groups, explore the establishment of new social security mechanisms, do a good job in intellectual property rights, legal, psychological and other services, and open channels of interest expression, expand the social participation of new Occupational groups, so as to enhance the professional reputation of new Occupational groups.

The development of new Occupational groups is not only related to industry enterprises, but also closely related to trade associations, universities and other social organizations. At present, trade associations should go beyond the special interests of individual market subjects, pay attention to the social benefits and long-term development of the industry, and carry out coordination activities among market subjects, government regulators, news media and the general public. Colleges and universities, especially higher vocational colleges, should connect with the new vocational market in all directions, give full play to the characteristics of higher vocational schools, improve the quality and efficiency of students' training, and enhance their employment competitiveness.

The emergence of new occupations based on Internet platforms has revealed the direction of future job market development. At present, the development of this new occupational group is still in its infancy, the state and the government should further speed up the special legislation, combine the construction of the supervision mechanism of the Internet platform, raise the level of labor rights and interests protection of the new occupational group, establish and improve the new occupational supervision and management mechanism, increase the vocational training of the new occupational group, and promote the healthy development of the new occupational group. Since youth is the main force of the new professional group, protecting the rights and interests of young people and promoting their all-round development are the indispensable themes.

Keywords: Youth; Internet Platform; New Occupational Groups

Contents

Ⅰ General Report

Abstract: With the development of information technology, the social governance model, industrial pattern and business process have undergone profound changes. New occupations have emerged with the development of the new economy and the emergence of new formats, and the size of the group has gradually expanded. Young people account for a large proportion of the new occupational groups, and the "post-80s" and "post-90s" have become the mainstream groups of the new occupational groups, and are densely distributed in the life service industry. The gender differences between different new occupational types are obvious, and the educational qualifications are widely

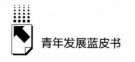
distributed. Under the guidance of the government's policy of supporting and encouraging entrepreneurship and supporting flexible employment, the new occupational groups have good prospects for development, and in the future, it is necessary to further accelerate special legislation, combined with the construction of the supervision mechanism of the Internet platform, improve the level of labor rights and interests protection of the new occupational groups, establish and improve the emerging occupational supervision and management mechanism, increase the vocational training of the new occupational groups, and promote the healthy development of the new occupational groups.

Keywords: Youth; Internet Platform; New Occupation

II　Sub-reports

B.2　The Development and Current Situation of New

Employment Forms in China　　　　*Chen Yun* / 025

Abstract: This paper analyzes the characteristics and concept connotation of new employment form from three aspects: new employment resources and opportunity allocation mechanism, new social relations and new forms of expression. The article also analyzes the economic and social conditions that affect the development of new employment patterns, including industrial upgrading, technological progress, new development concept, Internet plus strategy, digital economy development, and intergenerational alternation of labor force. This paper summarizes several specific forms of new employment forms, and analyzes the group composition of employees. In this article, some prominent problems about the new employment form are pointed out such as the insufficient growth of platform enterprises, the unstable career development of employees, the insufficient support of human capital, the increasingly prominent contradiction in skill structure, the unclear legal relationship between responsibilities and rights, the labor security of employees facing difficulties, the employment quality to be improved, the existing interest pattern and institutional structure obstacles, etc. The article also puts forward policy suggestions to promote the healthy development of new employment form.

Keywords: New Employment Form; Flexible Employment; Platform Employment; Digital Economy

B . 3   Demographic and Socio-economic Characteristics
of New Professional Youth Relying on the Internet

Ma Yan / 043

Abstract: This research focuses on the social and demographic characteristics of youth working in new occupations based on internet. The result shows that youth are the major of employees in new occupations based on internet, they are working in the different occupations due to their gender, and they have educational stratification. There are more channels for them to entering new occupations and the stability of their occupation keeps increasing. Comparing with traditional occupations, they have higher income, and their income are up to the level of middle-income group. Besides, they have flexible working time. However, they confront with some problems, such as the lower acceptance of their occupation in society, the lower stability of occupation, and the working time is relatively longer.

Keywords: Based on Internet; New Occupations; Youth; Social and Demographic Characteristics

B . 4   On the Cultivation of Labor Market
of New Forms of Employment   *Zhang Chenggang* / 065

Abstract: This research discusses the cultivation of employment market of

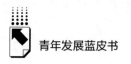

new employment forms. By analyzing the characteristics of the development of new forms of employment in China, this article analyzes the nature and objectives of the new employment forms of the employment market. This study believes that the goal of the cultivation of employment market of new employment forms is to promote the standardized development of the market and protect the rights of consumers and workers. As well as the interests of the public, form an orderly competitive and fair development pattern. Disputes on labor protection issues, inadequacy of regulatory and supervisory systems, the impact of the dual division of the labor market, the lack of workers' voice, the market power of two-sided markets, and algorithmic collusion, algorithmic discrimination, and other issues may affect the operation of the new job market. effectiveness. The path to fostering new employment forms and the employment market is not only highly related to platform development, but also the result of government regulation and governance. The government needs to identify the development stage of the platform and choose the right time to intervene to promote the cultivation of the new employment form of the job market. This study combines the above analysis and gives corresponding policy recommendations.

Keywords: New Forms of Employment; Cultivation of Labor Market; Regulation on Labor Market

B.5 Report on the Development of Vocational Training

for New Occupational Groups in China

Huang Xiangmin / 081

Abstract: Starting from the current situation of new profession development and new profession training in China, this paper briefly reviews the rise and development of new profession, analyzes the new employment characteristics of new profession group, and expounds the existing vocational training system and relevant policies and practices of new profession training in China. Based on the current situation, this paper analyzes the main problems existing in China's vocational training system and new vocational training from the four aspects of governments, vocational colleges, private vocational training institutions and new professional platform enterprises, and puts forward targeted policy suggestions to strengthen and improve China's training of new profession.

Keywords: New Profession; Vocational Training; Training Subject

B.6 The Protection of Labor Rights and Interests of New Occupational Groups

Zhao Biqian, Sun Yuxiang / 096

Abstract: With the rapid development of new formats, new professions are emerging in endlessly. New occupations benefit from the flexibility and tolerance of digital technology and platform forms, are presenting new features, such as strong work autonomy, flexible working hours, easy entry and exit, therefor attracting a large influx of young laborers, and providing diversified employment options for young people in the job hunting period. However, due to the flexible employment forms of new occupations and the complex and diverse employment relationships, some of them are difficult to be included in the adjustment scope of current labor security laws and regulations, and labor rights protection issues have become prominent. This article comprehensively analyzes the status quo and problems of labor rights protection of new occupation groups, and deeply analyzes the challenges faced by labor rights protection of new occupation groups. On the basis of summarizing the policy experience issued at home and abroad, local pilot projects, and the practical experience of enterprises, propose countermeasures and suggestions to protect the labor rights and interests of new professional groups.

Keywords: New Occupations; New Forms of Business; New Forms of Employment; Labor Relations

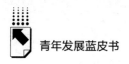

B.7　Trade Association and the Development of New
　　Occupational Group

　　—*The Case of Internet Broadcasting Industry and Anchors*

Xu Fayin / 113

Abstract: From the political-cultural theory of markets, the study of the network broadcasting industry, anchors and trade association indicates the development of new occupational groups depends on the overall development of new industries, and trade associations can help solve the problems faced by new industries and occupational groups by promoting social acceptance, regulating company operations, improving participants' abilities, and communicating with the government. However, it should be noted that, although trade associations can contribute to building industrial community in the early phase of new industry development, it still needs to adjust its membership structure and operation mechanisms, so as not to become the advocacy of sectoral interests.

Keywords: New Industry; New Business; New Occupational Group; Industry Association

III　Surveys and Field Studies

B.8　Status of New Careers in the Emerging E-sports Industry

Zhang Jieying / 130

Abstract: Along with the development of E-sports, the new professions of E-sports manager and E-sports player have emerged. Among the E-sports players, there are professional players, training partners and game levelers. Professional players are organized and managed by professional clubs. E-sports management involves the jobs of club manager, events manager and contents producer. For these jobs, it is not only the specific skills that are needed, but also the general knowledge of E-sports and the E-sports industry. A large part of the current practitioners in this line of work are young males, with fewer education, higher incomes and longer working hours. As the development of E-sports programs in many cities, there are a large number of positions vacant in this industry. For the human resource supply, it should be noted that the appropriate expertise and skills are important. As the industry grows, the games and clubs are getting more and more developed and formalized, the related works in this field should be professionalized.

Keywords: E-sports; E-sports Player; E-sports Operator

B.9 Research on the Professional Characteristics of Youth Live Streamers

Abstract: The current research analyzes the professional characteristics, professional psychology and career planning of youth live streamers through a survey of streamers aged 18 − 45. The results showed that (1) In terms of professional characteristics, the work intensity of youth live streamers is not small, the income is medium, and the social security is incomplete. (2) In terms of professional psychology, youth live streamers are highly satisfied with their jobs and identified with their job. Most of them believe that they are in the middle or lower social class, and are optimistic about future class promotion. The life pressure of the youth live streamers mainly stems from housing, income and health problems. They expect the standardization of the live streamers as an occupation and the opportunities of skills training. (3) In terms of career planning, youth live streamers are optimistic about the prospects of the live streaming industry, but lack confidence in their own career prospects. They are worried that they will be replaced with age and have little opportunities to income improvement. However, most of them still intend to continue live streaming in the short term. In the long-term planning, the number of people who plan to change jobs will increase. Based on the above research results, this article puts forward suggestions for promoting the career development of youth live streamers.

Keywords: Live Streamers; Youth; Professional Psychology; Career Planning

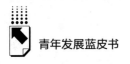

B.10　The Career Development Status of the Online Shop Owner

Liu Yuanyuan, *Zhao Lianfei* / 173

Abstract: After more than 20 years of development, the e-commerce industry has become an important driving force for national economic development, providing new ideas for solving employment and poverty alleviation. Relying on the rapid development of infrastructure, related industries, and the support of national policies, more and more people have entered the e-commerce industry to become online shop owners. What cannot be ignored is the increase in the number of women and shopkeepers from rural areas, which has changed the division of labor and regional development, for poor areas, online stores can help them solve the problem of agricultural product sales, is an effective means of poverty alleviation; For women, online stores can show the power of women to the society as a way to fight stereotypes. The entry threshold for opening an online store is low, but its development is constrained by many aspects such as consumers and the express delivery industry, which requires store owners to continuously improve their management and response capabilities. Although the state has issued relevant policies to encourage the development of the e-commerce industry, the social security system for employees in the policy is not yet perfect, which also affects the development of online shop owners.

Keywords: E-commerce; Online Shop Owner; Career Status

B.11　A Study of "Errand Service" in Cities

　　—About Online Couriers

Zhang Chenggang, *Xin Xili* / 190

Abstract: This study uses a combination of qualitative and quantitative methods to discuss the occupational characteristics and labor security status of online couriers organized on a network platform, and on this basis, we give policy recommendations to improve the development of young online couriers. This study believes that online couriers are mainly young male practitioners. This occupation has brought about an increase in monthly income for low-income workers, and also an increase in income satisfaction for practitioners. At the same time, worries about the profession are mainly reflected in the worry of unstable platform income, unstable passenger flow, unstable work, traffic accidents, public security accidents, work accidents or other accidents. Lack of social security is a risk shared by all age groups in this occupation. However, the proportion of practitioners who have not paid social insurance is still high.

Keywords: New Forms of Employment; New Occupation; Online Couriers; Online Delivery Staff

B.12 Youth Online Delivery Worker Research Report

Zhu Di, Wang Ka / 208

Abstract: With its flexible form of employment, online delivery agents absorb a large number of young groups such as migrant workers and college students, and make an important contribution to the promotion of employment. Based on a set of national survey data, this report investigates the overall demographic characteristics, work, family and living conditions, social attitudes and values of the online delivery agents, and understands the pressure and difficulties faced by the group, as well as the interest demands, so as to promote the growth and development of the new occupation youth. The study found that the employment of online delivery agents workers has greatly promoted the nearby employment—80% of the respondents are currently employed in the province, and their monthly income is concentrated in 4000−8000 yuan. However, the job is highly intensive, and a quarter of them do not have any welfare protection. Most of them come from rural areas, with inferior parental education, and have more than one child. Over 60% of them are in debt, the proportion of expected upward mobility is lower than the national level of economically active youth,

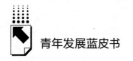
showing anxiety about their career and future. The proportion of turning to starting a business and school charging in the next five years increases, and more than 70% may return to hometown in the future. The report emphasizes that we should support and promote career development and life security of the new occupation youths from the aspects of implementing welfare protection and labor rights protection, strengthening vocational skills training, standardizing career promotion channels, expanding career development, and improving social support system at all levels, so as to promote social identity and social integration.

Keywords: Youths; New Occupation; Platform Economy; Occupation Development; Social Support

B . 13   The Work and Life of Young Ride-hailing Drivers

—Based on the Data of Didi's Online Ride-hailing

Driver Survey   *Zhao Lianfei* / 229

Abstract: Youth ride-hailing drivers are mainly male, "post-90s" and "90s" accounts for about half for each group, and nearly one-fifth has a higher education degree, and the distribution of academic qualifications is relatively concentrated." The child support pressure of young e-hailing drivers is at a moderate level, and the degree of income stability is lower than that of e-hailing drivers as a whole, and the purpose of engaging in this work is mainly to increase income and pursue free working hours. Young ride-hailing drivers have a strong sense of social responsibility; In terms of the degree of social respect for their profession, the degree of social respect perceived by young ride-hailing drivers is higher than that of non-youth ride-hailing drivers; Nearly half of young e-hailing drivers believe that driving an e-hailing car can be used as a long-term work option. The government still has a lot of room for improvement in improving the corresponding employment policies and services.

Keywords: Youth Ride-hailing Driver; Demographics; Employment Policy

356

IV Reports on Special Subjects

Abstract: The continuous emergence of new employment forms is the result of the joint action of the supply side and the demand side. The government in order to create a good business environment and promote the development of new forms of employment, introduced macro economy policy, labor social security field policy, new career release system policy, social management level policy, and so on policies. These policies have a preliminary understanding to the process of deepening understanding to clear support, is the full embodiment of the people as the center and the concept of the rule of law. Although taking an international perspective, the development of China's new employment forms is at the forefront of the world, the rapid development of practice has also led to some shortcomings in policies, such as inter-departmental coordination, strengthen the situation prediction, the scope of the new occupation policy is too narrow, and the labor relations and social security policies are still being explored. In order to deal with this problem effectively, it is suggested to enhance the inter-departmental coordination and governance capacity, prepare policy norms in advance, follow the market-oriented orientation, and adjust the labor relations and social security system.

Keywords: New Employment Forms; New Occupation; Youth Employment

Abstract: With the in-depth development of China's market economy,

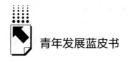

especially the rapid development of Internet platform economy, high-tech industry and experience service industry, a large number of new business forms and new models have emerged in China's social and economic development in recent years, and a large number of new occupation groups have emerged in the emerging economy. Taking the new occupational groups in Beijing as an example, this report analyzes the current situation, problems and causes of self-evaluation of social reputation of new occupational groups. On the whole, the evaluation of new occupational groups on their social prestige is generally low, and there are obvious differences in the self-evaluation of different types of new occupational groups. Compared with the occupational groups with higher social prestige, the instability of new occupation, the imperfection of occupational security and the uncertainty of career development are the main reasons for the low self-evaluation of social prestige of new occupational groups. Within the new occupation group, the difference in the possession of cultural capital and skill capital is the main reason for the difference in social reputation self-evaluation of different types of new occupation groups. The new occupation groups with less cultural capital and skill capital, such as online car Hailing drivers and online delivery workers, have lower social reputation self-evaluation. New occupations have integrated into and significantly affected people's daily life. New occupational groups should also obtain social respect and social recognition that match their professional roles. Therefore, this report finally puts forward policy suggestions to enhance the social reputation evaluation of new occupational groups.

Keywords: New Occupation Group; Social Prestige; Self Evaluation; Social Status

B . 16   Analysis of Cognition and Employment Intentions

of Students in Vocational Colleges and Universities

Zhao Lianfei , Chen Enhai / 270

Abstract: Vocational college students are an important part of the new occupational group. Vocational students are generally optimistic about the prospects for the development of new occupations and are willing to engage in new occupations after graduation. Since new occupations based on Internet platforms have only been developed on a large scale in recent years, the Ministry of Human Resources and Social Security has only included the relevant occupations in the national occupational directory in the last two years, which has led to a relative lag in education and training in the relevant occupations. In the training and education of new occupations relying on the Internet platform, there are problems such as students' insufficient understanding of new occupations, lack of classroom training in schools, and the system and mechanism for promoting the popularization of new vocational knowledge have not yet been fully established.

Keywords: Higher Vocational Students; New Occupation; Vocational Cognition; Employment Intentions; Guangxi Vocational & Technical College

B . 17   Analysis of the Slash Youth Phenomenon   *Lin Hong /* 285

Abstract: The rise or revival of the gig economy, as a result of the transformation of career and employment models from full-time work in a lifelong single workplace to a risk-filled flexible, diverse and decentralized employment system, is becoming a form of change in China's labor field; As an employment model of the gig economy, slashes are also becoming a form of employment advocated by young people around the world and China. This paper attempts to analyze the slash youth phenomenon from four aspects: the rise of slashes, the group portraits of slash youth, and the development status, dilemma and prospects

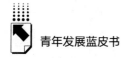

of slash youth, and provide a holistic understanding of this emerging youth group. Slash youth is not only a kind of feedback of young people on the de-standardization of labor in the context of global technological change, but also an innovation and exploration of labor organization methods based on individual values; This group has both the common characteristics of the development of the era such as post-industrial society, knowledge economy, and gig economy, and the new characteristics of "all-round human development" at the individual level. Through the slash youth phenomenon, it may be possible to better understand the specific trends in youth development.

Keywords: Slash Youth; The Second Job; Ling Gong Economy; Information Society

V Reports on Local Practice

B. 18 Shenzhen New Employment Form Development
and Related Policy Research Report   *Li Fujun* / 299

Abstract: In order to understand the development of new forms of business in Shenzhen and find out the development status of major industries and key enterprises, this paper investigates the e-commerce, Internet finance, housekeeping service, express logistics, home stay and other industries in Shenzhen to understand the development of employees in new forms of business and employment in these industries. At the same time, in-depth analysis is made of the current policy implementation situation and effect of supporting the development of new forms of employment and related employees in Shenzhen. It is found that there are problems such as the difficulty in statistics of new forms of employment and the difficulty in defining the labor relations of employees of new forms of employment. We put forward policy suggestions on establishing non-standard labor law benchmarks and establishing a public employment service system for flexible employees.

Keywords: New Formats; New Forms of Employment; Shenzhen

Contents ◣⟩

Abstract: The paper described and analyzed the policies incorporating incentive to the growth of livestreaming hosts, regulation of transaction behavior of hosts, protection for livestreaming hosts ' labor rights and interests in Zhejiang province. Firstly, local government fostered and attracted livestreaming hosts in the means of subsidizing and awarding in cash, providing an allowance for house buying, giving excellent livestreaming hosts' privilege of children's attending primary and junior middle schools, and improving industrial ecology. Secondly, local government guided livestreaming hosts' behavior through vocational ability training, and norms with voluntary compliance or enforcement. Thirdly, local government attempted to protect livestreaming hosts' labor rights and interests from the aspects of manner of employment, man-hours, social insurance, employment management, and labor dispute mediation in livestreaming economy. As a result, the quantity of hosts and scale of livestreaming market enlarged gradually.

Keywords: Livestreaming Host; Incentive to Growth; Regulation of Transaction; Protection for Labor Rights and Interests

Abstract: As " Internet +" has been widely used in rural areas, network economy has become an important choice for young people in poor areas to start businesses. Fengjie County poverty alleviation and rural industrial policies have

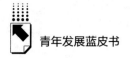 青年发展蓝皮书

promoted the development of Fengjie County's rural industries and the enrichment of agricultural products, attracting young people to return home and start businesses; Subsequently, Fengjie County in order to solve the sales difficulties and bottlenecks, timely grasp the development of e-commerce and e-commerce poverty alleviation new trend, vigorously promote rural e-commerce, develop supply chain logistics, support, reward and other related policies to promote the development of e-commerce, so that Fengjie County rural e-commerce has a rapid development. The emergence of e-commerce, wechat business, network broadcast, short video blogger and other Internet-based emerging occupational forms, young people become the main body of these new occupational groups. How to protect the basic rights and interests of young workers in the new forms of employment, establish and perfect social security policies and service system suitable for young people in the new occupation, better improve the education and training system of young people in the new occupation, and form the pattern of government and stakeholders to jointly participate in governance are the future development direction of relevant policies.

Keywords: Internet; Emerging Occupational Forms; New Occupational Youth; Fengjie County

社会科学文献出版社

皮 书

智库成果出版与传播平台

❋ 皮书定义 ❋

皮书是对中国与世界发展状况和热点问题进行年度监测，以专业的角度、专家的视野和实证研究方法，针对某一领域或区域现状与发展态势展开分析和预测，具备前沿性、原创性、实证性、连续性、时效性等特点的公开出版物，由一系列权威研究报告组成。

❋ 皮书作者 ❋

皮书系列报告作者以国内外一流研究机构、知名高校等重点智库的研究人员为主，多为相关领域一流专家学者，他们的观点代表了当下学界对中国与世界的现实和未来最高水平的解读与分析。截至 2021 年底，皮书研创机构逾千家，报告作者累计超过 10 万人。

❋ 皮书荣誉 ❋

皮书作为中国社会科学院基础理论研究与应用对策研究融合发展的代表性成果，不仅是哲学社会科学工作者服务中国特色社会主义现代化建设的重要成果，更是助力中国特色新型智库建设、构建中国特色哲学社会科学"三大体系"的重要平台。皮书系列先后被列入"十二五""十三五""十四五"时期国家重点出版物出版专项规划项目；2013~2022 年，重点皮书列入中国社会科学院国家哲学社会科学创新工程项目。

皮书网

（网址：www.pishu.cn）

发布皮书研创资讯，传播皮书精彩内容
引领皮书出版潮流，打造皮书服务平台

栏目设置

◆关于皮书

何谓皮书、皮书分类、皮书大事记、
皮书荣誉、皮书出版第一人、皮书编辑部

◆最新资讯

通知公告、新闻动态、媒体聚焦、
网站专题、视频直播、下载专区

◆皮书研创

皮书规范、皮书选题、皮书出版、
皮书研究、研创团队

◆皮书评奖评价

指标体系、皮书评价、皮书评奖

◆皮书研究院理事会

理事会章程、理事单位、个人理事、高级
研究员、理事会秘书处、入会指南

所获荣誉

◆ 2008年、2011年、2014年，皮书网均
在全国新闻出版业网站荣誉评选中获得
"最具商业价值网站"称号；

◆ 2012年，获得"出版业网站百强"称号。

网库合一

2014年，皮书网与皮书数据库端口合
一，实现资源共享，搭建智库成果融合创
新平台。

皮书网

"皮书说"
微信公众号

皮书微博

权威报告·连续出版·独家资源

皮书数据库
ANNUAL REPORT(YEARBOOK)
DATABASE

分析解读当下中国发展变迁的高端智库平台

所获荣誉

- 2020年，入选全国新闻出版深度融合发展创新案例
- 2019年，入选国家新闻出版署数字出版精品遴选推荐计划
- 2016年，入选"十三五"国家重点电子出版物出版规划骨干工程
- 2013年，荣获"中国出版政府奖·网络出版物奖"提名奖
- 连续多年荣获中国数字出版博览会"数字出版·优秀品牌"奖

皮书数据库

"社科数托邦"
微信公众号

成为会员

　　登录网址www.pishu.com.cn访问皮书数据库网站或下载皮书数据库APP，通过手机号码验证或邮箱验证即可成为皮书数据库会员。

会员福利

- 已注册用户购书后可免费获赠100元皮书数据库充值卡。刮开充值卡涂层获取充值密码，登录并进入"会员中心"—"在线充值"—"充值卡充值"，充值成功即可购买和查看数据库内容。
- 会员福利最终解释权归社会科学文献出版社所有。

数据库服务热线：400-008-6695
数据库服务QQ：2475522410
数据库服务邮箱：database@ssap.cn
图书销售热线：010-59367070/7028
图书服务QQ：1265056568
图书服务邮箱：duzhe@ssap.cn

社会科学文献出版社 皮书系列
SOCIAL SCIENCES ACADEMIC PRESS (CHINA)

卡号：475211491388
密码：

基本子库
SUB DATABASE

中国社会发展数据库（下设 12 个专题子库）

紧扣人口、政治、外交、法律、教育、医疗卫生、资源环境等 12 个社会发展领域的前沿和热点，全面整合专业著作、智库报告、学术资讯、调研数据等类型资源，帮助用户追踪中国社会发展动态、研究社会发展战略与政策、了解社会热点问题、分析社会发展趋势。

中国经济发展数据库（下设 12 专题子库）

内容涵盖宏观经济、产业经济、工业经济、农业经济、财政金融、房地产经济、城市经济、商业贸易等 12 个重点经济领域，为把握经济运行态势、洞察经济发展规律、研判经济发展趋势、进行经济调控决策提供参考和依据。

中国行业发展数据库（下设 17 个专题子库）

以中国国民经济行业分类为依据，覆盖金融业、旅游业、交通运输业、能源矿产业、制造业等 100 多个行业，跟踪分析国民经济相关行业市场运行状况和政策导向，汇集行业发展前沿资讯，为投资、从业及各种经济决策提供理论支撑和实践指导。

中国区域发展数据库（下设 4 个专题子库）

对中国特定区域内的经济、社会、文化等领域现状与发展情况进行深度分析和预测，涉及省级行政区、城市群、城市、农村等不同维度，研究层级至县及县以下行政区，为学者研究地方经济社会宏观态势、经验模式、发展案例提供支撑，为地方政府决策提供参考。

中国文化传媒数据库（下设 18 个专题子库）

内容覆盖文化产业、新闻传播、电影娱乐、文学艺术、群众文化、图书情报等 18 个重点研究领域，聚焦文化传媒领域发展前沿、热点话题、行业实践，服务用户的教学科研、文化投资、企业规划等需要。

世界经济与国际关系数据库（下设 6 个专题子库）

整合世界经济、国际政治、世界文化与科技、全球性问题、国际组织与国际法、区域研究 6 大领域研究成果，对世界经济形势、国际形势进行连续性深度分析，对年度热点问题进行专题解读，为研判全球发展趋势提供事实和数据支持。

法律声明

"皮书系列"（含蓝皮书、绿皮书、黄皮书）之品牌由社会科学文献出版社最早使用并持续至今，现已被中国图书行业所熟知。"皮书系列"的相关商标已在国家商标管理部门商标局注册，包括但不限于 LOGO（▨）、皮书、Pishu、经济蓝皮书、社会蓝皮书等。"皮书系列"图书的注册商标专用权及封面设计、版式设计的著作权均为社会科学文献出版社所有。未经社会科学文献出版社书面授权许可，任何使用与"皮书系列"图书注册商标、封面设计、版式设计相同或者近似的文字、图形或其组合的行为均系侵权行为。

经作者授权，本书的专有出版权及信息网络传播权等为社会科学文献出版社享有。未经社会科学文献出版社书面授权许可，任何就本书内容的复制、发行或以数字形式进行网络传播的行为均系侵权行为。

社会科学文献出版社将通过法律途径追究上述侵权行为的法律责任，维护自身合法权益。

欢迎社会各界人士对侵犯社会科学文献出版社上述权利的侵权行为进行举报。电话：010-59367121，电子邮箱：fawubu@ssap.cn。

社会科学文献出版社